KB212468

초기 불이일원론 베단따 사상 연구

초기
불이일원론
베단따 사상 연구

/

문을식 지음

A Study of Early Advaita Vedānta Darśana based on Gauḍapādīya Māṇḍūkya-Kārikā

| 책머리에서 |

> 불교의 불이론(不二論, advaya-vāda)은 본체와 현상이 둘 다 실체성이 없다. 그렇지만 베단따 학파의 불이일원론(advaita-vāda)에서 본체는 실체성이 있고 실재이지만 현상은 실체가 아니므로 굳이 둘을 구별하여 불교는 불이론, 베단따 학파는 불이일원론이라고 한다. 여기서 베단따 학파는 가우다빠다와 샹까라 사상 및 그들의 사상을 계승한 일군의 학자들을 가리킨다. **(본문에서)**

본 연구는 초기 베단따의 불이일원론 사상에 대한 글이다. 나의 석사논문은 「*Bhagavad-Gītā*에 있어서의 Niṣkāma-Karma(離欲行)에 關한 硏究 : Svadharma를 중심으로」이다. 그 뒤 블이일원론(advaita-vedānta) 베단따 철학과 대승불교의 용수의 중도 사상에 천착하여 박사논문을 쓰기로 하였다. 그리하여 나는 박사논문으로 「가우다빠다의 불생설과 용수의 중도설: 용수의 중도설에 견주어본 불생설」을 썼다. 가우다빠다 사상과 관련한 논문은 박사학위 논문을 쓴 전후로 여러 편을 썼다. 본 연구는 학위 논문을 중심으로 학위 전후에 썼던 연구 논문들로 보완 수정한 내용이다.

내가 논문을 쓸 당시만 해도 인도사상에서 베단따 사상을 연구하는 학자들이 꽤 많았다. 그런데 안타깝게도 그 이후로는 가우다빠다 사상을 조명하는 연구라든지 그 이후의 사상가들, 곧 샹까라나 라마누자 등에 관한 연구들이 보기 힘들어졌다. 그렇게 된 데에는 여러 가지 사정이 있을 것이다. 그 사정은 베단따에 관한 연구가 활발하지 않았고, 또한 베단따 사상을 전공한 교수가 현직에 없기 때문이 아닌가 싶다. 따라서 베단따 사상으로 안내를 해줄 수 있는 조건들이 부족했던 것이다. 인도와 다른 국외에서는 베단따 사상에 대한 연구가 활발히 이루어지고, 또한 요가 열풍에 빠져 있어 연구가 그쪽으로 흘러가서 베단따 연구가 침체되어 있었기 때문에 전공자로서 아쉬움만 더해 갔다. 그래서 나는 용기를 내어 지금까지 써둔 가우다빠다에 관련한 불이일원론 사상의 내용을 토대로 몇 년에 걸쳐서 다듬어 '초기 불이일원론 베단따 사상 연구'(*A Study of Early Advaita Vedānta Darśana based on Gauḍapādīya Māṇḍūkya-Kārikā*)라는 제목으로 책을 펴내고자 한다.

본 책의 구성은 전체 5장으로 이루어졌다.

제1장은 '연구를 시작하면서': 본 연구에서 다루게 될 내용을 개괄적으로 설명한다.

제2장은 '가우다빠다 사상의 배경과 만두꺄 까리까': 가우다빠다의 불생설의 사상적 배경으로 『브리하다란야까 우빠니샤드』와 『찬도갸 우빠니샤드』 등 우빠니샤드 사상과, 『브라흐마 수뜨라』의 최초기 불일불이론적 이론과 『만두꺄 까리까』의 불이일원론적 이론이 서로 다름을 설명하여 궁극적 실재는 불이성임을 천명한다. 나

아가서 『만두꺄 까리까』의 내용은 대승불교 사상에서 용수의 중도 사상과 세친의 유식설 등의 영향을 설명한다. 가우다빠다와 『만두꺄 까리까』에서는 가우다빠다의 생애와 출생 연도, 『만두꺄 까리까』 구성과 내용 및 해설서에 대해 설명한다.

제3장은 '가우다빠다의 중심 사상': 가우다빠다의 중심 사상은 불생설인데, 이것의 확립을 위해 모든 인과론의 비판, 낮은 차원의 진리와 궁극적 진리의 이제설을 통한 불생설을 설명한다.

제4장은 '가우다빠다의 불생설의 의의와 한계': 가우다빠다의 불생설은 시대가 흐름에 따른 바뀐 사상적인 환경에 맞지 않다고 하여 다른 이론들이 제기된다. 그래서 필자는 가우다빠다 이후의 쟁점 사항들, 곧 베단따 사상가들 가운데서 샹까라, 라마누자와 마다바의 사상을 살펴서 가우다빠다의 불생설이 지닌 한계점을 지적한다. 그럼에도 가우다빠다의 불생설이, 불이일원론 베단따 사상에서 갖는 사상사적인 의의와 더불어 그 한계를 설명한다.

제5장 '나오면서'는 지금까지 논의한 내용을 종합하고 정리하였다.

인도사상에 따르면, 우리의 인생은 수많은 인연과 더불어 살아간다고 한다. 나에게도 수많은 인연들이 있다. 그 가운데 책 출판에 관해서는 도서출판 여래 정창진 대표와는 떼어놓을 수 없을 만큼 몇 십 년의 깊은 인연으로 이어왔다. 출판계 사정은 언제나 녹록하지 않다. 지금은 미디어 시대라서 글보다는 영상을 통한 지식을 섭취하기 때문에 책을 잘 읽지 않아서 책이 더 팔리지 않는다고 한다. 그럼에도 정 사장님은 이런 어려운 사정임에도 세상의 모든 어려움을 초연한 듯하며 구도자의 자세로 저의 책을 출판하는 데 수고스럽게 힘들이고 애써서 훌륭한 책으로 세상에 내밀게 되었으니 감사하다는 말을 안 할 수가 없다. 또한 보암(寶巖, Boam) 김미경 선생님은 저와 평생 동반자로 길을 걷으면서 책이나 원고의 교정할 일이 있으면 빠짐없이 따끔한 조언과 함께 교정까지 봐주어 깊은 감사의 말을 전하고 싶다. 그리고 마지막으로 본 연구의 실수나 오류는 모두 저자의 책임이므로 언제든 따가운 질정을 바라마지 않는다.

2020년 3월 14일

수희재隨喜齋에서 불청지우不請之友友 원동元同

문을식 두손 모음

| 목 차 |

저자의 말_ 004

일러두기_ 012

제1장 연구를 시작하면서 017

제2장 가우다빠다 사상의 배경과 만두꺄 까리까

1. 사상적 배경 031

1) 우빠니샤드 032

(1) 만두꺄 우빠니샤드 032

(2) 브리하다란야까 우빠니샤드 033

(3) 찬도갸 우빠니샤드 035

(4) 그 밖의 우빠니샤드 037

2) 브라흐마 수뜨라 038

3) 대승불교 041

2. 가우다빠다와 만두꺄 까리까 044

1) 가우다빠다의 생애와 저술 044

2) 만두꺄 까리까의 구성과 내용 및 해설서 051

(1) 구성 052

(2) 내용 058

(3) 해설서 062

3) 만두꺄 까리까와 가우다빠다의 관계 ········ 064

제3장 가우다빠다의 중심 사상

1. 불생설 ········ 071

1) '불생'의 개념과 '불이' ········ 072

2) 불생의 논리 ········ 083

(1) 성전의 권위와 이론적 논증에 의한 '불생'의 설명 ········ 087

(2) 다양한 인과율의 불성립을 통한 '불생'의 설명 ········ 090

(3) 네 가지 생기의 부정을 통한 '불생'의 설명 ········ 092

(4) 외적 대상의 비실재성의 논증을 통한 불생의 설명 ········ 094

2. 인과론 ········ 098

1) 기존의 인과론 비판 ········ 099

(1) 두 가지 이유로 인중유과론자의 견해 비판 ········ 103

(2) 원인과 결과가 순차적으로 발생한다는 설의 부정 ········ 104

2) 인중유과론과 인중무과론의 부정 ········ 106

(1) 인중유과론 부정 ········ 110

(2) 인중무과론 부정 ········ 118

3) 원인과 결과의 상호의존관계 부정 ········ 121

(1) 원인과 결과의 앞뒤가 결정되지 않을 경우 비판 ········ 125

(2) 이미 성립된 것과 아직 성립되지 않은 것에 의존하는

경우 비판 ······ 125
(3) 아직 증명되지 않은 전제에 바탕을 두고 그것을 증명하려는
경우 비판 ······ 126
(4) 시작도 없는 존재(anādi-bhāva)로부터 생기한다는 경우 비판 ······ 127
3. 두 차원의 진리 ······ 131
1) 일상 경험 차원의 진리 ······ 133
2) 궁극적 차원의 진리 ······ 140

제4장 가우다빠다의 불생설의 의의와 한계
1. 가우다빠다 이후의 쟁점 사항 ······ 149
1) 브라흐마 수뜨라와 가우다빠다의 사상 ······ 149
2) 샹까라의 사상 ······ 152
3) 라마누자와 마드바의 사상 ······ 155
(1) 라마누자 사상 ······ 155
(2) 마드바 사상 ······ 158
2. 가우다빠다의 불생설의 의의 ······ 161
1) 4위설의 불이일원론적인 해석 ······ 162
(1) 전 2위와 제4위와의 차이점 ······ 164
(2) 제3위와 제4위의 차이점 ······ 167
(3) 불이일원으로서 제4위 ······ 168

2) 샹까라의 가현설에 방향 제시 178
(1) 마야는 외적 대상세계의 허망함 178
(2) 마야는 창조 원리 179
(3) 마야는 자재신의 창조 원리 179
(4) 마야설을 통한 전변설의 극복 180
(5) 마야설의 불이일원론적인 이해 186
3. 불생설의 한계 192
1) 일상경험의 실재성 부정을 통한 현실 부정 193
2) 목표 실현의 효과 한계 206
(1) 샹까라의 인중유과론적인 가현설 천명 206
(2) 라마누자와 마드바의 현상세계의 실재 인정 208

제5장 나오면서 213

참고문헌_ 220
찾아보기_ 230
부록_ 247

| 일러두기 |

1. 산스끄리뜨 발음 표기

(1) 장음 ā, ī, ū 등은 단음과 특별하게 구분하지 않고 발음하였다. 중요한 용어라고 생각되는 경우에는 내용에서 괄호 안에 원문을 함께 표기하였다.
예: 만두꺄 까리까*Māṇḍūkya-Kārikā*

(2) 반모음 va는 '바'와 '와'의 중간 음이고, 자음 앞에서는 '와'에 가깝게 들리지만, 모두 '바'로 표기하였다.
예: 바가바드 기따*bhagavad-gītā*

(3) 무성무기음 ka, ca, ṭa, ta, pa의 경우 경음(까, 짜, 따, 따, 빠)으로 표기하였고, 유성대기음 gha, jha, ḍha, dha, bha의 경우는 대기음 'h'의 발음을 표기하지 않고 그대로 가, 자, 다, 다, 바로 표기하였다.
예: 다르마dharma

(4) 치찰음 śa, ṣa의 경우 후속모음에 따라 쉬, 샤, 슈 등으로 상황에 맞게 표기하였다.
예: 쉬바śiva, 비슈누viṣṇu, 이슈바라īśvara, 끄리슈나kṛṣṇa

(5) 유성비음 ṅ, ṃ, ṁ의 경우 후속모음에 따라 ㅇ, ㄴ, ㅁ 등으로 표기하였다.
예: 샹까라śaṅkara, 상캬sāṁkhya, 아항까라ahaṁkāra

(6) 그밖에는 일반적으로 통용되는 관례에 따라 표기하였다.

2. 용어의 번역, 분철 표시, 원문 수록 등

(1) 인용: 『만두꺄 까리까』 원문을 본문에 인용할 경우 그 인용된 원문을 각주에 되도록 수록하였다. 다른 문헌의 원문은 본문에 실은 경우는 시편의 장과 절만 표기하였다. 또 다른 문헌들의 원문 가운데 우빠니샤드, 『브라흐마 수뜨라』, 『상캬 까리까』 등은 장과 절만 표기하였다.

(2) 번역: 아뜨만ātman은 참된 자아, 뿌루샤puruṣa는 '정신원리', 쁘라끄리띠(mūla-prakṛti)는 '근본물질원리', 붓디buddhi는 '지성적 마음', 아항까라ahaṅkāra는 '자아의식', 뜨리 구나tri-guṇa는 '세 속성', 마나스manas는 '감각적 마음' 등으로 번역하였다.

(3) 분철 표시: 산스끄리뜨의 복합어는 '-' 표시로 분철을 하였지만, 번역에서는 복합어 안의 분별 표시를 생략하였다.

(4) 각주와 참고문헌: 각주는 저자(역자, 출판 연도)와 인용한 면수만 표시하였고, 참고문헌은 원칙적으로 각주에 인용된 것만 표기하였다.

(5) 본문에서 원문을 우리말로 번역할 때 ( )는 부연 설명, [ ]은 보충 설명을 할 때 사용하였다.

(6) 본문에서 『만두꺄 까리까』 등의 시편을 인용할 때는 그것의 약호(GK)와 함께 장과 절을 표기하였다.

제1장 / 연구를 시작하면서

제1장 연구를 시작하면서

인도철학 안에는 실재의 해석에 따라 두 가지 다른 전통이 존재한다. 첫째, 현상의 표면적인 변화에 관계없이 그 내부는 불변하고 늘 존재하는 실체의 존재를 상정하는 입장, 둘째, 이러한 실체를 부정하고 실재를 변화하고 유동적인 것으로 파악하는 입장이다. 전자는 실재를 정적인 존재(being, sat)로 하고, 후자는 그것을 동적인 생성(becoming, bhava)으로써 이해하고 있다. T.R.V. 무르티Murti는 이 두 흐름을 각각 실체관(實體觀, dravyārthika-naya)과 양상관(樣相觀, paryāyārthika-naya), 또는 유아론(有我論, ātma-vāda)과 무아론(無我論, nairātma-vāda)이라고 부른다.

우빠니샤드Upaniṣads, 상캬Sāṁkhya 학파, 바이쉐시까Vaiśeṣika 학파, 니야야Nyāyā 학파, 베단따Vedānta 학파와 미망사Mīmāṁsā 학파 등의 인도 전통사상은 각각 다채로운 이론을 전개하면서도 기본적으로는 유아론을 주장하고 있다. 그것에 반해 불교의 여러 학파는 무아론의 입장을 대표한다고 할 수 있다. 그러나 다른 방법으로서도 분류해 볼 수 있다. 그것은 다원론(多元論, aneka-vāda)과 일원론(一元論, eka-vāda)의 분류이다.

앞의 분류에서 유아론에 속하면서 다원론 학파는 상캬 학파와 바이쉐시까 학파이고, 일원론에 속하는 것은 우빠니샤드 철학[001]과 베단따 학파, 특히 『브라흐마 수뜨라』*Brahma-Sūtra*를 중심으로 한 초기 베단따 학파이다. 그러나 베단따 학파에서는 가우다빠다 Gauḍapāda 이후 일원론과 특별히 구분해서 불이일원론(不二一元論, 非二元論, advaita-vāda)이 성립하였다. 일원론은 브라흐만Brahman과 현상세계(prapañca)가 현상적으로는 같은 것이 아니지만[不一, anekatva], 궁극적으로는 다르지 않다[不異, ananyatva]고 보는 것[不一不異, aneka-ananyatva]인데 반해, 불이일원론은 유일한 최고 실재 브라흐만/아뜨만Ātman 이외의 현상을 거짓되고 망령된[虛妄] 것(moha)으로서 부정하는 입장이다. 또한 불교 내부에서는 무아론에 속하면서 다원론 학파는 아비달마 철학(Abhidharmika-darśana)이고, 일원론, 더 엄밀히 말하면 불이론(不二論, advaya-vāda)[002]에 속하는 학파는 반야중관(Prajñā-madhyamika) 학파와 유식(Yogācāra) 학파

---

001 우빠니샤드는 본래 체계적인 철학적 논문이 아니라 궁극적 실재에 대한 직관적인 통찰과 직접 경험에 대한 여러 현자賢者들의 기록이다. 이러한 우빠니샤드는 외적으로는 모순된 진술과 동일한 관념에 대한 강조의 차이, 간결하고 경구적인 문체, 그리고 비밀스런 가르침[秘敎]의 성격 때문에 시간이 지남에 따라 여러 해석이 대두되자, 이를 체계화하려는 첫 시도로 나타난 것이 베단따 학파의 창시자로 추앙을 받고 있는 바다라야나(Bādarāyaṇa, 기원 전후 무렵)는 『브라흐마 수뜨라』의 저자로 전해온다. 그러나 이것 자체도 간결하고 경구적 진술로 구성되어 있어 결과적으로 후대의 베단따 사상가들은 각자 나름대로의 방식에 의해 우빠니샤드와 『브라흐마 수뜨라』를 해석한 주석서를 저술하여 여러 학파로 나누어지게 된다.

등의 대승불교(Mahāyāna-buddhism)가 있다. 따라서 이 기준에 따라 유아론에 가장 잘 합치하는 학파로는 베단따 학파를 들 수 있다. 그들의 학문적 토대를 집성한 것이 베단따 사상이다. 그 가운데서도 초기의 베단따 사상은 『만두꺄 까리까』(*Māṇḍūkya-Kārikā*, 약호 GK)를 짓고 편집하여 베단따 사상이 유구하게 발전하도록 기틀의 토대를 마련한 가우다빠다Gauḍapāda가 집대성한 것이다.

베단따 사상이란 우빠니샤드 사상 자체를 의미하는 것이 아니다. 그것은 성전으로서 우빠니샤드의 절대적 권위(śruti)를 인정하고, 우빠니샤드 안의 여러 교설이나 성구(聖句, vākya)를 통일적으로 해석하고 체계화를 시도한 한 무리의 철학자들이 속하는 사상을 의미한다. 이런 의미에서 베단따 사상은 우빠니샤드 사상을 계승하고 발전시킨 인도의 정통파 철학이라고 말할 수 있다. 그러나 베단따 학파에는 시간이 흐름에 따라 일원론, 불이일원론, 이원론, 한정불이일원론(Viśiṣṭādvaita) 등 사상적으로 여러 갈래로 나누어지게 된다.

불교는 베단따 학파와는 대조적으로, 계시성전으로서 베다(Veda; 우빠니샤드를 포함하는 넓은 범위의 의미)의 권위를 인정하는 우빠니샤드 사상 등의 유아론뿐만 아니라 무아론에 속하는 다른 사상들, 예컨대 유물론(Carvaka) 등을 모두 부정하고 나온 무아론 학파이다. 불교는 당시의 세계관인 현상세계가 '브라흐만'의 전개라

---

002 불이론(不二論, advaya-vāda)이란 모든 현상이 거짓 모습[假像]으로서 부정되어 그 의미가 상실될 때, 현상이란 어디까지나 실재에 대한 현상이기 때문에 현상이 그 의미를 잃음과 동시에 실재도 그 의미를 잃게 된다는, 현상과 실재가 불이(不二, advaya)로서 현상이 그대로(yathābhūtam) 긍정되는 이론이다.

는 인중유과론(因中有果論, satkārya-vāda)의 전변설(轉變說, pariṇāma-vāda)과 요소들(bhūtas)의 집적集積이라는 인중무과론因中無果論의 적취설/적집설(積聚說/積集說, ārambha-vāda)에 대해, 여러 조건에 따라 결과가 결정된다는 연기관(緣起觀, pratītyasamutpāda)의 입장에서 출발하였다. 이런 의미에서 베단따 학파와 불교는 가장 대립된 학파라 할 수 있다. 그럼에도 베단따 학파와 대승불교의 발전 양상을 보면, 실제로는 인도사상사 속에서 두 사상체계는 상당히 밀접한 관계를 유지해 오고 있음을 볼 수 있을 것이다.

이러한 맥락에서 '베단따와 불교와의 관계'를 말할 때, 초기 베단따 학자로서 우선 머리에 떠오르는 인물은 가우다빠다이고, 최전성기는 그의 손제자 샹까라Śaṅkara일 것이다. 베단따 철학의 역사에서 『만두꺄 까리까』의 편저자編著者로서 가우다빠다만큼 불교와 깊은 관련을 가진 철학자는 없을 것이다. 또한 샹까라만큼 불교에 대해 풍부하고 정확한 지식을 가졌던 사상가는 발견할 수 없을 것이다. 이 두 철학자 가운데 가우다빠다는 서력 200~400년 사이에 활약한 대승불교의 여러 유능한 논사들, 곧 용수(龍樹, Nāgārjuna, 150~250), 무착(無着, Asaṅga, 310~390), 세친(世親, Vasubandhu, 320~400) 등이 배출된 뒤 활약하였다.[003] 그는 『만두꺄 우빠니샤드』 *Māṇḍūkya-Upaniṣad*의 해설서인 『만두꺄 까리까』를 작성하고 편집하면서 그들의 저술로부터 사실상 거의, 또는 부분적으로 인용하

003 샹까라와 그의 사상을 계승하는 학자들의 저술에서는 불교에 대한 통렬한 비판이 빈번히 발견된다. 그렇지만 그것은 가우다빠다가 영향을 받은 초기 대승불교와는 달리 중기 이후의 불교 논사들의 주장을 비판하고 있어 그 성격에서 차이가 있음을 주의해야 한다.

였다.[004] 그가 그들로부터 인용한 전형구典型句들은 그의 사상 조직에 아주 잘 들어맞았다. 그러므로 그것은 결코 우연적인 것이 아니었음[005]을 지적하는 뿌셍Poussin의 다음 진술은 눈여겨 볼만하다.

> "주요한 관념들과 용어 자체의 불교적 특성과 마주하지 않고는 『만두꺄 까리까』를 읽을 수 없다. 이것의 편저자는 불교의 논서들이나 진술들을 활용하여 그의 베단따적인 구상에 맞추었던 것 같다. 그는 그것들에서 은연중에 즐거움을 발견한다."

또한 바라문 전통은 성전의 권위(āgama, śruti)만을 인정하고, 논증(yukti)을 인정하지 않았다. 그런데 T.M.P. 무리띠Murti에 따르면, 가우다빠다는 자신의 견해를 합리화시키는데 불교의 논증법을 적절히 잘 이용하고 있다. 그러므로 그에게는 그의 결론을 입증하는 데서 불교의 논증법은 아무런 주저 없이 받아들일 수 있을 만큼 아주 매혹적인 것이었던 같다. 특히 중기 우빠니샤드에 속하는 『만두꺄 우빠니샤드』 이래로 베단따와 불교, 특히 초기 대승불교와의 관계는 아주 중요하다. 왜냐하면 이것은 베단따 학파에서 대승불교 학설의 섭취로 베단따 사상이 신학에서 철학으로 전환되는데

---

004 왜 그들이 그 시대의 사상에서 영향을 받았는가 하는 이유는 다음과 같다. 『만두꺄 까리까』부터 실제로 자신의 저서에 인용하였던 중관론자 청변(淸弁, Bhāvaviveka, 490~570)보다 가우다빠다가 그 이전의 사람(5세기)이라는 데서 찾는다. 그러나 이것은 일반적으로 인정하는 가우다빠다의 생존 년대(7세기)와 맞지 않으므로 약간의 문제를 안고 있다고 할 것이다.

005 T.M.P. Mahadevan(1975), p.192.

본질적 계기를 마련해 주었기 때문이다.

그런데 붓다가 니까야Nikāya에서 "나는 결코 독단주의자가 아니라 분석주의자(vibhajya-vādin)이다."라고 말하는 데서 볼 수 있듯이, 불교는 그 시작부터 비판적인 분석(vibhajya-vāda)의 방법을 채택하여 인도철학·종교의 발달사에서 중심적 위치에 있었다. T.M.P. 무리티에 따르면, 이런 불교는 다음과 같은 세 번의 중요한 전환점이 있었다.

첫째, 상좌부(上座部, Thera-vāda)와 설일체유부(說一切有部, Sarvāsti-vāda, Vaibhāṣika)와 같은 초기 실재론적이고 다원주의적 단계로서 아비달마 교학(阿毘達磨 教學, Abhidharmika)의 단계.

둘째, 공 사상(空思想, śūnya-vāda)을 지지하는 용수와 제바(提婆, Aryadeva, 170~270)의 중관(madhyamika) 사상의 단계.

셋째, 무착과 세친의 유식 철학과, 진나(陳那, Dignāga)와 법칭(法稱, Dharmakīrti)의 후기 유식학설(Vijñāna-vāda)의 관념론적인 단계이다.

히라까라 아끼라(平川彰)에 따르면, 이들 가운데서 둘째의 중관학파는 불교의 중요한 전환점이다. 중관 학파의 중관불교에서 이러한 전환을 선도한 인물은 용수였다. 붓다가 쾌락주의와 금욕주의의 중도로서 사제 8정도와, 전변설과 적취설의 중도로서 연기설을 제시하였는데 여기서 그는 중도에는 ① 고락苦樂 중도, ② 유무有無 중도, ③ 단상斷常 중도, ④ 중도로서의 수행도이다. ①은 4제 8정도, ② ③은 연기, ④는 37조도품助道品을 각각 지향하는 것이라고 볼 수 있다.

이 가운데서 ① ④는 중도의 실천적 해명(실천 중심의 중도)이고, ② ③은 '중도의 관념적 해명'(지혜 중심의 중도)으로 이해될 수 있다. 그러나 그 당시 기성 교학인 아비달마 불교/소승불교와 인도의 여러 학파의 절대적 무(無 asat)에 빠져 드는 공견(空見, śūnya-dṛṣṭi)을 경계하고 단멸론(斷滅論, ucheda-vāda)을 배격하고 있는 공관 사상이 마치 단멸적인 허무론인 것처럼 간주되어 오해되고 있었다. 그래서 용수는 이러한 붓다의 중도 사상을 새로운 사상 상황에 맞추어 이론적으로 다시 구성하고자 하였다.

용수는 불교 본래의 의미를 밝히고자 대승·부파불교의 여러 학문뿐만 아니라 불교 이외의 학문을 섭렵한 뒤, 이것을 계기로 『중론』(*Mādhyamika-kārikā,* 약호 MK) 등을 저술하여 대승불교를 체계화하였다. 그것이 바로 중관 사상이다. 그는 『중론』 등의 집필을 통해 부파불교의 아비달마 불교론자들 스스로 아뜨만론(Ātma-vāda)을 거부하고 성장하였다고 하는 아비달마 불교에 대한 일련의 비판, 곧 제법무아諸法無我를 통한 시도였다. 아울러 그는 우빠니샤드에 근거해서 성장한 인도 6파철학의 상주불변常住不變하는 실재로서 인정하는 아뜨만, 또는 자성(自性, svabhāva) 등도 또한 비판하였다. 그리하여 용수는 붓다의 연기설을 근거로 반야공관 사상에 의한 ② ③의 중도를 공 사상으로 재해석을 시도한다.

용수에 의해 시작된 중관불교의 주요한 교설은 연기설에 의한 공 사상, 중도설(中道說, madhyamāpratipad-vāda)과 이제설(二諦說, satyadvaya-vāda)로 표현된다. 이들 교설들은 상호 연관된 것으로서 '일체가 공성(空性, śūnyatā)임'[一切皆空]을 보이는 것이 목적이다. 공성이란 그 자체로 의미를 갖는 것이 아니라 열반(nirvāṇa)을 증득하는 과정에서 의미를 갖는다. 중관의 공 사상은 형이상학적 이론이 아니라 중도의 철저한 인식이라는 점에서 이미 이론과 실천의 양면을 내포하고 있다. 또한 그것은 원래 마음의 정화를 위한 구제 원리이다.

중관 사상과 공성은 중도와 자주 서로 주고받음의 관계에 있다. 용수 사상에서 공성으로서 '중도'는 가끔 '연기'로서 나타낸다. 또한 중관의 이제설은 진리, 인식, 그리고 반야(prajñā)의 요약으로 간주된다. 이제설은 실제로 공성을 인식하는 수단(upāya)이자 실천방법이다. '중도'와 '이제'는 사견(邪見, mithyā-dṛṣṭi)을 없애고 '일체가 공성임'을 깨닫도록 도와주는 선교방편(kuśala-upāya)이다. 따라서 용수의 독창성은 일체를 예외 없이 부정함[諸法空相]으로써 일체의 긍정으로 전환하는 '공성이 곧 중도'라는 것으로서, 중도를 공성과 연관시킨 점에 있다.

이와 같이 용수가 그 시대적 요청에 따라 붓다의 근본교설을 회복하기 위해 심혈을 기울였듯이, 가우다빠다에게도 우빠니샤드(좁은 의미의 베단따)에 존재하는 여러 사상을 하나로 통일하고 조화시키는 것이 그의 임무로 주어졌다. C. 샤르마Sharma의 다음 진술은 이러한 사실을 잘 설명해 주는 것으로 생각된다.

"대승경전은 대승불교의 여러 학파들에 의해 붓다의 참된 교설들을 구현한 성전(āgama)으로서 간주되고, 최초로 대승불교를 체계적으로 해설한 마명(馬鳴, Aśvaghoṣa)에 의해 그 교설들이 개괄되고, 그리고 최초로 공 사상을 해설한 용수에 의해 훌륭히 성장한 중관 학파로 발전했듯이, 우빠니샤드는 베단따 학파들에 의해 성전(śruti)으로 간주되고, 우빠니샤드의 교설들은 바다라야나에 의해 그의 『브라흐마 수뜨라』에서 개괄되고, 그리고 베단따의 최초의 체계적인 해설자인 가우다빠다의 『만두꺄 까리까』에 의해 불이일원론 베단따 학파로 발전되었다."

가우다빠다가 활약한 당시는 여러 다른 학설들이 난무하여 통일된 인도 정통 사상이 확립되어 있지 않았다. 그 가운데 불교 등의 외도 사상이 인도의 종교와 사상계를 선도하고 있었다. 그러므로 그는 단지 우빠니샤드에 근거한 사상만으로는 당시의 사상의 물줄기를 제자리로 돌릴 수 없음을 인식하였다. 그런 까닭에 그러한 자신의 역할을 마음속에 두고 선배 학자들의 예를 참고할 필요가 있었을 것이다. 그리하여 가우다빠다는 불교 학설 가운데서도 붓다의 설[경전]이 아닌 논사들의 가르침에 주목하게 된다. 그 대상은 인도불교사에 큰 전기를 마련해 준 초기 대승 논사들로는 용수, 무착, 세친 논사 등이 있다. 이 가운데서도 용수에 대한 매력이 가장 강렬하였다. 용수가 그 이전의 아비달마 교학의 근본적 다원론(多元論, aneka-vāda)을 불이론(不二論, advaya-vāda)으로 돌렸다는 점이다. 이러한 사상적 경향은 이미 우빠니샤드 전통 안에도 있었던 데에 따른 것으로 보인다. 이와 관련해서 S. 다스굽따Dasgupta는 다음과 같은 진술을 하고 있어 주목할 필요가 있다.

"가우다빠다는 우빠니샤드에서 설해진 궁극적 진리에 해당하는 불교, 특히 공 사상과 유식 사상의 교설들과 사상 모두를 융합하였다."

따라서 가우다빠다의 입장에서는 우빠니샤드가 불교와 서로 배타적인 것이 아니었던 것 같다. 그런데 베단따 학파는 『브라흐만 수뜨라』가 성립되어 상캬 학파의 이원론을 비판하였으나 브라흐만의 실재론이 확립된 이후에는 인중유과론과 일원론의 모순에 봉착하여 더 이상 발전하지 못하고 있었다. 그렇기 때문에 가우다빠다는 용수 사상에 힘입어 인중유과론을 부정하고 불이일원론의 입장을 철저히 하여 이것을 해결하고자 한다. 그는 중관 학파의 귀류논증법(歸謬論證法, prasaṅga)을 사용하여 원인이 불생(不生, aja)인 경우이든, 이미 생기(生起, jāti)한 경우이든, 모두 인중유과론은 오류에 빠지지 않으면 안 된다는 것을 보여 줌으로써 인중유과론을 부정한다.(GK.4.1~2; 4.13; 4.27) 또한 진실로 실재하는 것은 '아뜨만'/'브라흐만'뿐이며, 마야(māyā, GK.3.27~8), 또는 '마음의 진동/운동'(citta-spandita, GK.4.47; 4.72)에 의해 발생한 현상세계는 실재하지 않기 때문에, 그는 인과율 자체도 성립할 수 없다는 불생의 입장[不生說, ajāti-vāda]을 철저히 하고, 일원론 베단따(ekavāda-Vedānta)를 불이일원론(不二一元論, advaita-vāda) 베단따(Vedānta)로 재해석을 시도한다.

이와 같이 가우다빠다는 그의 사상을 체계적으로 구성하는 데는 어떤 방법으로든 불교의 논사들, 특히 용수와의 관계를 빼놓을 수 없다. 가우다빠다는 불교의 전문적 용어, 비유, 논법과 어구를 그대로, 또는 약간 변형시킨 형태로 섭취하여 '불생설'을 천명함으로써 초기 불이일원론 베단따 사상의 기반을 확립한다.

그런데 가우다빠다는 용수 사상의 본질적인 사상 내용보다는 외형적인 형식에서 해결 방식을 모방하는데 급급한 나머지, 외형적 유사성이 있음에도 서로 다른 전통과 실현하고자 하는 목표가 달랐기 때문에 내면적으로 서로 다름이 많이 노출된다. 이러한 문제점을 해결하는 하나의 방법으로 자신의 학설과 유사하다고 생각하는 유식학설을 채용하게 된다. 용수와 마찬가지로 유식학설도 외형적 유사성에 지나지 않는 것임이 그 이후 학자들에 의해 드러나게 된다. 곧 가우다빠다가 궁극적인 실재의 긍정만을 강조하고 현상적 존재의 실재성을 부정하는데 급급하였기 때문에 현실생활의 부정이라는 또 하나의 문제를 떠안게 된다. 이것은 샹까라를 비롯한 후대의 베단따 학자들에 의해 수정을 요구받게 된다.

제2장

/

가우다빠다 사상의 배경과 만두꺄 까리까

A Study of Early Advaita Vedānta Darśana based on Gauḍapādīya Māṇḍūkya-Kārikā

제2장 가우다빠다의 사상의 배경과 만두꺄 까리까

1. 사상적 배경

V. 밧따차리야Bhattharya에 따르면, 가우다빠다는 베단따 학자들 가운데서 처음으로 불이일원론 베단따(Advaita-Vedānta) 사상을 체계적으로 해설한 인물로 평가된다. 그의 사상은 본질적으로 『만두꺄 우빠니샤드』, 『브리하다란야까 우빠니샤드』(*Bṛhadāraṇyaka-Upaniṣad,* 약호 Bṛhad-Up), 『찬도갸 우빠니샤드』(*Chāndogya-Upaniṣad,* 약호 Chānd-Up), 『이샤 우빠니샤드』*Īśa-Upaniṣad*, 『까타 우빠니샤드』*Kātha-Upaniṣad* 등에 바탕을 두고 있다. 아울러 그는 인과율의 부정을 통해 베단따 학파의 근본 성전으로 간주되는 『브라흐마 수뜨라』에서 일원론과 인중유과론의 모순을 극복하고, '모든 존재는 발생하지 않는다.'라는 불생설을 천명하여 불이일원론을 확립한다. 또한 그의 사상은 대승불교의 영향을 받은 것으로 지적

된다. 그러므로 그의 사상의 원천은 우빠니샤드이고, 『브라흐만 수뜨라』와 대승불교는 그의 사상을 형성하는 배경이라 할 수 있다.

1) 우빠니샤드

(1) 만두꺄 우빠니샤드

가우다빠다가 자신의 학설을 확립하기 위해 가장 직접적인 근거로 삼은 우빠니샤드는 『만두꺄 우빠니샤드』(*Māṇḍūkya-Upaniṣad,* 약호 MU)이다. 『만두꺄 우빠니샤드』에는 불이일원론 사상을 형성하는 데서 빼서는 안 될 대성구(mahā-vākya), 곧 "진실로 일체는 브라흐만이고, 이 브라흐만은 아뜨만이다."(MU.2)를 담고 있어 불이일원론 베단따 학파 문헌에서 중요한 위치를 차지한다. 그러나 더 중요한 이유는 모든 한계가 있고 한정적인 것의 부정을 통해 궁극적인 불이일원론적인 실재를 미리 간접적으로 알려주는 자아관이 아주 유려한 어구로 다음과 같이 표현되어 있기 때문이다.

> "내적 지知에 있는 것도 아니고, 외적 지에 있는 것도 아니며, 내외적 양자에 있는 것도 아니고, 순수지에만 있는 것도 아니며, 지(知, jña)에도 지知가 아닌 것에도 있지 않으며, 보아야 할 것도, 말해야 할 것도, 파악해야 할 것도 아니며, 특성이 없으며, 불가사의하며, 표시되는 것도 아니며, 유일한 아뜨만의 관념을 본질로 하며, 현상을 융합시키고, 적정이며, 가장 상서롭고, 불이인 것을 제4위(turīya)라고 현자는 말한다. 그것은 아뜨만이며, 알아야 한다."(MU.7)

따라서 T.M.P. 마하데반Mahadevan에 따르면, 이 우빠니샤드는 "가우다빠다의 철학적 비상을 위한 조직적인 토대를 형성한다."는 말에서도 잘 보여 주듯이, 가우다빠다는 이 우빠니샤드를 그의 1차 원천으로 삼았다고 할 수 있다. 더욱이 『만두꺄 까리까』 제1장이 이것의 주석이라는 사실에서도 그 가치는 인정된다.

(2) 브리하다란야꺄 우빠니샤드

『브리하다란야까 우빠니샤드』(약호 Bṛhad-Up.)는 가우다빠다 사상의 중요한 원천 가운데 하나이다. 가우다빠다는 이 우빠니샤드로부터 많은 것을 받아들였다. 특히 이 우빠니샤드의 전체 6장 가운데 제2, 3, 4장은 높은 철학적 가치가 있는 부분이다. 제2장은 가장 위대한 옛 철학자이며, 지금까지 우리에게 알려진 세계 최초의 절대론자인 야갸발꺄Yājñavalkya와 그의 부인 마이뜨리Maitrī와의 대화, 제3~4장은 야갸발꺄Yājñāvalkya와 자나까Janaka 왕과의 논쟁을 통해 주요 사상이 전개된다.

제2장에서 마이뜨리와 야갸발꺄의 대화의 정수는 '자아는 불이不二이고 행복과 인식의 본질'이라는 것이다.(Bṛhad-Up.2,4) 제3장은 야갸발꺄와 자나까 왕 사이의 철학적 논쟁을 서술하고 있다. 야갸발꺄는 자나까 왕에게 다음과 같이 말한다.

> "자아란 '이것이 아니다. 이것이 아니다'(na iti na iti=neti neti). 그것은 결코 파악되지 않으므로 파악될 수 있는 것이 아니며, 결코 감소하지 않으므로 감소하는 것이 아니며, 결코 집착되지 않으므로 집착되는 것이 아니고, 그것은 결코 속박당하는 것이 아니며, 고통을 느끼지 못하

고, 손상되지 않는 것이다."(Bṛhad-Up.3.9.26)

제4장에서는 자나까 왕이 여러 학자들로부터 들었던 브라흐만에 관한 부분적 진리의 잘못을 자아의 3위설로 설명한다. 특히 제4장 2절에서는 앞의 3위설을 다루고, 제4장 3절에서는 이것을 상세히 설명하고 있다. 이것은 『만두꺄 우빠니샤드』와 『만두꺄 까리까』 제1장의 재료를 제공해 주는 것으로 매우 중요하다. 여기서 가우다빠다는 주요 내용을 그대로, 또는 자신의 언어로 고쳐 많이 섭취하였다. 그러므로 『만두까 까리까』 제1장이 이 우빠니샤드로부터 직접 섭취한 것으로 보인다. 또한 가우다빠다는 이 우빠니샤드로부터 크게 영향을 받았음을 의심 없이 보이고자 여러 구절을 인용하였다. 특히 『만두까 까리까』 제3장에서 두드러진다.

① "꿈속에서는 마차들도 없다. 마차들에 매인 말들도 없다. 길들도 없다. 그러나 그는 [스스로 투사하여] 마차들, 마차에 매인 말들 그리고 길들을 만들어 낸다. ……"(Bṛhad-Up.4.3.12)

② "이 땅은 모든 창조물에게는 꿀과 같고, 모든 창조물은 이 땅에서는 꿀과 같다. 이 빛나고 죽지 않는 것[不死]의 뿌루샤는 이 땅 속에 있다. 그리고 자아와 관련해서는 이 빛나고 죽지 않는 것인 뿌루샤는 몸 안에 있다. 실로 그는 바로 이 자아이고, 죽지 않는 것이며 브라흐만이고 일체이다."(Bṛhad-Up.2.5.1)

③ "브라흐만은 참으로 태초에 이것이었다. 그는 자신을 '나는 브라흐만이다.'라고만 알았다. 그러므로 그것은 모든 것이 되었다. 마음에 의해서만 그것은 지각되는 것이다. 그것 안에는 다양성이 없다. 그가 죽

음에서 죽음으로 가는 것을 그 안에서 보는 자는, 말하자면 다양성이 다."(Bṛhad-Up.1.4.10)

④ "인드라는 그의 마야에 의해 다양한 모습으로 나타난다."(Bṛhad-Up.2.5.19)

⑤ "이미 한 번 태어난 것은 [다시] 태어나지 않는다. 그렇다면 누가 다시 그를 태어나게 하는가?"(Bṛhad-Up.3.9.28)

⑥ "그러므로 그는 이것이 아니라는 것보다 더 높은 것은 없기 때문에(Bṛhad-Up.2.3.1) '이것이 아니다, 이것이 아니다'라는 교설이 있다."(Bṛhad-Up.2.3.6)

V. 밧따차리야에 따르면, 위의 사실로부터 가우다빠다는 이 우빠니샤드에 많은 것을 의존했다는 것이 분명하다. 사실상 『만두꺄 까리까』 제1장은 주로 이 우빠니샤드에 근거하고 있다. 아니 제1장은 옴OṀ에 대한 염상(念想, upāsanā)의 꽤 명확한 해설이자, 『브리하다란야까 우빠니샤드』의 제4장 2~3절의 개요, 또는 정수라고 할 수 있다. 또한 『만두꺄 까리까』 제3장에서는 불이장(不二章, advaita-pratyāya)답게 이 우빠니샤드로부터 그것에 관한 비유와 사상적 종자를 섭취한다. 뿐만 아니라 『만두꺄 까리까』의 중요한 교설 중의 하나인 생기의 부정[불생설]의 근거를 구하고 있다. 그러므로 『브리하다란야까 우빠니샤드』는 『만두꺄 까리까』의 주요한 우빠니샤드의 원천의 하나라고 결론을 내려도 될 것이다.

(3) 찬도갸 우빠니샤드

『찬도갸 우빠니샤드』는 전체 8장으로 이루어져 있다. 『만두꺄 까리까』와 관련이 있는 장으로는 제4, 6, 8장을 들 수 있다. 제4장에서는 브라흐만의 '4위'(catuṣpād)에 대해서, 제6장에서는 웃다라까 Uddālaka가 아들 슈베따께뚜Śvetaketu에게 자아의 불이성[不二性/無差別性]을 가르치면서 든 비유, 그리고 제8장에서는 자아의식의 세 상태와 관련한 것이다. 그 가운데서 가장 관련이 깊은 것은 다음 3장이다.(Chānd-Up.8.7.12)

개아(jīva)와 자아(Ātman)의 둘이 아님[不二性]은 『만두꺄 까리까』(GK.3.13)에서 이미 성전의 언명으로 천명된 것으로서 『찬도갸 우빠니샤드』에서는 여러 차례에 걸쳐 선언된 것이다. 특히 웃따라까가 슈베다께뚜에게 말한 교설은 바로 그것을 주제로 삼고 있다.

그런데 『만두꺄 우빠니샤드』와 『만두꺄 까리까』 제1장에서 사용된 '자아의 세 상태'에서 자아의 이름들(viśva, taijasa, prājña)은 『브리하다란야까 우빠니샤드』에서는 직접적으로 발견되지 않는다. 단지 이 우빠니샤드에서는 깨어있는 상태의 자아(viśva, 또는 vaiśvārana)를 '눈에 비친 뿌루샤'(akṣi-puruṣa)라 부르고 있을 뿐이다.(Bṛhad-Up.8.7.4) 샹까라는 그의 『찬도갸 우빠니샤드』의 해설서에서는 Viśva를 '그림자를 본체로 하는 자아'(chāyā[rūpa]-puruṣa, chāyātman), Taijasa는 '꿈꾸며 잠자는 자아'(svapnātman), Prājña는 '꿈 없이 숙면하는 상태'(suṣuptastha)라고 부른다. 또한 이 우빠니샤드에서는 참된 자아를 '최고의 뿌루샤'(uttama-puruṣa)라 부르고 있다. 이것은 『만두꺄 까리까』에서 '제4위'(turīya), 또는 'caturtha'에 해당한다고 생각된다. 따라서 이 우빠니샤드에서 자아의 의식 상태에 관한 관념은 『만두꺄 우빠니샤드』나 『만두꺄 까리까』의 것과 다르지 않는 것으로 보인다. 『만두꺄 우빠니샤드』와 마찬가지로, 『찬도꺄 우빠니샤드』는 OṀ에 대한 염상을 중요시하고 있다는 것은 이들 두 우빠니샤드가 모두 OṀ에 대한 염상으로부터 시작한 것에서 알 수 있다.(Chānd-Up.1.1.1)

(4) 그 밖의 우빠니샤드

『브리하다란야까 우빠니샤드』와 『찬도갸 우빠니샤드』를 제외한 『만두꺄 우빠니샤드』보다 성립 시기가 앞서는 거의 모든 우빠니샤드에서 영향의 흔적이 보인다. 그 가운데서 불이일원론을 전개하는데 중요한 역할을 한 『이샤 우빠니샤드』, 『까타 우빠니샤드』와 『따잇띠리야 우빠니샤드』가 있다.

개아(jīva)와 절대아(Ātman) 사이의 차별적 모습은 '한정'(upādhi)에 의한 것이다. '한정'이란 마야māyā, 또는 무지(avidyā)에 의해 처음으로 생겨난다. 그래서 순수의식인 브라흐만은 우주적 무지의 제약을 받은 마야를 통해 나타난 자재신(Īśvara)으로 인식하게 된다. 또한 그것은 지성적 마음(buddhi)의 제약을 받을 때는 개아(jīva)로 나타난다. 이와 같이 본체(브라흐만)와 현상(개아)과의 차별적 모습을 보는 자는 윤회(saṁsāra)를 하게 된다. 그러나 무지를 깨뜨리면 한정도 소멸되므로 어디서나 순수의식인 브라흐만을 보는 자는 현상세계의 다원성을 부정하고 불이성을 드러내 밝힌다.

지금까지 다루어 온 것은 대체로 두 가지로 나누어 생각할 수 있다. 하나는 『만두꺄 까리까』 제1장에 있는 자아의 4위설과 관련한 것이고, 또 하나는 차별성의 부정을 통한 주관과 객관, 본체와 현상의 불이성을 드러내 밝히는 것이었다. 이것은 『만두꺄 까리까』의 근본사상이 무엇인가를 여실히 보여주는 증거이며, 『만두꺄 까리까』가 우빠니샤드에 나타난 정신에 충실하려는 의도를 들어내 보이는 전거들로 판단된다.

2) 브라흐마 수뜨라

베단따 학파가 성립하기 이전(B.C.1세기 전)에 인도 사상계에서 가장 강력한 영향력을 가진 사상체계는 상캬 학파였다. 우빠니샤드의 해석도 상캬 학파의 이원론적인 입장에서 해석하는 것이 성행하였다. 그러므로 베단따 학파가 우빠니샤드를 일원론적으로 해석하기 위해서는 상캬 학파와 대결은 피할 수 없었다. 이러한 흔적은『브라흐마 수뜨라』(약호 BS.)에서의 상캬의 학설에 대한 비판에서 여실하게 볼 수 있다.(BS.1.1.5~11; 1.1.18)

『브라흐마 수뜨라』(약호 BS)는 인과율과 우주론에서 상캬 학파와 같은 인중유과론(BS.2.1.7)과 전변설/전개설(BS.2.1.26)의 입장을 취한다. 그러나 상캬 학파가 순수정신 뿌루샤puruṣa를 '동력인'(nimitta)으로 하고, 물질원리 쁘라끄리띠prakṛti를 '질료인'으로 하는 이원론의 입장을 취한 것에 반해,『브라흐마 수뜨라』는 순수정신(caitanya) '브라흐만'이 '동력인'이자 '질료인'으로서 일원론의 입장을 취하고 있다. 그리고 '브라흐만'은 세계 원인(BS.1.4.27)이고 세계의 창조는 자기창조로써 전변한다고 주장한다.(BS.1.4.26)

이와 같이『브라흐마 수뜨라』는 상캬 학파와 달리 동력인이자 질료인이며 순수한 존재 브라흐만의 세계 전개에 의한 본체와 현상의 관계를 설명한다. 그렇지만 상캬 학파 등의 반대파들은 '그것과 본질을 달리하는 현상세계를 어떻게 전개시킬 수 있는가?'라는

인중유과론과 일원론 사이의 모순을 지적하여 다음과 같이 논박한다.(BS.2.1.26)

(1) 만약 브라흐만이 세계 원인이라고 한다면 브라흐만은 전변하는 것이 되어 브라흐만 자체는 상실하게 된다.

(2) 만약 브라흐만의 일부분만 전변한다면 브라흐만은 부분을 갖지 않는다는 성전에 설한 근본 명제에 모순을 범하게 된다.

이에 대한 『브라흐마 수뜨라』의 작자인 바다라야나(Bādarāyana, B.C.100?~?)는 전혀 반격하려 하지 않고 자신의 학설에 이러한 논리적 난점이 있음을 인정하고 있다. 『브라흐마 수뜨라』는 성전(śruti)에 설해진 대로 믿어야 되며(BS.2.1.27), 인간의 무력한 사색에 대한 성전의 우월성을 주장하고 있다.(cf. BS.2.1.11) 다시 말해 이 수뜨라에서 논리학은 중요한 문제가 아니었다. 브라흐만은 추론, 또는 논리에 의해 파악될 수 없고 오로지 성전에 말해진 대로 믿어야 된다고 생각하였다.

따라서 논리적 논증은 사상적으로 종속적 위치만을 차지하고 있으므로 철학적인 어려운 문제에 부닥치게 되면 『브라흐마 수뜨라』의 작자 바다라야나는 그것을 논리적으로 해명하려 하지 않고, 오로지 비유에 의해 자신의 철학적 사상은 현실의 원리와 법칙에 따른다고 주장한다. 그런 뒤에 위의 비판에 대해 『브라흐마 수뜨라』의 작자는 다음과 같이 대답한다.

"정신적인 것으로부터 물질적인 것이 생겨나고, 또 물질적인 것으로부터 정신적인 것이 생겨난다는 것은 세간에서 경험된다. 그러므로 정신적인 브라흐만으로부터 물질세계가 생기하는 것은 불합리하지 않다."(BS.2.1.6)

이러한 대답은 반대론자의 비판에 대한 적절한 대응이 아니다. 『브라흐마 수뜨라』에서 브라흐만의 가장 근본적인 성격은 순수한 정신적인 유일한 세계 원인[創造主]이고, 세계의 동력인임과 동시에 질료인이라는 점이었다. 이러한 주장은 상캬 학파의 입장과는 정면으로 대립하는 것이다. 그것은 아마 상캬 학파가 이원론을 주장하기 때문이다. 그럼으로써 그것을 피하려 했던 것으로 생각되는 여러 가지 논리적으로 설명하기 곤란한 문제를 내포하고 있다. 예컨대 다음과 같은 문제들이 있다.

첫째, 순수한 정신인 브라흐만으로부터 본질을 달리하는 물질적 현상세계가 어떻게 성립할 수 있는가?(BS.2.1.14)

둘째, 브라흐만의 창조의 목적은 무엇인가?(BS.2.1.32~3)

셋째, 브리흐만은 세계의 불공평과 무자비의 근원이 되는 것은 아닌가?(BS.2,1.34~35)[006]

---

006 최고신이 유희를 위해 세계를 창조하므로 불공평과 무자비한 과실은 존재하지 않는다. 왜냐하면 과거에 각 개아의 선업과 악업을 고려하기 때문이다. 참으로 성전은 그와 같이 말한다. [반대자가] 최고신이 세계를 창조할 때 각 개아의 과거의 선업과 악업을 고려하지 않는다. 만약 세계 창조는 더 이전에는 각 개아의 업이 아직 구별되어 있지 않기 때문이라고 말한다면 그 논의는 옳지 못하다. 왜냐하면 업의 연속은 시작이 없지 않은가?

이와 같이 『브라흐마 수뜨라』는 성전의 절대성만 강조하고 철학적 이론이나 논리의 확실성을 부정하는 탓으로 반대파의 공격은 거세질 수밖에 없었다. 그러므로 가우다빠다는 그러한 모순을 해결하지 않으면 안 되었다. 가우다빠다가 『만두꺄 까리까』에서 해결하려고자 하였던 것은 『브라흐마 수뜨라』가 자신의 처지에 부닥친 인중유과론과 일원론의 모순이었다. 그는 이 모순 해결의 실마리의 하나를 불교, 특히 중관 학파의 용수 사상에서 찾았을 것으로 생각된다.

3) 대승불교

가우다빠다 이전의 초기 베단따, 특히 『브라흐마 수뜨라』는 불이일원론이 아니라 일원론이었다. 그런데 『브라흐마 수뜨라』에서 상캬 사상의 이원론의 비판과 브라흐만의 실재론이 확립된 이후 베단따 학파는 더 이상 발전하지 못하고 정체해 있었다. 이에 따라서 가우다빠다는 이 정체에서 벗어나고자 일원론에서 불이일원론으로 전환을 시도하였다. 그렇다면 어떻게 갑자기 일원론에서 불이일원론으로 선회할 수 있을까? 가우다빠다가 일원론을 불이일원론으로 전환하는 데는 다음 두 가지를 전제하였다.

첫째, 이미 잘 확립된 중관 학파로부터 불이론(不二論, advaya-vāda)[007] 및 귀류논증법(prasaṅga)과, 유식 학파로부터 외적 대상의

---

007 본 글에서는 불교에서 불이론(advaya-vāda)은 본체와 현상이 둘 다 실체성이 없지만, 베단따 학파에서 불이일원론(advaita-vāda)은 본체는 실체성이

비실재성의 개념을 차용, 또는 적어도 모방하였다.

둘째, 초기 베단따 자체의 정체성 및 베단따 내부의 역학관계 때문에 우빠니샤드의 전통 또한 불이일원론으로 돌아섰다는 것을 전제하였다.

무르띠에 따르면, 이 두 전제는 서로 충돌하지 않고 배타적인 것도 아니다. 이것은 우빠니샤드 자체에서 명백하게 브라흐만을 유일한 실재로 제시한다. 그것은 단지 현상적으로 다를 뿐이라고 보고 있었기 때문에 아비달마 불교가 다원주의로부터 중관 학파의 불이론 공 사상으로 옮겨가는 것보다 더 쉬운 것이다. 가우다빠다는『만두꺄 까리까』에서 중관 학파와 유식 학파의 교설들에 비추어 일원론 베단따를 불이일원론 베단따로 해석을 시도한다. 특히『만두꺄 까리까』제4장에는 불교로부터의 영향을 입증할 만한 진술들이 있다.『만두꺄 까리까』제4장은 제1송과 마지막 송에서는 '깨달은 자'(saṃbuddha)에게 귀경하는 게송으로 되어 있고, 전편을 통해 진리를 깨달은 사람을 '붓다'buddha로 부르고 있다. 존숭하는 현자를 '붓다'buddha라고 부르는 일은 일반 정통 브라흐만 문헌 안에서는 인정되지 않는 현상이다. 뿐만 아니라 자신의 입장을 최상승(最上乘, agrayāna)이라고 선언하고 있는 점도 불교의 영향을 입증하는 것으로 간주된다. 좀 더 자세히 살펴보면 다음과 같다.

있고 실재이지만 현상은 실체가 아니고 실제도 아니므로 굳이 둘을 구별하여 불교는 불이론, 베단따 학파는 불이일원론으로 쓸 것이다. 여기서 베단따 학파는 가우다빠다와 샹까라 사상 및 그들의 사상을 계승한 학자들을 가리킨다.

첫째, 중관 학파의 영향이 뚜렷하여 용수의 저술, 특히 『중론』과 거의 같은 논의가 여러 곳에서 발견할 수 있다. 그러한 좋은 예로 귀류논증법(prasaṅga)과 사구분별(catuṣ-koṭi, GK.4.40; 4.83~84)에 의해 차별적 성격에 집착하는 견해와 원인 개념의 비판(GK.4.22; 40)을 통해 '불생설'을 드러내 밝히고 있다.(GK.2.32; 3.21; 4.7)

둘째, 유식학설의 영향을 보이는 진술도 발견된다. 예를 들면, 식으로부터의 모든 사물의 전변[識轉變, vijñāna-pariṇāma, GK.4.45~52]을 말하며, 선화론(旋火論, alāta-vāda)의 비유(GK.4.47), 삼성(三性, tri-svabbhāva)의 원어도 보이고(GK.4.24; 4.73~74), 수행의 완성 단계에 관한 설도 무상유식설(無相唯識說, nirākaravādi-yogācāra) 계통의 것과 비슷하며(GK.4.87~88), 또한 『중변분별론』(*mādhyamika-vikalpa-śāstra,* 약호 MV)의 첫 게송과 거의 같은 것도 있다.(GK.4.75; MV.1.1ab)

뿐만 아니라 acintya(불가사의한, GK.4.41; 4.52), tri-adhvan(삼세, GK.4.27), avivāda(무논쟁, GK.4.2), tāyin(구세자, GK.4.99), nirmukta(해탈, GK.4.70), paridīta(드러냄, GK.4.19), prajñapti(표상작용, GK.4.24; 25), laukika(세간, GK.4.87), lokottara(출세간, GK.4.88), saṃvṛti(은폐, GK.4.57; 74)와 같은 불교 특유의 용어들이 꽤 많이 보인다.

특히 제4장에서는 제1~3장에서 사용된 bhāva, manas, dvaita, advaita와 같은 베단따 용어를 각각 dharma, citta, dvaya, advaya라는 불교적 표현으로 고쳐 사용하고 있다. 따라서 이들은 가우다빠다의 불이일원론 사상의 배경이 되었음을 알 수 있다.

2. 가우다빠다와 만두꺄 까리까

1) 가우다빠다의 생애와 저술

어떤 인물을 알기 위해서는 그가 보통 어느 시대에 어떠한 사상적 기조로 살아 왔는가를 파악함으로써 알 수 있다. 이것을 가장 쉽게 해주는 것은 그가 남긴 저술을 분석하여 고찰하는 것이다. 대부분의 전통적 인도 사상가들과 마찬가지로, 가우다빠다[008]는 그 저술을 통해서만 우리들의 기억 속에 살아 있다. 그의 대표적 저술로 알려진『만두꺄 까리까』이외의 다른 작품들도 가우다빠다에게 돌리는 것이 많다.[009] 이들 가운데 둘, 곧『웃따라기따 주석서』

---

008 Gauḍapāda에서 pāda는 존칭을 나타내는 것이므로 가끔 생략되어 단지 Gauḍa라고 하거나, Gauḍacaraṇa, Gauḍācārya(Gauḍapādācārya)라고 부르기도 한다. 그런데 가우다빠다의 인물, 또는 전기에 대해서 상세하게 전하는 것은 없다. 단지 몇 가지 전설과 같은 내용이 전하고 있을 뿐이다. 그는 아마 Gauḍa 지방, 즉 북벵갈 지방 사람인 것으로 생각되지만, 이것은 단정할 만한 확정적인 것은 아니다(Gauḍa라는 말은 산스끄리뜨로 가우다 지방의 거주자 뿐만 아니라 그곳의 출신자 등을 의미한다). 어떤 전설에 따르면, 꾸루끄셰뜨라 Kurukṣetra에 히라라바띠Hirarāvatī라는 강 연안에 가우다 종족(Gauḍa-jāti)이 있었다. 그 우두머리가 가우다빠다이다. 그는 드바빠라Dvāpara 시대 이후로 깊은 명상에 잠겨 있어 그의 고유한 이름은 현대인에게 알려지지 않아 종족의 이름 가우다로 알려졌다는 것이다. 또 아닌다기리에 따르면, "참으로 가우다빠다는 예전에 나라야나Nārāyana가 머무는 바다리까Badarika 아쉬람āśrama에서 나라야나를 염상하며 고행을 닦았다. 그러자 나라야나는 매우 기뻐하며 그에게 우빠니샤드의 지혜를 전수해 주었다."고 한다. 이들 전설은 불이일원론자의 후예들에 의해 후대에 윤색된 것이어서 믿을 만한 것은 못되지만, 그가 베단따 학자였음을 알려주는 점은 믿을 만하다.

009 가우다빠다의 작품으로 전해오는 것은 다음과 같다. *Sāṁkhya-Kārikā-bhā-*

*Uttaragītā-vṛtti*와 『샹꺄 까리까 주석서』*Sāṁkhya Kārikā-bhāṣya*는 이미 잘 알려진 것들이다. 그런데 가우다빠다라는 인물은 한 사람이 아니라 여러 사람이라는 견해가 지배적이기 때문에[010] 이들 저술들이 『만두꺄 까리까』의 편저자인 가우다빠다가 저술한 것들이라고 꼭 찝어서 말하기 곤란하다.

인도 일반의 전통설을 따르면, 가우다빠다는 샹까라의 '스승의 스승'(paramaguru)이다. 베단따의 초기 스승들의 계보를 담은 한 시구는 다음과 같은 순서로 이들 스승들의 이름을 전하고 있다. T.M.P. 마하데반에 따르면, 가우다빠다는 역사적으로는 최초의 스승이라 할 수 있다. 왜냐하면 나라야나를 비롯하여 그의 스승으로 되어 있는 슈까Śuka는 다소 신비적인 사람으로 보이기 때문이다. 특히 슈까는 유년기에 출가하여 유행생활을 했다고 기술되어 있지만, 그것을 증명할 만한 자료가 없다. 또한 그것은 가우따빠다 이전은 선인계보전승(仙人系譜傳承, vaṃśa-ṛṣi-paraṃparā)인 반면, 그로부터는 제자 전승(弟子傳承, śiṣya-paraṃparā)이라고 할 수 있다. 그러므로 가우다빠다가 샹까라의 최초의 인간 스승인 셈이다. 샹까

---

bhāṣya, Uttaragītā-vṛtti, Śrīvidyāratna sūtra, Subhagodaya, Nṛsiṅha pūrvatāpinyupaniṣad-bhāṣya, Durgāsaptaśati-bhāṣya. T.M.P. Mahadeva(1975), p.250.

010 밧따차리야는 여러 학자들은 딴뜨라 문헌들에 의한 다른 가우다빠다의 가설을 제시하고 있다. (1) V. Bhattacharya는 "한 사람은 베단따 학자이고 다른 한 사람은 탄트라 학자로 가정한다." (2) S.K. 벨발까르Belvalkar는 "우리는 두 사람의 Gauḍapāda의 존재를 인정할 준비를 해야 하는데, 곧 샹까라의 존경하는 스승 가운데 스승과 그와 이름이 같은 다른 사람, 이른바 『웃따라기따 주석서』와 *Sāṁkhya-kārikā*에 대한 주석서(bhāṣya)의 저자이다." (3) 레이A. Ray는 "Uttaragītā의 주석서보다 그 자체를 가우다빠다에게 돌려야 한다."고 생각하였다.

라는 그의 저서 『브라흐마 수뜨라 주석』에서 가우다빠다를 '베다 전통을 잘 아는 사람'(tathāca saṃpradāyavido vadanti)이라고 언급한다.(BSbh.1.4.14; 2.1.9) 샹까라의 제자인 수레슈바라(Sureśvara, 샹까라와 동시대 제자)는 가우다빠다를 '모든 베다의 정설을 아는 사람'(niḥśeṣa-vedasiddhānta-vidvas)이라고 평가하고 있는 데서 이를 암시하고 있다. 이것은 가우다빠다가 베단따 학파의 학자라는 사실을 분명히 보여준 것이다. 그런데 월레서Walleser는 이전에 가우다빠다라고 부르는 스승(ācārya)이 존재하였다는 견해를 다음과 같은 이유를 제시하면서 부정하고 있어 주목할 만하다.

> "'가우다빠다'라는 이름을 가진 개인적인 스승은 존재하지 않았다. 『만두꺄 까리까』는 우리에게 4장으로 전수되어 온 작품의 이름이다. 그러므로 그는 그것의 작자로서 개인이 아니다. 그것은 지금의 북벵갈 지방의 가우다 지방(gauḍa-deśa)의 불이일원론 베단따의 학자들이 제작한 것이며, 초기 베단따 학파에서 익명으로 된 4편 논문집이다. 그런데 각 논문마다 각각 pāda라고 불렀던 것을 그 작품 제목의 의미를 알지 못하고 나중에 학자들이 Gauḍa에 pāda를 붙여 개인 작자로서 가우다빠다에게 돌렸던 것이다."

V. 밧따차리야Bhattacharya는 앞의 견해를 부분적으로는 인정한다. 그렇지만 나카무하 하지메(中村元)와 T.M.P. 마하데반과 같은 학자는 샹까라 학파의 의견을 좇아 V. 밧따차리야의 이와 같은 주장은 타당하지 않는 것으로 평가한다.

위의 계보에서 보면, 가우다빠다는 샹까라의 스승인 고빈다

(Govinda, 7~8세기)의 스승이다. 보통 샹까라의 연대를 700~750년경으로 보기 때문에, 그는 샹까라보다 약 60년(2세대) 앞선 7세기 중엽(640~690년)의 사람이라고 생각할 수 있다. 그런데 T.M.P. 마하데반은 V. 밧따차리야가 가우다빠다를 샹까라의 'paramaguru'라고 하는 것은 '스승의 스승'이 아니라 '최고의 스승'이라는 뜻이다. 또한 샹까라의 『만두꺄 까리까 해설서』*Māṇḍūkya-Kārikā-Bhāṣya*는 그의 진짜 작품이 아니라는 이유를 다음과 같이 제시한다.

첫째, 학자들에 의해 일반적으로 받아들이는 샹까라의 연대는 788~820년이라고 하지만 결정적으로 확정된 것은 아니다.

둘째, 위의 사실은 샹까라가 가우다빠다의 '정신적 손자'라는 것을 인정할 때만 일어나는 혼란이며, 그것을 포기하면 자연적으로 샹까라의 해설서는 그의 진짜 작품이 아니라고 한다.

V. 밧따차리야는 이에 대한 근거로 다음 두 가지를 내세운다.

첫째, 가우다빠다가 대승불교의 논사인 청변(淸弁, Bhāvaviveka, Bhavya, 490~570년 무렵)보다 빠른 시기의 사람이라는 것을 청변의 저서에 인용된 것을 제시한다. 청변은 그의 저서 『중관심론송』(中觀心論頌, *Madhyamakahṛdaya-kārikā)*에 대한 자주自註 『중관심론사택염』(*Madhyamakahṛdaya-vṛtti Tarkajvala,* 약명 Tarkajvāla)[011]에서 베

011 이것은 청변의 대표적인 저작으로 산스끄리뜨 원본은 단편만 남아 있고, 중국에는 명칭과 극히 일부분의 내용만 겨우 전해졌을 뿐이며, 완전한 형태로는 티베트 역만이 현존한다. 내용은 전체 11장으로 구성되었다. 제1~5, 10, 11장은 불교를 논하고, 제6장은 상캬 학파, 7장은 바이쉐시까 학파, 9장은 미망사 학파를 다룬다. 베단따에 관해서는 제8장에서 다루는데 불교입장에서 베단따를 공

단따 철학(Vedānta-darśana)을 논평하면서 『찬도갸 우빠니샤드』, 『슈베따슈바따라 우빠니샤드』, 『문다까 우빠니샤드』 등에서 몇 게송과 『만두갸 까리까』에서 취한 것처럼 보이는 다른 4게송을 인용한다. 곧 따르까즈발라(Tarkajvala. 8.10~13)의 4게송은 『만두갸 까리까』의 3게송(GK.3.4; 3.6; 3.8)과 아주 유사하다. 또한 적호(寂護, Śāntirakṣita, 680~740년 무렵)의 『중관장엄론』(中觀莊嚴論, *Madhyamakālaṅkāra-kārikāṣ*)의 자주自註 『중관장엄론소』*Madhyamakālaṅkāra-vṛtti*(93송)와 그의 제자 연화계(蓮華戒, Kamalaśīla, 700~750년 무렵)의 『진리강요』*Tattva-saṁgraha*[012]에 대한 세소細疏 『난어석』(難語釋, *Pañjika*)에

격하는 내용으로 되어 있을 것이다. 이것은 불교도로서 '베단따 학파'라는 명칭을 최초로 언급한 사실이 중요하다. 정승석(1989), pp.329~31, 따르까즈발라 편 참조. 또 나카무라 하지메(中村元, 1950)는 pp.236~349에서 그의 제8장에 관한 주석과 그 밖의 저서, 특히 용수의 『중론』의 주석서인 『반야등론』에서 언급된 베단따 사상, 그리고 그가 소개한 베단따 사상의 특징을 말하고 있다.

012 샨띠락쉬따(적호)는 청변보다는 약 2백 년 가까이 후대인이지만, 샹까라보다는 약간 선배로 생각된다. 따라서 그의 저서 『진리강요』 안에서 논쟁 기록은 초기 베단따 철학의 한 측면을 보여주는 귀중한 자료이다. 원래 불전 안에서는 베단따 사상에 관한 기록은 다른 사상에 비해 훨씬 적었을 뿐만 아니라 지금까지 출판된 범어불전 가운데서는 이렇게 분명하게 베단따론자, 또는 우빠니샤드론자라는 이름을 들어가면서 그 학설을 상세히 비판한 것은 찾아 볼 수 없다는 점에서 중요하다고 생각된다. 이러한 「진리강요」는 전체 23장 3646시송으로 이루어져 있다. 이 책 안에서는 당시 인도 사상계에서 융성했던 여러 철학을 소개하고, 대승불교의 귀류논증의 입장에서 음미하고 비판한다. 그런데 이것은 불교 이외의 다른 많은 책으로부터 인용된 문장이 많을 뿐만 아니라 소개되고 있는 학설이 매우 풍부하고, 또한 다방면이면서도 그 서술이 매우 정확하고 적절하여 인도사상사에 있어 귀중한 자료로 평가된다. 이 가운데서 베단따 사상을 논한 것은 제6장 '뿌루샤의 고찰'(Puruṣa-parīkṣā)과 제7장 '아뜨만의 고찰'(ātman-parīkṣā)인데, 제6장에서는 우빠니샤드에서 설한 뿌루샤 및 힌두교에서 절대시하는 비슈누 신 등의 관념을 논파하고, 제7장에서는 여러 학파의 아트만관을 공격하고 있는 가운데 우빠니샤드론의 아트만관도 소개하고 음미 비

도 '우빠니샤드론'(Upaniṣat-śāstra)으로서 『만두꺄 까리까』를 언급한다.[013] 따라서 가우다빠다의 연대는 이들로부터 보면, 500년 무렵이어야 한다.

둘째, 가우다빠다는 실질적으로 AD. 200~400년 사이에 활약한 유명한 불교 논사들의 논서, 곧 용수(Nāgārjuna, 150~250년 무렵)의 『중론』*Madhyamaka-kārikā*, 성천(聖天, Āryadeva, 3세기)의 『사백론』*Catuḥśaraka*, 미륵(Maitreyanātha, 270~330년 무렵)과 무착(Asaṅga, 310~390년 무렵)의 『대승장엄경론』*Mahāyānasūtrālaṃkāra*, 세친(Vasubandhu, 320~400년 무렵)의 『아비달마구사론』*Abhidharmakośa-bhāṣya*에 대한 야쇼미뜨라(Yaśomitra, ?)의 주석서 『아비달마구사론석』*Abhidharmakośa-vyākhyāṣ*으로부터 인용된 덕혜(德慧, Guṇamati, 420~500년 무렵)의 『중론소』*Madhyamaka-vṛtti*로부터 인용하였다.

판한다.

013 우빠니샤드론으로는 베단따 학파 가운데서 불이일원론만을 언급하고 있다. 그것들이 언급한 것이 직접적으로 어떤 책인지를 거명하고 있지 않기 때문에 분명하지 않다. 그런데 거기에 인용하여 비판하는 우빠니샤드론은 용어로 본다면 『브라흐마 수뜨라』, 또는 상캬 등의 반대자의 것과는 다르다. 또 샹까라는 그들보다 시기적으로 확실히 늦기 때문에 샹까라의 것(BSbh)도 아니다. 브라흐만을 식(識, vijñāna)이라고 주장한 사람을 초기 베단따 학파에서 찾는다면 바르뜨리하리와 가우다빠다를 들 수 있다. 전자는 불교설과 유사한 것이 아니라 그것을 비판하는 입장이다. 그렇다면 그것은 가우다빠다의 『만두꺄 까리까』 제4장(선화적정장)의 유식학설이 아닌가 싶다. 『만두꺄 까리까』 제4장(47~48, 50~51)에서는 유식학설과 마찬가지로 식의 전개[顯現], 또 지혜(jñāna)를 브라흐만과 뗄 수 없는 것이라 생각한다.(GK.3,33) 그러나 V. Bhattacharya는 샨띠락쉬따가 『만두꺄 까리까』에서 매우 많은 게송을 인용했다고 하더라도 어느 책에서 인용했는지를 『진리강요』의 어디에서도 밝힌 적이 없다는 사실에 주목해야 한다. 또한 티베트 작품에 인용된 『만두꺄 까리까』는 2.3~6; 18~20; 3.4~6; 3.8이라고 하여 앞의 나카무라 하지메(中村元)와 견해를 달리하고 있다.

이런 사실로부터 보면, 덕혜는 서력 5세기보다는 빠르지 않기 때문에, 가우다빠다의 연대는 덕혜의 5~6세기보다는 늦고, 청변의 6세기 중엽보다는 빠른 시기인 대략 500~550년 무렵 사람이라고 할 수 있다. 이렇게 되면 앞에서 말한 샹까라의 연대 788~820년과는 최소한 250년의 차이가 있다. 그렇기 때문에 가우다빠다와 샹까라와 스승과 제자 사이의 계보는 성립할 수 없다. 또한 샹까라의 『만두꺄 까리까 해설서』는 그의 진짜 작품이 아닐 가능성도 크다. 그러나 여기에서 한 가지 짚고 넘어 가야 할 문제가 있다. 그것은 청변이 『만두꺄 까리까』로부터 인용했다는 '허공의 비유'는 이미 다른 불전에 언급되고 있는 것들일 뿐만 아니라 반대로 가우다빠다가 그로부터 인용했는지도 모른다는 사실이다. 또한 설사 이것이 『만두꺄 까리까』로부터 인용한 것이더라도 가우다빠다가 『만두꺄 까리까』의 작자(여기 언급된 제3장의 작자)가 아니라 편집자라면 문제될 것이 없다고 생각된다. 왜냐하면 그때까지 각기 따로 존재했던 4장을 하나로 묶는 일은 더 나중에도 할 수 있는 것이기 때문이다. 따라서 V. 밧따차리야의 주장은 반드시 옳다고 생각되지 않는다. 이것에 대해 T.M.P. 마하데반이 평가하기를, 그러나 위의 주장들은 추측의 단계에 지나지 않는다고 말하고 있는 데서도 그 한 단면을 읽을 수 있다. 그러므로 가우다빠다의 문제는 『만두꺄 까리까』와 관련해서 볼 필요가 있지만, 먼저 『만두꺄 까리까』를 살펴 본 뒤에 그것을 다시 살펴볼 것이다.

2) 만두꺄 까리까의 구성과 내용 및 해설서

베단따 학파는 어느 파를 막론하고 모두『브라흐마 수뜨라』를 근본경전으로 받들고 있다. 그러나『브라흐마 수뜨라』자체는 매우 간결하여 각 학파의 입장에 따라 자기 임의대로 해석할 개연성을 가지고 있다. 또한 그것이 표방한 것은 불이일원론(advaita-vāda)이 아니라 일원론이다. 불이일원론을 지향하는 학자들은 샹까라 이전에도 많이 있었다. 그러나 막스 왈레서에 따르면,『만두꺄 까리까』를 제외하고 그들의 저술들은 거의 소실되어 단지 단편으로만 전해 올 뿐이다. 이러한 까닭에『만두꺄 까리까』는 샹까라 이전에 저술된 불이일원론파의 주장을 분명히 한 유일한 저서라는 주장이 있다. 그렇지만 막스 왈레서의 주장은 잘못된 것으로 생각된다. 그러나 다른 독립된 저술이 남아 있지 않는 상황에서『만두꺄 까리까』는 초기 불이일원론 베단따 사상을 드러내 보인 가장 중요한 자료임에는 틀림없다. 왜 중요한 자료인지의 근거를 제시하는 나카무라 하지메(中村元)의 다음 진술을 참고할 만하다.

> "이 책은 어떤 경우에는 매우 체계적이고 조직적으로 서술을 하고, 다른 한편으로는 극도로 논쟁적임을 충분히 주목해야 한다. 여러 학파의 사상을 섭취하고 소화하여 그들의 영향을 받는가 하면, 다른 한편으로는 다른 파의 사상적 입장을 예리하게 비판하여 공격한다. 그래서 그 뒤의 인도사상에 중대한 영향을 끼치며, 나중에는 천계성전(śruti)의 하나로 간주되어 우빠니샤드와 동일한 권위를 갖게 된다. …… 이 책

은 매우 천재적인 사색의 섬광이 번뜩이며, 대담한 확신을 가지고 자기가 진리라고 믿는 것을 아주 솔직하게 선언한다."

그런데 『만두꺄 까리까』의 저자와 각 장의 성립 시기에 많은 문제점을 안고 있다. 이러한 문제점을 풀기 위해 먼저 『만두꺄 까리까』의 구성과 내용을 개괄할 필요가 있다. 그런 뒤 『만두꺄 까리까』와 이것의 편저자 가우다빠다와의 관계와 각 장의 성립 시기를 확실히 정립해야 한다.

(1) 구성

『만두꺄 까리까』[014]는 일반적으로 4장[권; prakaraṇas], 곧 성전장(聖典章, Āgama-prakaraṇa): 29게송, 허망장(虛妄章, Vaitathya-prakaraṇa): 38게송, 불이일원장(不二一元章, Advaita-prakaraṇa): 48게송, 선화적정장(旋火寂靜章, Alātaśānti-prakaraṇa): 100게송 등 합 215송(kārikā)의 운문(śloka: 8음절 4연으로 32음절)으로 되어 있다. 그런데 여기에서 다음과 같은 의문점들이 제기된다. 이들 각 장은 같은 책의 네 부분이지만 한 권의 책으로 편집된 4개의 독립된 논문인가, 아니면 전체 4장 가운데 하나의 장이나 2~3장은 한 권의 책을 구성하고, 그 나머지 2~3장이나 하나의 장이 다른 한 권의 책을 구성하는가? 또는 『만두꺄 우빠니샤드』와 『만두꺄 까리까』의 제1장은

014 이에 대한 명칭으로 가장 일반적이고 또 전거가 확실한 것은 (1) *Gauḍapādīya-kārikā* (2) *Māṇḍūkya-Upaniṣat-Kārikā* (3) *Āgama-Śāstra* 등이 있다. (1)은 저자의 이름에서 유래된 것이고, (2)는 *Māṇḍūkya-Upaniṣad*에 바탕을 둔 것에서 얻어진 명칭이며, (3)은 내용에서 유래한 명칭이다.

어떤 관계인가? 이런 의문에 대해 학자들의 사이에 의견의 차이를 보이고 있다. 우드Thomas E. Wood가 제시하는 근거에 따라서 이것을 일곱 가지 부류로 나누어 살펴보면 다음과 같다.

(a) 현대 샹까라 학파의 학자(paṇḍit)들, 그리고 서양과 인도의 현대의 인도 철학자들의 일반적인 견해

① 『만두꺄 우빠니샤드』는 독립된 작품이다. 더욱이 그것은 우빠니샤드이고 성전(śruti)이며, 『만두꺄 까리까』 제1장 29게송은 그것에 대한 직접적인 주석이다.

② 『만두꺄 까리까』의 나머지 제2, 3, 4장의 186게송은 직접적인 주석에 표현된 관념들의 계승과 확장이다. 다시 말해 발전적 해석인 간접적 주석이다.

③ 따라서 이들 『만두꺄 까리까』 215게송 모두는 가우다빠다의 저작으로서 천계성전은 아니며, 각 장 사이에는 사상적인 긴밀성을 가진다고 할 수 있다.

(b) 샹까라 학파의 후기 학자인 나라야나쉬라민Nārāyaṇāśramin 등의 견해

『만두꺄 우빠니샤드』(12 mantra), 『만두꺄 까리까』 제1장과 나머지 2, 3, 4장은 모두 하나의 작품이며, 이들 모두 계시성전이다. 샹까라도 그의 제자들과 마찬가지로 "4장은 성전론(聖典論, Āgama-śāstra)이라는 제목의 동일한 책의 다른 부분"[015]이라고 주장한다.

015 『만두꺄 까리까』의 1장과 2장, 2장과 3장, 3장과 4장 사이에 어떤 관련이 있는지에 대해서 샹까라가 2, 3, 4장의 첫머리의 주석에서 자세히 설명하고 있다.

(c) P. 도이센Deussen과 A. 벤까따숩비아흐Venkatasubbiah의 견해

① 『만두꺄 우빠니샤드』, 『만두꺄 까라까』의 전체 1~4장은 독립된 작품이 아닌 하나의 작품으로 쓰였다.

② 『만두꺄 우빠니샤드』와 『만두꺄 까리까』는 모두 가우다빠다의 작품이다.

S. 니낄란다Nikilānanda의 견해를 간단히 요약하면 다음과 같다.
첫째, 제1장과 2장의 상호 관련: 그의 해설서(Gkbh)의 제2장 첫머리에서 "실재가 인식될 때 이원성은 없다. 이것은 이미 GK.1.18d에서 말하였다. 그것은 둘째가 없는 오직 하나이다(Chānd-Up.4.2.1)라는 śruti에 의해 지지받는다. 그러나 이것은 단지 성전의 진술일 뿐이다(āgama-mātra). 이원의 비실재성이 논증(upapatti; 실증)에 의해서도 또한 확정될 수 있다는 것을 보이기 위한 입장으로 '허망'(vaitathya) 등의 단어들과 함께 시작되었다."
둘째, 제2장과 3장의 관계: GKbh.3.1을 보면, "OṀ의 확정은 주장(pratijñā-mātra)에 의해서만 이루어진다. 곧 "아뜨만은 언어도단이고 지복이며 둘째가 없는 것이다"(Māṇḍūkya-Up.12). 실재가 인식될 때 불이성이라고 말해진다.(GK.1.29) 제2장에서 이원성의 결여는 꿈, 마술, 신기루 등(GK.2.31)의 예로써, '보이는 능력'(dṛśyatva)과 '시작과 끝이 있는 상태'(ādyantavatta; GK.2.7) 그리고 사변(tarka)에 의해 설명된다. 과연 불이성은 성전에 의해서만 이해될 수 있을까, 아니면 논증으로도 증명될 수 있을까? 그 대답은 논증에 의해서도 역시 증명될 수 있다고 한다. 어떻게 그럴 수 있는가? 그래서 제3장이 시작된다."
셋째, 제3장과 4장의 관련: 제3장의 첫머리에 보면, "OṀ의 확정을 통해 불이성은 주장된다(pratijñata). 그런 다음 제3장에서 다른 외적 대상의 불이성을 보임으로써 확정된다.(siddhanta) 다시 제3장에서 그것은 최고의 진리(GK.3.48)라고 결론을 내려 성전과 논증에 의해 직접적으로 확인된다. 샹까라는 끝에서 이원론자들(dvaitins)과 허무주의자(vaināśikas)는 성전의 의미인 불이성에 반대되고, 또한 그들의 입장은 그들 상호 모순 때문에 집착과 증오와 같은 그릇된 열정[渴愛, tṛṣṇa]을 일으키므로 그릇된 견해[邪見]라고 넌지시 밝힌다. 불이성 안에는 가이 들어 갈 여지가 없다. 그러므로 그의 입장은 올바른 견해[正見]이며, 그것은 칭찬받는다. 제4장에서 사견론자들의 견해는 서로 모순되어 옳지 않으므로 버려야 한다는 '부정'(avīta)이라는 논증법에 의해 불이성을 천명한다. 이로 인해 「선화적정장」이라 부르는 제4장이 시작된다."

③『만두꺄 우빠니샤드』가 특별한 지위를 가지며 성전으로 간주하는 견해는 더 나중에 발전한 것이다. 그것은 시대가 지남에 따라 이 작품의 기원과 본질이 잊어지거나 의도적으로 무시되기도 하여 샹까라 학파에서 생겨난 것이었다고 한다.

(d) V. 밧따차리야의 견해

①『만두꺄 우빠니샤드』와『만두꺄 까리까』는 서로 다른 작품이다. 이들 둘 가운데『만두꺄 까리까』가 더 먼저 성립하였다. 그래서『만두꺄 우빠니샤드』는『만두꺄 까리까』의 해설서이다.

②『만두꺄 까리까』의 네 권은 네 개의 독립된 논문이며, 그들은 성전론이라는 이름 아래 한 권의 책으로 편집된 것이다.

(e) 나카무라 하지메의 견해

①『만두꺄 까리까』 제1장은『만두꺄 우빠니샤드』에 직접 접속되고, 그것의 해설서이다.

② 그러나 제2장 이하는 각기 독립된 작품이고,『만두꺄 우빠니샤드』와 직접적인 연락은 인정하기 곤란하다.『만두꺄 까리까』 제1장만 '성전장'이라는 명칭이 붙어 있고, 제2장 이하에서는 사상적 이론적인 명칭(예: 허망장, 불이일원장, 선화적정장)이 붙어 있는 것은 이런 이유에 바탕을 둔 것이라 생각된다. 곧『만두꺄 까리까』의 각 장은 사상 내용이 다른 까닭에 시대의 흐름에 따라서 차례(제1장→ 제2장→ 제3장→ 제4장)로 성립했다고 생각된다.

③ 따라서 가우다빠다는『만두꺄 까리까』의 각 장을 썼다기보다는 편집했다고 보아야 하고,『만두꺄 우빠니샤드』는 천계성전으로

인정할 수 있지만 『만두꺄 까리까』는 천계성전으로 인정되지 않는다.

(f) T.M.P. 마하데반의 견해

① 『만두꺄 우빠니샤드』는 12개 산문으로만 이루어진 것이 아니라 29개 운문(『만두꺄 까리까』 제1장)도 포함된다.

② 만두꺄라는 이름의 우빠니샤드는 없다. 가우다빠다는 『만두꺄 까리까』 제1장뿐만 아니라 『만두꺄 우빠니샤드』의 12개 산문의 작자이다.

③ 『만두꺄 까리까』는 『만두꺄 우빠니샤드』의 해설서가 아니다. 그것은 『만두꺄 까리까』에 기초하여 『만두꺄 우빠니샤드』가 작성되었다. 그래서 『만두꺄 까리까』는 『만두꺄 우빠니샤드』보다 먼저 성립되었다.

④ 『만두꺄 까리까』는 4장으로 구성된 하나의 작품이 아니고, 각 4장은 베단따에 관한 독립된 논문들이 나중에 한 권으로 편집된 것이다.

(g) T.E. 우드Wood의 견해

① 『만두꺄 우빠니샤드』와 『만두꺄 까리까』는 각기 다른 작품이다. 『만두꺄 우빠니샤드』는 우빠니샤드이며 계시성전이지만, 『만두꺄 까리까』의 각 장은 계시성전으로 인정되지 않는다.

② 『만두꺄 까리까』는 가우다빠다의 저작으로 돌린다.[016] 왜냐하

016 우드는 자신의 견해를 제시하기 위해 다섯 부류의 다른 입장을 논의한 뒤, 그들 어느 것도 전체적으로 옳은 것은 없다는 결론을 내리고 있다. 그에 대한 반

면 "가우다빠다는 새로운 교설을 창출한 것이 아니라 『만두꺄 우빠니샤드』 자체의 의미를 단순히 설명한 것"이기 때문이다.

T.E. 우드Wood가 지적했듯이, 앞의 견해들 가운데 어느 것도 전적으로 옳은 것이 없는 것으로 보인다. 이렇게 평가하는 가장 중요한 근거는 『만두꺄 까리까』와 『만두꺄 우빠니샤드』와의 관계를 어떻게 보며, 『만두꺄 까리까』 제1장을 성전으로 보느냐, 그렇지 않느냐에 달려있다. 『만두꺄 까리까』 제1장은 『만두꺄 우빠니샤드』의 직접적인 주석이거나 해설이다. 또한 나머지 제2, 3, 4장은 『만두꺄 우빠니샤드』와는 직접 관련이 없으므로 그것은 간접적인 해설이라고 보아야 한다.

따라서 굳이 우열을 따진다면 (b), (c), (d)가 가장 부적절한 견해이며, 그 다음은 (f)와 (g)의 견해이다. 또한 이 가운데서 가장 타당성이 있는 것은 (a)와 (e)의 견해로 판단된다. 그러나 이들 둘 사이에도 차이가 인정된다. 가장 큰 문제는 『만두꺄 까리까』를 가우다빠다의 저술로 보느냐 아니면 편집으로 보느냐 하는 것이다. 이 문제는 『만두꺄 까리까』와 가우다빠다의 관계를 다룰 때 다시 논의하기로 하겠다. 앞의 논의 내용을 종합해 도식으로 정리하면 다음과

증을 몇 가지로 나누어 들고 있는 가운데서 주목할 만한 것은 샹까라의 불이일원론 학파들, 예컨대 샹까라Śaṅkara, 수레슈바라Sueśvara, 만다나미슈라Maṇḍanamiśra의 저술들(각각 *Brahma-Sūtra-Bhāṣya, Naiṣkarmya-siddhi, Brahma-Siddhi*)에 인용된 『만두꺄 우빠니샤드』와 『만두꺄 까리까』를 예증으로 들고 있다. 그런 가운데 우드는 암암리에 (a)의 의견(현대 샹까라 학파의 학자(paṇḍit))들, 그리고 서양과 인도의 현대의 인도 철학자들의 일반적인 견해에 어느 정도 찬성하는 경향을 보인다.

같다.

【가우다빠다와 『만두꺄 우빠니샤드』 및 『만두꺄 까리까』와 관련】

구분	(a)	(b)	(c)	(d)	(e)	(f)	(g)	필자
MU 독립성	○	×		○	○	×	○	○
MU 성전	○	○		주석	○	주석	○	○
MU>AP	○				○			○
MU<AP			○			○		
AP 성전	주석	○			해설		×	해설
1・2・3・4장	한 권			독립	독립		독립	독립
2・3・4와 MU의 관계	간접 주석	1권	1권		간접 주석			간접 주석
GK 저작	저작	성전	저작	편집	편집	편집	저작	저작(4)

* AP는 GK 제1장, MU는 만두꺄 우빠니샤드, ( ) 안의 숫자는 장 표시

(2) 내용

이것은 앞의 논의와 관련된 문제이지만 여기에서는 그것과 별개로 『만두꺄 까리까』에 나타난 내용만을 검토하고자 한다.

[제1장: 성전장]

학계 일반에서 인정하듯이, 제1장은 『만두꺄 우빠니샤드』의 직접적 주석, 또는 해설서이다. 『만두꺄 까리까』 제1장을 대충 살펴볼 때, 편의상 크게 두 부분(제1~18게송과 제19~29게송)으로 나누어 생각한다. 전자는 실현되어야 할 목표를 논의하고, 후자는 전자를 실현, 곧 불이, 또는 제4위(turīya)의 방편으로써 성음 OṀ의 염송, 또는 헌신 부분(수단)

으로써 전체 4장 가운데 제1장에만 나오는 것이다. 따라서 아난다기리(Ānandagiri, 또는 Ānandajñāna; 13세기 무렵)는 제1장을 특히 OṀ자장(Oṃkāra-prakaraṇa)이라 부르고 있다. 제1장의 내용은 『만두꺄 우빠니샤드』에서도 거의 그대로 말하고 있는 내용이다. 물론 다른 우빠니샤드의 문구와 일치하거나 유사한 설명이 없는 것은 아니다. 그렇지만 거기서는 다른 우빠니샤드를 언급한다거나 지시를 하는 곳은 없다. 이 점에서 보면, 제1장은 『만두꺄 우빠니샤드』와 밀접한 관련이 있는 것이 틀림없는 사실이라고 생각된다.[017]

[제2장: 허망장]

제2장 이하는 제1장과 여러 가지 면에서 차이를 보이고 있다. 이것은 『만두꺄 우빠니샤드』와 직접 관련이 없다는 증거이기도 하다.[018] 제1장에서는 오로지 성전에 의해 진리를 설명하지만, 제2장에서는 그것뿐만 아니라 이론적 논증(yukti)에 의해 자신의 주장을 확립하고 있다. 그래서 Oṃ에 관한 것은 전혀 언급되지 않고, 자아의 4위설은 천박하고 저급한 것으로 낮게 평가한다.(GK.2.21) 가우다빠다는 외적 세계의 허망성(vaitathya)을 논의하여 불이일원론을 확립한다. 제1장에서는 '깨어있는 상태'를 '상태의 원인'이라고 보는데 반해, 제2장에서는 두 상태 사

017 어떤 사본에는 제1장의 이름이 '*Māṇḍūkya-vyākhyāna*'(만두꺄의 주석)라고 되어 있다.

018 마드바Madhva와 라마누자Rāmanuja 등은 제1장만을 계시성전으로 간주하여 주석하고, 제2장 이하는 주석을 하지 않은 이유는, 첫째는 제2장 이하에서의 마야설, 불이일원론 그리고 유식학설이 그들의 이론인 '이원론'이나 '제한/한정불이일원론'의 사상과 맞지 않기 때문이며, 둘째는 제2장 이하는 『만두꺄 우빠니샤드』나 제1장과는 관련이 없다고 생각하였기 때문일 것이다.

이에는 인과관계가 없으며, '뱀과 새끼줄의 비유'(GK.2.17)[019]을 통해 이 두 상태는 다르지 않다고 말한다.(GK.2.5) 또한 제1장에서는 세계원리를 생명에너지(prāṇa) 등으로 이해하지만, 제2장에서는 그것을 저급한 것이라고 가치를 깎아내려 버린다.(GK.2.19~20) 세계의 창조에 관해서도 제1장에서 이단설로 취급받던 '창조는 꿈이나 마야와 유사한 것'이라는 주장을 제2장에서는 자기의 설로 받아들인(GK.2.4 이하; GK.2.31 이하) 뒤, 마야설(māyā-vāda)의 입장에 선다.

[제3장: 불이일원장]

제3장에서는 일체가 불생임을 보이고자 한다. 생기하는 것은 아무것도 없다고 제시한 뒤(GK.3.2), 이것이 최고의 진리라고 결론을 내린다.(GK.3.48) 다시 말해 "제1장에서는 신의 본성(svabhāva)에 바탕을 두고 생기설(生氣說, GK.1.9)을 말하며, 제2장에서는 신의 자기전개로서 마야에 의한 생기(GK.2.12)를 말한다. 이에 반해 제3장에서는 궁극적인 의미에서 생기의 부정을 강조하며, 아뜨만은 어떤 것으로부터도 생성되지 않고, 또 어떤 것을 생성시키지도 않는다."(GK.3.48)고 하여 궁극적 목표가 '불생'임을 보이고자 한다. 이처럼 제3장은 일반 철학 문제에 관해서는 대체로 제2장과 같은 입장을 말하면서도 제2장이 현상세계의 비실재성, 또는 허망성을 다루는데 전력하지만, 제3장은 적극적으로 본체와 현상 사이의 불이성不二性을 바탕으로 '불생설'을 천명하고 있다. 제3장에서는 '감각적 마음'(manas)으로부터 세계 전개를 말하고 있다. 이것은 제1, 2장에는 없었던 새로운 설이라고 할 수 있다. 아

019 이러한 비유는 일반적으로 무착이나 세친과 같은 유식학설을 주장하는 것에서 많이 사용하는 것이다. 그러므로 아마 그것의 영향이 아닌가 생각된다.

마 이것은 제2장에서 아뜨만의 자기전개에 의한 세계 전개를 말하는 것과 제4장에서 '식의 현현에 의한 현상세계의 전개'의 과도기적 단계가 아닌가 생각된다.

[제4장: 선화적정장]

제4장에서는 제1, 2, 3장에서 말하고 있는 논의들을 불교적 용어를 빌어 반복하고, 횃불돌림의 멈춤[旋花寂靜]의 비유와 불교의 논증법, 곧 귀류논증법을 사용하여 현상세계의 실재성을 비판한다. 특히 제4장에서는 앞의 1~3장과 달리, 불교에 관해 직접적으로 언급하고 있다. 그 대표적인 것을 간단히 예시하면 다음과 같다. 첫째, 중관론의 특징을 갖는 것으로는 귀류논증법(歸謬論證法, prasaṅga), 무논쟁(無論諍, avivāda) 사상, 사구분별(四句分別, koṭicatuṣṭaya-vāda), 불생설(不生說, ajāti-vāda)이 있고, 그것의 영향의 흔적이 있는 것으로는 세속의 진리(saṃvṛti)와 궁극적 진리[勝義諦, paramārtha]의 두 가지 진리설이 있다. 둘째, 유식 사상의 특징을 갖는 것으로는 깨어있는 상태와 꿈꾸는 상태에서 대상의 허망성, 선화적정의 비유에 의한 현상세계의 허망설(虛妄說, māyā-vāda), 그리고 삼성설(三性說, tri-svabhāva-vāda) 등의 영향을 들 수 있다. 이 밖에도 제4장에서 구사되고 있는 술어는 앞 3장에서 볼 수 없고, 정통 인도철학의 용어(brahman, ātman, manas 등) 대신 불교 전적에서 흔히 볼 수 있는 용어들(buddha, citta, vijñapti 등)을 사용하고 있다.[020]

---

020 이러한 비유는 일반적으로 무착이나 세친과 같은 유식학설을 주장하는 것에서 많이 사용하는 것이다. 그러므로 아마 그것의 영향이 아닌가 생각된다.

이와 같이 『만두꺄 까리까』의 내용을 대략적으로 살펴 본 결과, 제1장과 제2~4장은 상당한 차이를 보이고 있다. 그리고 불교와 관련해서 생각하면, 제4장과 그 이전(제2, 3장)의 것과도 다르다고 생각된다. 이러한 점에서 보면, 『만두꺄 까리까』의 각 장은 같은 시기에 제작되었을까 하는 문제에 의문이 제기된다. 이러한 의문을 풀기 위해서는 『만두꺄 까리까』의 각 장이 언제 성립되었는지, 그 연대와 『만두꺄 까리까』와 가우다빠다의 관계를 살펴 볼 필요가 있다.

(3) 해설서

『만두꺄 까리까』의 해설서라고 하면, 『만두꺄 우빠니샤드』와 함께 묶여 이루어진 것이 보통이지만, 단지 『만두꺄 까리까』, 또는 『만두꺄 까리까』 제1장을 포함시켜 『만두꺄 우빠니샤드』라는 이름으로 이루어지는 경우도 있다. 가우다빠다의 정신적 손제자로 인정받고 있는 샹까라의 주석[021] 이외에도 많은 것이 존재했던 것으로 보인다. 그런데 그것들은 현재 존재하지 않는다. 다만 다른 주석가들의 책에 인용되어 전해 오는 경우가 많아 그 진짜 모습을 아는 데는 어려움이 뒤따른다.

---

021 여러 학자들은 『만두꺄 까리까 해설서』*Māṇḍūkya-Kārikā-Bhāṣya*를 쓴 샹까라가 『브라흐마 수뜨라 주석』*Brahma-Sūtra-Bhāṣya*를 쓴 샹까라와 같은 인물인지의 문제를 제기하고 있다. M. Walleser(1910)는 최초의 제기자이며(p.55), H. Jacobi(1913)는 GK.2.4의 예를 들어 추론형식과 그 용어의 다름을 들고 있으며(p.52, fn.2), V. Bhattacharya(1975)는 상당히 자세한 논의를 하고 있는 가운데 음률상의 결함, 문법적 오류, 그리고 가장 중요한 것으로 불교의 교리와 용어 문제를 들고 있다.

우선 『만두꺄 우빠니샤드』의 해설서로는 가우다빠다의 『만두꺄 까리까』가 가장 오래된 것이다. 그 다음으로 이들 양자를 모두 주석한 것으로 가장 오래되고 지금까지 널리 이용되는 것은 단연 샹까라의 해설서이다. 그런데 이것은 대개 그의 거듭 해설[復註, ṭīkā]로서 가장 유명하고 오래된 아난다기리(Ānandagiri)의 거듭 해설[022]과 함께 편집되어 출판되고 있다.

① 샹까라의 해설서/주석서(bhāṣya) 출판본

② 샹까라난다Śaṅkarānanda 해설서(dīpikā) 출판본

③ 나라야나쉬라민Nārāyaṇāśramin 해설서 출판본

④ 슈리 우빠니샤드 브라흐만 요긴Sri Upaniṣad-brahman-yogin 해설서 출판본

⑤ 스바얌쁘라까샤난다사라스바띠(Svayaṃprakāśanandasarasvatī, 약칭 Prakāśānanda) 해설서 출판본

⑥ 가우다빠디야 비베까Gauḍapadīya-viveka.

이상에서 볼 수 있듯이, 가우다빠다의 『만두꺄 까리까』는 샹까라, 아난다기리 등의 불이일원론 베단따 학파뿐만 아니라 라마누자 파와 마드바 파 등 다른 베단따 학파의 학자들도 해설, 또는 거듭 해설[復註, ṭīka]를 하고 있어 그것이 베단따 학파에서 차지하는 비중은 상당했을 것으로 생각된다.

---

022 그러나 아난다기리는 자신 이전에도 몇 명의 거듭 해설[복주]의 작자(ṭīkākāra)가 존재하였음을 인정함과 동시에 샹까라의 주석서에 있는 귀경서歸敬序 2게송에 대해 자기 이전에 해석이 다른 3종이 있었음을 전하고 있다.

3) 만두꺄 까리까와 가우다빠다의 관계

V. 밧따차리야가 앞에서 말한 불교 논서들 가운데서 『만두꺄 까리까』의 인용 순서는 대체로 현재의 순서와 일치한다. 그 이유는 다음과 같다.

첫째, 가우다빠다가 청변(Bhavaviveka, 서력 490~570년)보다 앞선다는 주장

청변을 제외하고 적호(Śantarakṣita, 500~550년 무렵)와 연화계(Kamalaśīla, 서력 700~750년 무렵)의 것으로부터 보더라도 늦어도 8세기 초까지는 『만두꺄 까리까』는 현재의 형태와 같이 확정되어 있었던 것 같다.

둘째, 가우다빠다는 서력 200~400년 사이의 불교 논사들의 논서들로부터 인용하였다는 주장

『만두꺄 까리까』는 최소한 덕혜(서력 420~500년 무렵) 이후에 성립했다고 볼 수 있다. 따라서 이 둘을 종합하면 최대한으로 서력 6세기 초엽에서 늦어도 8세기 초엽 사이(서력 500~700년 무렵)에 성립했다고 생각된다.

이것은 가우다빠다의 연대를 대략 서력 7세기 중엽으로 보는 일반적 견해와 견주어 보면, 가우다빠다(640~690)와 샹까라(700~750)와의 관계는 어느 정도 맞아 떨어진다. 그렇지만 『만두꺄 까리까』가 한꺼번에 가우다빠다라는 한 사람이 모두 저술한 것인가, 아니면

그 이전부터 있던 것을 그가 편집한 것인가 하는 문제가 남는다. 여기에서 분명한 것은 『만두꺄 까리까』의 전체 4장 가운데서 제1장이 맨 먼저 성립하고, 제4장이 가장 늦게 성립했다는 사실이다. 이것에 관해 나카무라 하지메의 견해를 잠시 살펴 볼 필요가 있다.

첫째, 제4장은 용수 논사의 『중론』의 영향이 뚜렷하다. 그러므로 그것은 용수보다는 늦을 것이다. 또한 유식학설의 영향이 인정된다. 특히 GK.4.75는 미륵 논사의 『중변분별론』의 첫 송과 거의 같은 것이다. 그러므로 그것보다 늦을 것이다. 그런데 미륵의 저술은 대개 세친(서력 320~400년)의 주석을 통해 널리 보급되었기 때문에 세친보다는 늦을 것 같다. 이렇게 보면 제4장은 서력 후 400~600년 사이에 성립했을 것으로 생각된다.

둘째, 제3장은 청변의 저서 안에서 여러 번 나타나고 있다. 그것은 청변 시대에 벌써 성립했을 것으로 보인다. 또 GK.3.44는 『대승장엄경론』의 한 게송과 아주 잘 일치한다. 그러므로 그것은 미륵, 또는 세친의 영향도 받았으리라 생각된다. 이런 사실에서 제3장은 서력 후 400~500년 무렵에 성립했을 것으로 생각된다.

셋째, 제2장은 제3장과 거의 같은 철학적 입장을 취하고 있다. 또한 마찬가지로 이것은 유식학의 영향이 인정된다. 그러므로 제3장과 마찬가지로 서력 후 400~500년 무렵에 성립했을 것이다.

넷째, 제2장은 제1장을 예상하고 있다. 특히 제1장은 성전(āgama, śruti)이므로 제2장보다 먼저 성립하였을 것이다. 또한 제1장에는 중관 학파의 영향이 인정되므로, 최소한 용수(서력 150~250)보다는 나중이고, 유식학설의 영향(세친, 서력 320~400년)은 거의 인정되지 않는다. 따라서 그 대부분의 성립은 대략 서력 250~320년 무렵으로 볼 수 있다.

나카무라 하지메의 견해에 따르면, 『만두꺄 까리까』는 넓게는 서력 300~600년 사이에 성립한 것으로 볼 수 있다. 위의 견해가 타당하다는 전제 아래 V. 밧따차리야의 견해를 이것에 적용시켜 보면, 시기적으로 최소한 제4장은 가우다빠다의 저술로 인정할 수 있는 개연성이 있다. 또한 일반적인 견해로 인정되는 가우다빠다를 7세기 중기 무렵의 사람으로 본다면, 나가무라 하지메가 『만두꺄 까리까』는 가우다빠다가 지은 작품이 아니라 편집이라는 사실에 맞아 들어간다. 그렇지만 나가무라 하지메의 견해를 전적으로 타당하다고 할 수만은 없다. 그렇다면 가우다빠다의 연대는 다음과 같은 가정을 할 수 있을 것이다.

첫째, 가우다빠다와 샹까라 사이에는 60년 정도(2세대)가 차이가 난다는 것은 그 범위를 100년 정도까지 더 넓혀 잡을 수도 있다. 이것은 앞의 절충안에서 그 범위를 좁혀서 가우다빠다의 연대를 대략 서력 550~650년, 또는 서력 600~650년 무렵으로 잡을 수 있을 것 같다. 이런 가정이라면, 샹까라 연대가 서력 700~750년(나카무라 하지메의 견해)이므로 두 사람의 사이의 간격은 별로 차이가 없다.

둘째, V. 밧따차리야의 견해에 좇아서 샹까라가 가우다빠다를 'paramaguru'라고 부를 때 '스승의 스승'이 아니라 '스승 가운데서 최고의 스승'으로 해석한다면, 가우다빠다와 샹까라의 연대를 굳이 대비시킬 필요가 없다. 그러므로 가우다빠다의 연대는 앞으로 더 당길 수 있다([640~690년] ⇒ 대략 [500~600년]). 이렇게 되면 최소한 제

4장은 가우다빠다의 저작일 가능성이 있다는 필자의 견해에 접근하게 된다.

셋째, 설사 나카무라 하지메의 견해에 따른다고 하더라도 최소한 제4장은 가우다빠다의 연대와 거의 같으므로 그의 작품일 가능성이 높다. 왜냐하면 제4장의 작자는 적어도 불교에 대해 잘 알고 있거나 아니면 불교에 입문한 적이 있는 자라야만 쓸 수 있을 만큼 불교 이론에 대해 밝다는 것이다. 이에 대해 정태혁 박사는 "실제로 가우다빠다는 불교의 논사 박까Bakka의 제자였다고 전해지고 있다."라고 말하고 있다. 또한 다스굽따Dasgupta와 S. 라다끄리슈난Radhakrishnan의 다음 진술 가운데 다스굽따의 첫째와 라다끄리슈난의 둘째의 견해에서도 가우다빠다가 박까의 제자라는 점을 읽을 수 있다.

첫째, "가우다빠다는 마명, 용수, 무착, 그리고 세친 논사와 같은 모든 위대한 불교 논사들보다 뒤에 활약하였다. 그리고 그는 아마 자신이 불교도였고, 또한 우빠니샤드의 교설들은 붓다의 교설들과 같다고 간주된다고 생각할 만한 충분한 증거가 그의 『만두꺄 까리까』에 있다고 나는 믿는다." 이 교설들은 용수의 『중론』에서 발견되는 중관 학파의 학설들과 『능가경』*Laṅkāvatāra-sūtra*에서 발견되는 유식 학파의 학설들로부터 차용된 것이 분명하다. 그러므로 그것은 증명할 필요도 없다. 그리고 이 학설들은 우빠니샤드에 의해 설해진 궁극적 진리에 해당한다고 생각된다.

둘째, "가우다빠다의 저작은 불교, 특히 유식 학파와 중관 학파의 영향의 흔적들을 가지고 있다. 가우다빠다는 유식 학파가 지각의 외적 대상에 대한 비실재성을 증명하고자 사용한 것과 아주 같은 논법을 사용한다. 용수와 공통으로 그는 인과율의 타당성과 변화의 가능성을 부정한다. 경험 세계는 무명(avidyā), 또는 용수의 사상의 용어에서 세속의 진리(samvṛti-satya)에 의해 생긴 것이다. 인식의 차이를 넘어선 최고의 상태는 있음(sat, 有), 없음(asat, 無), 있고 없음(sat-asat, 有無), 있거나 없음이 아님(na sat, na asat, 非有非無)의 진술들로 특징을 지울 수 없다. 가우다빠다와 용수는 그것을 현상적인 것을 초월하는 어떤 것으로 간주한다."

이런 가정에 따르면, 서력 1~2세기 무렵에 대승불교와 접촉할 기회가 있는 지방의 브라흐만 계급이 『만두꺄 우빠니샤드』를 저술하고, 그 뒤에 그것을 받드는 학파의 사람이 그에 대한 해설서로서 제1장을 지었다. 다시 그 계통에 있던 철학자들이 우빠니샤드의 참된 정신을 천명하고자 제2장 이하를 지었다. 그런데 그 당시 매우 발달한 불교철학을 섭취하여 우빠니샤드의 학설을 완성하고자 꾀하는 공통 경향을 가지고 있었다. 그러므로 제4장의 작자인 가우다빠다가 한 권의 책으로 묶으면서 각 장 사이에 연락을 갖고자 약간의 수정과 보완을 했을 것으로 생각된다. 따라서 가우다빠다는 『만두꺄 까리까』 제4장의 작자이자 제1~3장의 편집자라고 생각된다. 그러나 시간이 지나 후대로 가면 가우다빠다를 『만두꺄 까리까』 4장 전체의 작자로서 간주하게 되었던 것이 아닌가 생각된다.

A Study of Early Advaita Vedānta Darśana based on Gauḍapādīya Māṇḍūkya-Kārikā

제3장 / 가우다빠다의 중심 사상

제3장 가우다빠다의 중심 사상

1. 불생설

가우다빠다는 '불이일원'(不二一元, advaita)의 진리를 깨닫기 위한 방편으로써 다양한 비유와 논법을 통해 창조를 말한다. 그리고 궁극적 의미에서는 결코 서로 다름[別異性]이 존재할 수 없음을 강조하면서 불생의 철학을 말한다. 그는 생기/발생/창조를 부정하는 근거를 '실재하는 것은 오직 아뜨만/브라흐만뿐'이라는 데서 찾고 있다. 그에게 '불생'(ajāti)은 '자성은 변할 수 없다'는 원칙에 따른 궁극적 실재에 대한 긍정이다. 다시 말하면 그것은 궁극적 실재로서 브라흐만/아뜨만의 상주불변성을 입증하기 위한 수단이다. 가우다빠다가 생기를 부정하는 궁극적인 이유는 "본성은 결코 변화할 수 없다"(GK.3.21; 4.7; 4.29)는 점에 있다. 이러한 사고는 실재를 현상의 불변하는 토대로 간주하면서 '변화'를 현상의 영역에 귀속시키는 데서 비롯된 것이다. 따라서 가우다빠다의 불생설은 창조/생기의 부정임과 동시에 궁극적 실재의 긍정을 의미하는 것으로 이해해야 한다.

1) '불생'의 개념과 '불이'

가우다빠다 사상의 중심 주제는 궁극적 실재가 공성(空性, śūnyatā)이라서가 아니고, 자아는 유일한 실재이기 때문에 자아(아뜨만/브라흐만) 이외에는 아무것도 발생/생기하는 것이 없다는 점에 있다. 아뜨만/브라흐만만은 실재하고, 그 밖의 모든 것은 거짓 나타남[假現, vivarta]이고, 허깨비(māyā, 幻影)이며, 뱀과 같은 비실재이기 때문에 '불생'(ajāti)이 최고의 진리라고 다음과 같이 말한다.

> "어떠한 개아도 생기하지 않는다. 이것(개아)에는 생기시키는 원인은 존재하지 않는다. 이것은 최고의 진리로서 거기에서는 아무것도 발생/생기하지 않는다."(GK.3.48)

가우다빠다에게 '불생'은 그 의미의 함축에 따라 대체로 다음의 세 가지로 이해될 수 있다.

(1) '아뜨만은 불생이다'(GK.4.6)의 예처럼, 아뜨만의 여러 속성 가운데서 불변하는 속성인 불생을 나타내는 경우이다. 이것은 아뜨만의 속성을 한정하는 형용사적 용법이다. 이것은 아뜨만의 참된 성품[眞實性]을 드러내기 위해 사용된 경우이다.

(2) '모든 사물은 생기하지 않는다.'(GK.4.28; 4.54)의 예처럼, 모든

사물의 불생성을 나타내는 경우이다. 이 경우에서의 '불생'이라는 말은 동사적 용법이다. 모든 사물은 생기하지 않는다. 그렇기 때문에 그것은 실재하지 않는다. 곧 이것은 현상세계의 허망한 성품[虛妄性]을 나타내기 위해 사용된 것이다.

(3) '이와 같이 불생을 천명한다.'(GK.4.4)의 예처럼, 생기/변화에 대한 부정 자체를 나타내는 경우이다. 이 경우에서의 '불생'은 명사적 용법이다. 이것은 '생기의 부정', '변화의 부정', '인과관계의 부정' 등, 단지 '불생' 자체를 가리키기 때문에 아뜨만의 진실성과 현상세계의 허망성에 관계된다.

이와 같이 가우다빠다는 여러 서술어를 사용하여 '불생'을 설명한다. 그러면서 가장 직접적인 근거는 '성전의 권위'(śruti, āgama)[023]에서 찾는다. 마하데반에 따르면, 가우다빠다가 의도하는 계시/성전의 권위가 불생설(ajāti-vāda)을 지지하는 것이 아니고 창조(sṛṣṭi)를 가르친다면, 그는 그것에 대항하는 것이라고 주장한다. 그러므

023 '계시/성전'(śruti)은 니야야Nyāya 학파의 주장처럼, 자재신(Īśvara)에 의해 만들어진 것(pauruṣeya, personal)이 아니라 시공을 초월하여 본래부터 존재하는 것(apauruṣeya, impersonal)이며, 자재신은 다만 영원한 진리를 선인(Ṛṣi)에게 드러내 보여주는 것일 뿐이라고 한다. 그러므로 śruti, 특히 우빠니샤드는 궁극적 실재에 관한 심오한 인식의 유일한 원천이라고 믿어진다. 그러나 아무리 신성한 권위를 지닌 계시의 말일지라도 그것은 맹목적이고 무비판적으로 추종되어야 하는 독단적 교설(dogma)이 아니라 이성적 사고에 의해 의미되고, 검토되어 합리적으로 이해되어야 한다. …… 계시, 또는 신앙과 이성은 배타적인 관계가 아니라 상호보완적 조화의 관계에 있다. '불합리하므로 나는 믿는다'가 아니라 이성적으로 검토하여 잘 이해할 수 있으므로 믿고 실현한다는 것이다. 인도의 종교가 권위주의적 독단에 떨어지지 않고 철학적 개방성과 관용성을 함께 가질 수 있었던 것도 이런 이유 때문일 것이다.

로 그는 성전이 창조설을 가르치는 것을 부정하지는 않는다. 그렇지만 성전은 창조설이 진실이라는 입장을 나타내지는 않는다. 또한 성전에서는 자아의 '불이성'(不二性, advayatā)과 다원화된 현상계의 허망(māyā)을 가르치고 있다.(GK.3.23)

그렇다면 왜 창조설은 성전의 지지를 받는 것일까? 『만두꺄 까리까』에서는 다음과 같이 그것의 근거를 제시한다.

> "(1) 흙덩이와 구리와 (2) 불꽃 등의 비유에 의해 여러 가지로 창조를 가르치는 것은 불이의 진리를 깨닫기 위한 방편이지, 절대적 입장에서는 결코 서로 다름은 존재하지 않는다."(GK.3.15)

이처럼 『만두꺄 까리까』에서 비유로 제시한 것들은 모두 우빠니샤드에서 인용한 것들이다. (1)의 흙덩이와 구리의 비유는 『찬도갸 우빠니샤드』(6.1.4~5)에서 인용한 것이다. 웃다라까가 그의 아들 슈베따께뚜 아루니Śvetaketu Āruṇi에게 자아의 동일성(the oneness of the self)에 대해 가르치면서 말한다.

(2)의 불꽃의 비유는 『브리하다란야까 우빠니샤드』(2.1.20)에서 인용한 것이다. 브라흐마나 출신 드립따 발라끼Dṛpta-Bālāki와 끄샤뜨리야 출신 아자따샤뚜루Ajātaśtru가 브라흐만을 정의하는 데서 나온 문구이다. 이러한 비유는 그 자체로서 가치보다도 그 안에 숨어 있는 본질을 올바르게 인식하기 위한 방편임을 성전을 통해 알 수 있다. 그래서 성전은 궁극적으로 불이성을 칭찬하고, 창조설을 부인한다고 할 수 있다. 이에 대해 다시 『브리하드아란야까 우빠니샤드』(4.4.19)에서는 "우리는 감각적 마음(manas)에 의해서만 브라흐

만을 인식한다. 그것 안에서 다양성은 어디에도 존재하지 않는다." 고 하여 창조를 통한 다양성을 부정하고 무차별성을 칭찬하고 있다.

> "성전 안에서 무차별로서 개아와 아뜨만의 서로 다름이 없음[無別異性]이 찬미되고, 또한 서로 다름[別異性]이 비난받고 있다. 참으로 이와 같이 이해하는 것만이 온당하다."(GK.3.13)

또한 『브리하다란야까 우빠니샤드』(2,5,19)의 "그 창조는 인드라 신의 변화시키는 힘(māyā)에 의해 이루어진 것일 뿐이다"라고 말한다. 이에 근거하여 『만두꺄 까리까』는 다음과 같이 주장한다.

> "'이 세상에 차별적 모습은 존재하지 않는다.'(cf. GK.3.13) 또한 '인드라는 마야māyā에 의해 많은 형상으로 현현한다.'[024]라고 성전에 전해오기 때문에, 진실로는 생기/발생하지 않는 것이 마야māyā에 의해 발생/생기해서 다양하게 된다."(GK.3.24)

여기에서 현상계는 허깨비(māyā, 幻影)에 의해 다양하게 보이는 것이라고 말한다. 그런데 이러한 주장들은 얼핏 보기에는 모순을 가지고 있는 것처럼 보인다. 그렇지만 성전의 의도는 서로 모순된 것을 말하려고 한 것이 아니다. '불생'(ajāti)과 '발생/생기'(jāti)의 모순을 극복하기 위해 생기가 허망하다는 방편을 통해 현상의 다원

---

024 Indro māyābhir pururūpa īyate; *Ṛg Veda*.6.47.18; Bṛhad-Up.2.5.19.

성을 부정하고, 자아의 '불생'과 현상과 실재의 '불이'를 가르치려는 의도였음은 다음에서 확인할 수 있다.

"스스로 빛나는 아뜨만은 그 자신의 마야māyā를 통해 내외의 모든 대상을 스스로 분별한다. 그대만이 그렇게 창조된 대상들의 인식자이다. 그것이 베단따의 본질이다."(GK.2.12)

이와 같이 모든 개아가 마야māyā에 의해 아뜨만으로부터 발생/생기하듯이, 그렇게 현상계의 모든 사물도 결국 마야māyā에 의해 생겨난다고 지적한다. 그렇지만 『만두꺄 까리까』는 성전을 근거로 하여 마야māyā에 의해 아뜨만으로부터 발생된 현상세계는 진실한 의미에서 그런 것이 아님을 지적한다.

"참으로 이 불생의 존재가 마야māyā에 의해 차별적 모습을 드러내는 것이다. 결코 [그것과] 다른 [방법에 의한] 것은 아니다. 왜냐하면 만약 진실로 차별적 모습이 있다면 죽지 않는 본성을 가진 존재(Brahman)는 죽게 되는 본성으로 바뀌어야 한다."(GK.3.19)

그리하여 가우다빠는 본성/근본물질원리(prakṛti)에 대한 정의를 다음과 같이 내린 뒤, 다시 세 가지로 나누어 '생기'를 주장하는 자들을 논파하고 있다.

"본성이란 '본래 갖추고 있는 성품이 [수행의 완성에 의해] 획득되는 것', '사물 자체로 존재하는 것', '선천적인 것', '[다른 원인에 의해] 만들어지지 않는 것', '[다른 어떤 것에서도] 그것의 자성을 잃지 않는 것' [등의 다섯 가지의 의미가 있다]고 알아야 한다."(GK.4.9)

첫째, 실재(Brahman)의 본성은 절대로 변화할 수 없다. 실재로서 브라흐만은 불생불사(ajāti-amṛta)의 본성을 지닌다. 따라서 브라흐만이 자신의 불생불사라는 본성을 버리고 생멸하는 현상계의 사물로 변하여 자신의 본성을 버리는 것은 있을 수 없는 일이다. 곧 '불생의 존재'(ajātṛ)는 '불사의 존재'(amṛtṛ)이고, '불사의 존재'는 '불생의 존재'일 뿐, '불생의 존재'가 '생사하는 존재'(martyatā)가 된다거나 '생사하는 존재'가 '불사의 존재'는 될 수 없다.(GK.3.20~21. cf. GK.4.6~7)

둘째, 전변론자(pariṇāma-vādin)들이 본성에서 '죽지 않아야 할 존재'[不死性者]는 '죽어야 하는 존재'[可死性者]가 될 수 있다고 주장하면, 인위적인 변화(kṛtaka)를 받은 브라흐만은 이미 죽지 않고 변하지 않은 존재가 아니며, 절대자로서 의의를 잃어버린다.(GK.3.22; cf. GK.4.8) 이와 같은 브라흐만의 불사부동不死不動의 근거로서 『이샤 우빠니샤드』의 "생기하지 않음[不生起, asambhūti]을 숭배하는 자는 분별하고 망상하는 암흑(tamas)에 빠지고, 생기(sambhūti)를 좋아하는 자는 그보다 더 큰 암흑(mahātamas)에 빠진다."(GK.4.12)를 제시한 뒤, 다시 『브리하다란야까 우빠니샤드』(3.9.28.7)의 "이미 한 번 생기한 것은 [또 다시] 생기해서는 안 된다. [만약 다시 생기한다면] 누가 다시 이것을 생기시키는가?"를 근거로 『만두꺄 까리까』에서는 생기/발생과 그것의 원인을 부정해 버린다.

"[성전 안에서] 생기/발생을 배제하기 때문에 생기/발생은 부정되어야 한다. '누가 이것을 생기시키는가?'라고 하여 [성전에 의해 세계의 생기] 원인이 부정되고 있기 때문이다."(GK.3,25)

셋째, 만약 진실한 의미에서 모든 존재가 발생/생기한다면, 브라흐만으로부터 다른 사물이 발생/생기하고, 다시 후자는 또 다른 사물의 성립 근거가 되어 무한소급(anavastha)의 오류에 빠지게 된다. 그러나 마야설에 따르면, 아뜨만/브라흐만은 진실이고 현상계는 허망한 것이기 때문에, 그런 오류에는 빠지지 않는다는 것이다.(GK.3.27; cf. 4.13).[025]

"생기/발생한다[라고 생각되는] 모든 존재는 진실로는 생기/발생하지 않는다. 그들의 생기/발생은 마야māyā와 같다. 그리고 그 마야māyā는 [실제로] 존재하지 않는다."(GK.4,58)

마하데반에 따르면, 이런 오류에 빠지지 않고 실재를 올바르게 파악하는 데는 가탁법(假託法, adhyāropa)과 배제법(排除法, apavāda)의 두 가지 방법이 있다.[026] 성전은 이들 방법을 사용하여 '이것이

---

025 Swāmī Nikilānanda에 따르면, "샹까라는 최고 실재가 불생이며 불이임을 입증하는 데는 항상 이중적인 면을 유지한다. 첫째는 성전을 믿는 자에게는 그의 논점을 확정하기 위해 성전을 인용하고, 둘째는 베다들을 최고의 권위로 인정하는 사람을 위해서가 아니라 다만 논증에 의존하는 자들을 위해 샹까라는 합리적인 증거로 자신의 결론을 제시한다."고 한다.

026 또한 S. Radhkrishnan은 "우빠니샤드에서 흙, 쇠붙이, 불꽃의 실례들은 우리들로 하여금 절대의 실현을 위한 수단일 뿐이다. 후기 베단따에서 이런 입장은 'adhyāropāpavāda'의 관점에서 잘 설명된다. 이들 진술에서 형이상학적 진

아니다. 이것이 아니다'(neti, neti)(Bṛhad-Up.2.3.6; 3.9.26; 4.2.4 등)라는 익히 잘 알려진 언명에 의해 자아의 모든 속성을 부정하고 있다. 왜냐하면 무속성 브라흐만(nirguṇa-Brahman) 자체는 인식할 수 없는 성품[不可認識性, agrāhya]을 지니고 있기 때문이다. 그래서 첫째로 성전이 하는 작업은 명상을 촉진시키기 위해 현상계에 대해 인과율로써 브라흐만 자체의 현상적인 속성을 임시적으로 거짓 핑계를 대는 [假託]시키는 가탁법을 사용한다. 그렇지만 거기에서 멈추지 않고 거짓 핑계를 댄 것이 진짜가 아니라고 인식할 만큼 성숙되면, 다음으로 이전에 브라흐만에 거짓 핑계를 댄 것을 파기하는 배제법을 사용한다. 다시 말해 아뜨만을 획득하기 위한 수단으로 기술된 모든 이원적 관념(prapañca)들을 부정하고 나면, '불생'인 아뜨만만이 빛나게 된다는 것(niṣprapañca)이다.

> "[이것이] 아니다. [저것이] 아니다'라고 하여 설명하는 것을 부인하기 때문에 [아뜨만이] 파악되지 않는 존재라는 이유를 통해 모든 존재는 '불생'임을 설명한다."(GK.3.26)

따라서 현상세계는 다만 마야māyā에 의해 거짓 핑계로 존재할 뿐이고, 방편적 존재에 지나지 않는다. 궁극적인 입장에서는 이러한 브라흐만의 속성들이 모두 파기되어 어떠한 것이 늘어남[增益, adhyāropa]이 있거나 줄어 듦[減損, apavāda]이 아닌 '불생'임을 드러

리는 경험세계가 실제로 모든 이원성의 인식이 없는 것(dvaitasya-agrahaṇam, GK.1,13;17)인 자아를 그것의 기본적인 본체/기체로 갖는다는 것이다. 이원세계는 단지 마야māyā이고, 실재는 불이이다(GK.2.17)"고 말한다.

내는 것이다.

이와 같이 가우다빠다의 현상적 존재에 대한 비판은 생기에 대한 비판의 열쇠이다. 아뜨만은 순수의식임과 동시에 경험세계에서 존재와 인식 개념들의 원천이다. 그렇지만 아뜨만 자체는 경험적인 것이 아니다. 아뜨만은 그 밖의 다른 것과 관계하지 않는 절대이다.[027] 또한 생기/발생은 '깨어있는 상태'와 '잠자는 상태'에 제한받는 시간과 공간을 함축하는데 반해, 아뜨만은 두 상태 모두를 초월한다. 아뜨만은 앞의 두 상태에서 개아(jīva)와 물질(ajīva)의 이원성으로 변화되는 것처럼 보이지만, 그것은 변화를 겪지 않으므로 단지 마야māyā로 간주되어야 한다.

그런데 최초의 존재가 현상계로 전변(pariṇāma)함을 믿는 자들은 사실상 불생의 존재가 생성되고 변화하는 존재로 된다는 견해를 지지한다. 그렇지만 그것은 모순이다. 일단 어떤 사물이 생성된다고 한다면, 이미 생성된 것이 또 다시 생성 작용을 계속함으로써 무한한 소급의 오류에 빠지는 것이 지적될 수 있기 때문이다. 한편 비유론자(非有論者, asad-vādin)는 현상한 세계는 존재하지 않음[非存在, asat]으로부터 발생/생기된다고 주장한다. 그러나 『만두꺄 까리까』에서는 이 견해는 이치에 맞지 않는다는 것을 '석녀의 자식 비유'로써 반론을 제기한다.

> "이것은 마치 불임 여성의 자식(vandhyā-putra)이 진실로든 마야māyā에 의해서든 [자식이] 태어날 수 없는 것과 같이, 진실로든 가짜로든 존

---

027 cf. Sri Swami Satchidananda Sarawati(1958), pp.44~5.

재하지 않는 것에서 생성되는 것은 이치에 맞지 않다."(GK.3,28)

그렇기 때문에 실재만이 발생할 수 있으며, 그것도 진실로가 아니고 마야māyā에 의해서일 뿐이다. 이것이 마야māyā에 의해 가능함을 『만두꺄 까리까』에서는 '깨어 있는 상태'와 '꿈꾸는 상태'의 유사성의 비유를 들어 설명할 수 있다.

"마치 꿈속에서 '감각적 마음'(manas)은 미야māyā에 의해 주관과 객관의 이원적 현상을 일으키듯이, 그와 같이 '깨어있는 상태'에서 의식은 마야māyā에 의해 이원적인 현상을 일으킨다."(GK.3.29)

이것에 대해 샹까라는 5지 작법으로 논증을 하고 있다.

주장명제[宗, pratijñā]:	'깨어있는 상태'에서 본 사물들은 마야의 존재이다.
이유명제[因; hetu]:	그들은 보인 것이기 때문에.
비유명제[喩, dṛṣṭānta]:	꿈속에서 본 사물과 같이.
적용명제[合, upanaya]:	꿈속에서 본 사물들이 마야의 존재이듯이, 그렇게 깨어있는 상태에서 본 사물들도 마찬가지(마야의 존재)이다.
결론명제[結, nigamana]:	그러므로 깨어있는 상태에서도 사물들은 마야의 존재라고 할 수 있다.

그렇지만 '깨어있는 상태'의 감각적 의식(manas)은 아뜨만의 진

리를 깨달아서 분별작용이 일어나지 않을 때, 그것은 작용하지 않은 상태에 이르게 된다. 그때 인식 대상이 사라져 존재하지 않기 때문에 그 인식 주체 의식도 작용하지 않게 된다. 가우다빠다는 분별이 없고 불생의 지혜는 인식 대상인 브라흐만과는 서로 뗄 수 없이 밀접한 관계가 있다고 하며, 인식 대상인 브라흐만도 불생이면서 상주하며, 불생의 지혜에 의해 깨닫게 된다.(GK.3.32~33)

그런데 만약 모든 존재는 자아이고, 그것 이외 다른 것이 존재하지 않는다면, 의심 없이 나타나는 윤회(마음의 운동, citta-spanda)를 어떻게 설명할 수 있을까? 또한 그 식(識=마음)의 운동(윤회)을 일으키는 원리는 무엇일까? 하는 의문이 이원론자들에 의해 제기된다.

『만두꺄 까리까』에서 그 원리는 허깨비(māyā, GK.4.58~61), '세속의 진리'(saṃvṛti, GK.4.57), 또는 '허망한 집착'(abhūtābhiniveśa; GK.4.79) 등으로 파악한다. 이 가운데서 '세속의 진리'는 실재를 '가린다'(to cover)는 뜻으로서 무명(avidyā), 또는 가탁(假託, adhyāsa, viparyāsa)과 동일시된다.[028] 샹까라는 이것을 무명과 같은 의미로 사용한다.[029] 그러므로 '은폐'의 의미를 갖는 '세속의 진리'는 진실

---

028 샹까라는 무명을 가탁이라고 정의하여 잘못된 인식(mithyā-jñāna)과 동일시하고 있다. 곧 가탁의 개념은 진주조개 껍질을 '은'으로 보는 잘못된 인식을 설명하는 수단일 뿐만 아니라 브라흐만과 개아(jīva), 브라흐만과 현상세계와의 관계를 설명하는 역할을 담당하는 것으로 이해한다.

029 무명/무지는 모든 개별적인 것들이 성립하는 동력인이며, 마야māyā는 미망세계를 드러내 보이는 원리이다. 샹까라는 (1) 현상계의 비실재성, (2) 무한자 브라흐만을 한계가 있는 자재신으로 보이게 하는 원리, (3) 자재신의 창조력 등의 세 가지로 정의한다. 이러한 마야의 의미에서 보면, 무명과 마야가 동의어라는 것은 (2)의 경우에서 성립하는 것이다.

과 대립되는 개념이다. 이것은 무한한 절대에 갖가지 형상을 부여는 현상의 원인이며, '사물의 본성을 가리는 기능'과 '거짓된 현상을 나타나게 하는 구성적인 기능'을 갖는다. 그것 때문에 이 두 기능은 '가리는 능력'(āvṛti-śakti)과 '창조하는 능력'(vikṣepa-śakti)을 갖게 된다. 진실한 것은 거짓된 현상이 출현하지 않고서는 은폐되지 않으며, 또한 진실한 것은 그릇된 이해 없이는 거짓 개념이 존재하지 않는다. 그래서 이것은 '불이'의 실재를 분화시키는 '창조 원리'(śakti)이지만, 진실성에서는 그것이 파기되어야 하는 것이다. 그러므로 허망(māyā)에 의해 나타난 다원적인 세계는 '비실재(=현상)'이고, 궁극적인 실재는 '불생'이며, '현상과 실재'는 '불이'로 보아야 된다. 곧 가우다빠다에게는 '브라흐만=무시=불생=상주'라는 같은 값어치[同値]의 관계가 성립됨을 알 수 있다.

2) 불생의 논리

불생설은 가우다빠다의 근본 교설이다. 이것은 소극적인 면과 적극적인 면의 두 가지 의미로 이해될 수 있다.

첫째, 소극적인 면에서는 단지 거짓 나타남[假現]으로 존재하는 현상세계가 사실상 결코 생기/창조되는 일이 없다는 의미이다.

둘째, 적극적인 면에서는 스스로 존재하는 절대는 결코 생기되는 일이 없다는 의미이다. 그리하여 "가우다빠다는 궁극적인 입장에서 생기/창조는 일어날 수 없다고 주장하는 용수의 공 사상에 동의한다."[030]

이런 까닭에 가우다빠다는 세계의 창조/생기에 관한 여러 주장을 고찰한 뒤, 이들을 모두 받아들이지 않는다. 그는 소극적인 면을 고찰하여 적극적인 면을 드러내 보인 것이다. 다시 말해, 현상세계의 비실재성/허망을 설명하는 현상의 허망설(māyā-vāda)로부터 궁극적인 실재의 '불생'을 설명하는 '불생설'로 나아가 '현상과 본질의 불이'를 드러내 밝힌다.

『만두꺄 까리까』(1.7~9)에서는 창조에 관한 다른 학설을 일곱 가지로 정리하여 소개하고 있다.

(1) 모든 창조(sṛṣṭi)는 주재신의 위력 발현(vibhūti)이다.

(2) 모든 창조는 신의 단순한 욕망(icchāmātra-prabhoḥ)이다.

(3) 시간론자는 시간으로부터의 생기/발생/창조(kālāt-prasūti)이다.[031]

(4) 모든 창조는 초월적 인격적인 주재자의 경험을 위한 것(bhogārtha)이다.

---

030 Candradhar Sharma(1976), p.242.

031 시간(kāla)을 세계 생성의 원리로 보는 사상은 Atharva-Veda(29.53)에 설해진 것이다. 이 사상은 『마이뜨리 우빠니샤드』*Maitrī-Up*(6.14~15)에도 계승되고 있다. 그러나 『슈베따슈바따라 우빠니샤드』*Śvetaśvatara-Up*(1.2; 6.1)에서는 이단설의 하나로서 열거되기도 한다. 그 뒤 서사시인 『마하바라따』*Mahābhārata*(12.223.5ff)에서는 시간은 만물의 생성과 파괴를 관장하는 하나의 신격으로 생각되었다. 그리하여 이러한 사상은 베단따에 채용되어, 바르뜨리하리는 시간을 세계의 변화를 성립시키는 원리로 생각한다(Vākyapadīya, 3.7.42). 또 까말라쉴라/연화계는 정통 바라문의 뿌루샤 사상을 공격할 경우, '정신을 갖는 시간'(buddhimān-kālaḥ)의 설을 포함해 공격하고 있다(*Tattvasaṃgrahapañjikā*, ad v.170). 따라서 시간론자(kālavādin)가 상정하는 '시간'은 니야야 학파에서 말하는 것처럼, 단지 앞과 뒤, 동시, 빠르고 느림[前後同時遲速]의 관념을 성립하게 하는 실체가 아니고, 세계의 생성변화를 일으키는 유일한 원리를 말한다. 나카무라 하지메(中村元, 1950), p.222 참조.

(5) 모든 창조는 유희를 위한 것(krīḍārtha)이다.

(6) 모든 창조는 신의 본성(devasya svabhāva)이다.

(7) 모든 창조는 꿈이나 환영과 같은 것(svapna-māyā-sarūpa)이다.[032]

이처럼 창조에 대한 여러 다른 학설은 ① 세계 창조의 허망성, 또는 무창조/불생의 궁극적 진리를 주장하는 자(paramārtha-cintakas)와 ② 창조가 실재한다고 믿고 창조를 이론화한 자(sṛṣṭi-cintakas) 사이의 다른 출발에서 비롯된 것이다.[033] 위에서 열거한 여러 다른 학설은 ②에 속한 것들이지만, ①의 입장에서 보면 이들은 모두 부정된다. 그러나 설령 현상적으로 창조가 인정된다고 하더라도, 그것은 꿈(svapna)과 환영(māyā)이나 신기루(gandharva-nagara)와 같이 진실한 것이 아니기 때문에 가우다빠다는 그것도 궁극적으로는 성립되지 않는다는 점을 강조하고 있다.

> "베단따 사상에 정통한 사람은, 마치 이 현상세계는 꿈과 마야 및 신기루처럼 본다.(GK.2.31)[034] 궁극적인 입장에서는 소멸하는 것도 없고, 생기하는 것도 없고, 속박을 받는 자도 없고, 해탈을 얻기 위해 수행하는

032 vibhūtiṃ prasavaṃ tv anye manyante sṛṣṭicintakāḥ, svapnamāyārūpeti sṛṣṭir anyair vikalpitā(7) icchā mātraṃ prabhoḥ sṛṣṭir iti sṛṣṭau viniścitāḥ, kālāt prasūtiṃ bhūtātāṃ manyate kālacintakāḥ(8) bhogār thaṃ sṛṣṭir iti anye krīḍārtham iti cāpare, devasyaiva svabhāvo …… (9).

033 T.M.P. Mahadevan(1975), p.157. cf. S. Radhakrishnan(1977), p.459.

034 Svapnamāye yathā dṛṣṭe gandharvanagaraṃ yathā, tathā viśva idaṃ dṛṣṭaṃ Vedānteṣu vicaṣaṇaiḥ.

자도 없고, 해탈을 구하는 자도 없고, 해탈한 자도 없다."(GK.2.32)[035]

이와 같이 궁극적으로 현상세계는 다양하게 다르게 변하는 것으로 간주될 수 없다. 또한 궁극적인 실재 아뜨만도 변화를 겪어서는 안 된다. 왜냐하면 '실체의 본성'(svabhāvasya prakṛti)은 절대로 변화할 수 없기 때문이다. 실체는 '불생'이고, 항상 동일성을 유지해야 한다. 그렇기 때문에 가우다빠다는 "평등한 경지에 도달한 상태에서는 열등하지 않는 불생을 주장한다. 모든 존재는 여러 곳에서 생기/발생하더라도, 진실로는 어떠한 존재도 결코 발생하지 않는다."(GK.3.2)라고 주장한다. 이원론자는 실재와 현상의 양면에서 이원성을 주장하지만, 가우다빠다는 단지 현상에서만 이원성을 주장한다.(GK.3.18)

그러나 이 현상적인 이원성도 단지 '불이'의 특별한 상태일 뿐, 최고 실재는 '불이'이다. 불이일원론자에게는 아직 생기하지 않은 것은 '불생'이다. 그러므로 '불생'은 그 자체이고, 그것은 그 자체로 생기하는 것이 아니다. 만약 생기/발생하는 것이 있다면, 그것은 실재가 아니라, 단지 마야/환영을 통해서만 생기할 수 있다. 왜냐하면 아직 생기/발생하지 않은 것은 발생한 것이 아니기 때문에, 죽어야 하는 것도 아니다.(GK.3.19) 따라서 그들의 본질은 변화하지 않으므로 죽지 않는 존재는 그 본성상 죽어야 될 존재[可死性]이 될 수 없다. 뿐만 아니라 죽는 존재도 죽지 않는 존재가 될 수 없다.(GK.3.20; 3.21). 가우다빠다의 입장에서 볼 때, 불생하는 것(ajāta)

035 Na nirdho na cotpattir na baddho na ca sādhakaḥ, na mumukṣur na vai mukta ity eṣāparamārthatā.

은 불멸(amṛta)할 수밖에 없다. 그리하여 가우다빠다는 성전의 권위와 이론적 논증, 인과율의 불성립, 네 가지 생기/발생 부정, 그리고 외적 대상의 비실재성의 논증 등에 근거하여 불생설을 확립하고자 한다. 이제 네 가지를 하나씩 논의하기로 한다.

(1) 성전의 권위와 이론적 논증에 의한 '불생'의 설명

가우다빠다는 성전의 권위가 그의 '불생'을 지지한다고 주장한다. 그는 성전에서 "이 세상에는 차별적 모습은 존재하지 않는다. 또한 인드라는 마야에 의해 다양한 형태로 모습을 드러낸다."(GK.3.24)라고 말하고 있기 때문에 진실로 생기하지 않는 것이 마야에 의해 생기해서 다양하게 된다고 말한다. 더욱이 성전은 공공연히 생기를 부정한다. 그러므로 생기와 그것의 원인이 부정되는 것인데, 그 어느 누구도 그것의 원인이 되고, 또한 그것을 창조/생기하는 것을 설명할 수 없다고 말한다. 성전은 '아니다 아니다'(neti neti)라고 말하여 부정한다. 곧 아뜨만은 인식할 수 없는 본성[不可認識性, agarhāhyabhāva]이라는 이유 때문에, 모든 존재에는 어떠한 생기/발생/창조도 있을 수 없다고 선언한다.(cf. Gk.3.25~26) 그는 성전 가운데서는 생기를 주장하고 있는 것이 있다. 그것은 어떤 이유에 의해 그렇게 설명하는 걸까? 가우다빠다는 이에 대해 성전은 이치에 맞지 않음을 다음과 같은 식으로 주장한다고 한다. 성전에서 생기를 인정하는 것은 단지 초심자들에게 진리에로 이끌어 들이기 위한 방편(upāya)이고, 이차적인 의미(gauṇa)이기 때문에, 생기를 인정한다는 것을 글자 그대로(mukhyatvam) 해석하는 것은 옳지 않는 것으로 간주한다.

"세계의 생기/창조 이전에 개아와 아뜨만이 서로 다르다고 말한 것은 미래의 작용에 기초한 이차적 의미이다. 그러므로 그것을 문자 그대로 해석하는 것은 옳지 않다."(GK.3.14)[036]

이처럼 성전에서 존재의 생기가 있다고 말한 것은 초심자들을 위해 자비로써 방편적이며, 이차적인 의미로 말한 것임을 이해해야 한다. 따라서 그는 수행자도 이해력의 정도에 따라 세 가지, ① 뛰어난 이해력을 가진 자, ② 중간 정도의 이해력을 가진 자, 그리고 ③ 열등한 이해력을 가진 자로 나누어진다고 말한다.

"수행자는 ① '뛰어난 이해력을 가진 자', ② '그 중간의 이해력을 가진 자'와 ③ '열등한 이해력을 가진 자'의 세 가지가 있다. 이 염상(upāsana)은 그들을 위해서 자비의 [방편을 통해] 설명하여 가르치고자 한 것이다."(GK.3.16)[037]

---

036 Jīvātmanoḥ pṛthaktvaṃ yat prāg utpatteḥ prakīrtam, bhaviṣyadvṛttyā tanmukyatvaṃ na hi yujyate. 또한 방편적인 것은 GK.3,15(흙덩어리, 쇠붙이와 꽃 등의 [비유]에 의해 다양한 창조를 설명해 보인 것은 [불이/불이일원의의 진리를] 깨닫게 하기 위한 방편이다. [승의에 있어서는] 차별성은 결코 존재하지 않는다)를 참조.

037 Āśramās trividhā hīnamadhyamotkṛṣṭadṛṣṭayaḥ, upāsanopadiṣṭeyaṃ tadārtham anukampayā. 여기에서 수행자(āśrama)는 힌두교에서 인생의 네 단계를 의미하는 것이다. 샹까라는 이것이 āśramin, varṇin, mārga와 동의어라고 하며, Ānandagiri는 네 카스트 중에서 Śūdra는 제외된다고 말한다. 나카무라 하지메(中村元, 1950), p.381. V. Bhattacharya는 āśrama는 원래의 원문에는 āśraya로 되어 있었던 것으로 추정한다. V. Bhattacharya(1975), p.59. 또한 샹까라에 따르면, 염상(upāsana)은 중간 근기를 가진 자와 낮은 근기를 가진 자에게만 해당되는 것이지, 높은 상근기를 가진 자는 해당되지 않는다고 말한다. cf. Swāmī Nikilānanda(1955), pp.162~63.

그런데 이원론자들은 이러한 겉모습만 보고 '존재로부터 생기/창조한다거나 비존재로부터 생기/창조된다.'고 하는 자기 입장에 집착하기 때문에, 존재로부터도 생기하지 않으며, 비존재로부터도 생기하지 않는다는 불생설을 주장하는 자와 서론 모순된다고 말한다. 그렇지만 불이일원론자(advaitavādin)들이 받아들이는 베단따의 교설은 이원론자와 모순되지 않는다. 불이일원론자의 입장에서는 진실은 '불이'이므로, 이원성은 궁극적 진리의 '차별적 모습'이라고 말한다. 반면 이원론자들은 진실이든, 차별적 모습인 현상계이든, 모두 이원성을 가진다고 주장한다.[038] 그렇다면 '불생'이라는 궁극적 진리가 현상계에서는 어떻게 차별적 모습을 나타내는 것일까? 그는 그것이 마야에 의해서 그럴 뿐, 그 밖의 다른 방법에 의해 그런 것은 아님을 지적한다.

"참으로 불생의 존재는 마야에 의해 차별적 모습을 드러낸다. 결코 다른 방법에 의해 그런 것은 아니다. 왜냐하면 만약 진실로 차별이 있다면 죽지 않는 존재가 죽어야 하는 성질을 가진 것으로 변해야 하기 때문이다."(GK.3.19)[039]

"참으로 존재는 마야에 의해 생기한다는 것이 합리적이다. 그렇지만 [존재가] 진실로 생기하는 것은 아니다. 진실로 생기한다고 말하는 이원론자에게는 이미 생기한 것이 다시 생기하는 꼴이 된다."(GK.3.

---

038 cf. GK.3.17~8.

039 Māyayā bhidyate hy etan nānyathā'jaṃ kathaṃcana, tattvato bhidyamāne hi martyatāṃ amṛtaṃ vrajet.

27)[040]

그렇지만 불이일원론자의 입장은 마야에 의해서든, 진실로든, 존재하지 않는 것이 생기한다는 것은 모두 옳지 않다. 그것은 마치 불임여성[石女]은 자식을 원천적으로 낳지 못하는데, 아들을 낳는다고 하는 것과 같은 꼴이 되기 때문이다.

(2) 다양한 인과율의 불성립을 통한 '불생'의 설명

이것은 인중유과론과 인중무과론에 대한 설명과 고찰이다. 상캬 학파에 따르면, 근본물질원리 쁘라끄리띠(mūla-prakṛti)/쁘라다나pradhāna는 우주와 현상세계의 원인이다. 쁘라끄리띠는 '불생'이고 늘 존재하는 것이고, 또한 이것은 경험세계를 전개시킨다. 그러나 이 우주는 전혀 새로운 것이 아니며, 전개하기 전의 근본 쁘라끄리띠와 본질적으로 다르지도 않다. 그런데 우주는 근본 쁘라끄리띠와 같지는 않지만, 또한 다른 것도 아니다. 따라서 미전개(avyakta)인 근본 쁘라끄리띠로부터 전개한 세계는 근본 쁘라끄리띠로부터 생기/발생한 것으로 이해 될 수 있다. 따라서 상캬 학파는 원인이 실재하기 때문에, 그것으로부터 전개된 결과도 실재한다고 말한다.

그러나 가우다빠다는 이것을 인정할 수 없다고 말한다. 만약 원인이 결과와 다르지 않다면, 결과가 생기/발생할 때 원인 자신도 어떤 경우로든 생기/발생해야 한다. 그렇지 않으면 이때 불생으로

---

040 Sato hi māyayā ianma yujyate na tu tattvataḥ, tattvato jāyate yasya jātaṃ tasya jāyate.

간주되던 쁘라끄리띠는 불생이면서도 늘 존재하는 자신의 본성을 잃게 될 것이다.[041] 설령 결과가 '불생'인 원인과 다르더라도, 그때 또한 원인과 마찬가지로 결과도 '불생'이어야 한다. 만약 그렇지 않다면 결과는 생기한 것이 된다. 그때 원인이 상주할 수 있겠는가? 라고 가우다빠다는 반문한 뒤(GK.4.12), 이와 같이 결과가 '불생'이라는 원인으로부터 생기한다는 설명에는 그 실례가 없다고 주장한다. 또한 만약 이러한 난점을 피하고자 이미 생기한 것으로부터 다시 생기한다고 한다면, 그땐 끝없는 반복을 거듭(anavasthā)하는 무한반복의 오류를 범하게 된다(GK.4.13)는 점을 지적한다.

그런 다음 가우다빠다는 원인과 결과 사이에는 그 순서가 있어야 한다. 그 순서를 정하지 못한다는 것은 스스로 모든 존재가 '불생'임을 드러내 밝힌 것이 된다고 말한다. 왜냐하면 만약 사물이 진실로 생기한다면, 생기한 것 때문에 앞의 존재인 원인이 파악될 수 없음을 지적한다. 마치 '씨앗과 싹', '닭과 달걀'의 관계의 경우에서 볼 수 있듯이, 앞의 존재인 원인이 파악되지 않으면, 원인과 결과의 전후관계를 알 수 없다고 한다. 가우다빠다는 진실로 생기하

041 샹까라에 따르면, 이것은 바이쉐시까 학파가 상캬 학파 등의 유생기론자(有生起論者, sajjātivādin)를 공격해서 주장한 것이라고 말한다. 곧 유생기론자에 따르면, 원인이란 근본물질원리(pradhāna)이고, 결과란 마하뜨(mahat=buddhi), 자아의식(ahaṃkāra) 등을 가리키는 것이다. Swāmī Nikilānanda(1955), p.220. 그런데 나카무라 하지메(中村元)에 따르면, 미전개자(avyakta)가 불생(aja)이라고 말하는 견해는 『상캬 까리까』 안에는 말하고 있지 않다. 오히려 『슈베따슈바따라 우빠니샤드』(1.9)와 관련된 것으로 생각된다. 그렇기 때문에 이 게송은 고전 상캬 학파의 학설이라기보다는 오히려 불생인 브라흐만으로부터 생기/발생/창조를 말하는 다른 베단따 학파의 학설, 또는 상캬적인 베단따 학파의 설이라고 주장한다. 나카무라 하지메(中村元, 1955), pp.423~24 참조.

는 부당함과 인과율이 성립하지 않음을 선언함으로써 '불생'을 드러낸 밝히고자 한다.

(3) 네 가지 생기의 부정을 통한 '불생'의 설명

어떤 사람들은 존재의 생기를 인정하고, 또 어떤 사람은 비존재의 생기를 인정하여 자신들끼리 다투면서 시간을 낭비하고 있다. 전자는 인중유과론자(satkāryavādin)들을 가리키고, 후자는 인중무과론자(asatkāryavādin)들을 가리킨다. 인중유과론자들은 '어떠한 비존재도 생기하는 일이 없다'고 하여 후자인 인중무과론자들을 비판한다. 또 인중무과론자들은 '어떠한 존재도 생기하는 일이 없다'라고 하여 전자(인중유과론자)를 비판하면서 서로 다툰다. 그러나 불이일원론자는 진실로는 존재로부터이든, 비존재로부터이든, 어떠한 생기도 있을 수 없다고 하여 모든 존재의 '불생'을 드러내 밝힌다.

> "'어떠한 존재도 생기하지 않는다.' '어떠한 비존재도 생기하지 않는다.' 라고 서로 다투지만, 불이일원론자는 불생을 드러내 밝힌다."(GK.4.4)[042]

---

042 Bhūtaṃ na jāyate kiñcid abhūtaṃ naiva jāyate, vivadanto 'dvayā hy evaṃ ajātiṃ khyāpaynti. 그런데 여기에서 하나의 문제가 있다. 그것은 'advaya'인데, 샹까라와 나카무라 하지메(中村元)는 그것을 'dvaya'라고 하여 앞의 이원론자들을 의미한다고 말한다. 나카무라 하지메(中村元, 1955), p.419. 반면 밧따차리야V. Bhattacharya는 'advaya'(not two)로 보고 'advaita'(non-differnce)와 구별하여 불교의 중도적 의미로 해석하고 있어 주목된다. A. Bhattacharya(1975), pp.102~03.

그러나 진짜 어려움은 "모든 존재가 불생이고 불사(不死, amṛta)인데, 어떻게 불생하는 존재가 생기하고 죽어야 하는 존재가 될 수 있는가?"라고 하는 데에 있다. 만약 불생인 존재가 생기하게 된다면, 불생인 존재 또한 죽어야 할 것이다. 그렇지만 불생의 존재는 반드시 불멸해야 하는 존재이므로, 불사인 존재는 죽어야 하는 존재일 수 없다. 또 죽는 존재가 죽지 않는 존재가 될 수 없다.(GK.4.6~8) 왜냐하면 본성은 스스로 존재하고, 선천적인 것이며, 변하지 않는 것이기 때문이다.(GK.4.9) 모든 존재는 그들의 본성에 의해 스스로 존재하므로, 늙음(jarā)과 죽음(maraṇa)을 떠나 있다. 그러므로 늙음과 죽음을 믿는 사람들은 그 관념에 대한 믿음 때문에 그들 스스로 생로병사라는 윤회의 순환에 빠진다.(GK.4.10) 그렇지만 가우다빠다는 모든 존재가 그 자체로 불생임을 믿는 자는 무엇에도 집착을 떠난다고 다음과 같이 말한다.

> "어떤 사람이든 불생이고 평등한 경지에 대해서 확실히 잘 알면, 그들은 진실로 세속에서 큰 지혜를 가진 사람이 된다. 그러나 세속적인 사람들은 그 경지를 얻지 못한다."(GK.4.95)[043]

> "불생의 지혜는 생기하지 않는 모든 사물이 동요하지 않는다고 인정한다. 불생의 지혜는 [다른 것에 대해서] 동요하지 않기 때문에 집착이 없다고 선언된다."(GK.4.96)[044]

---

043 Aje sāmye tu ye kecid bhaviṣynti suniścitāḥ, te hi loke mahājñānās tac ca loko na gāhate.

044 Ajeṣv ajam asaṃkrāntaṃ dharmeṣu jñānan iṣyate, yato na kramte

"[그러나] 어리석은 자가 조금이라도 차별적 모습이 [있다고 분별을] 일으킨다면, 그에게는 집착이 없음은 결코 있을 수 없다. 하물며 어떻게 장애로부터 벗어날 수 있겠는가?"(GK.4.97)[045]

(4) 외적 대상의 비실재성의 논증을 통한 불생의 설명

가우다빠다는 모든 현상은 '분별의식의 운동'(vijñāna-spandita)이라는 원리에 의해 거짓으로 나타나게 된다고 말한다. 따라서 "분별의식의 운동은 인식 대상[所取, grāhya]인 모든 사물과 인식 주관[能取, grāhaka]인 마음의 나타남이며"(GK.4.47cd), "분별의식은 비슷하게 나타나는 모습[似現相]이므로 '생기의 현현', '운동의 현현', '사물(vastu)의 현현'을 지닌다. 그렇지만 본래의 진실한 모습은 불생(ajā), 부동(acala), 적정(śānti)이며, 불이(advaya)"(GK.4.45)로서 인식 주관인 마음도, 인식 객관/대상인 모든 사물은 모두 '불생'이라고 한다.(GK.4.46)

그리하여 『만두꺄 까리까』에서는 마음이 나타나는 과정을 횃불을 돌리는 것에 비유해 설명한다. "횃불을 공중에서 돌리면, 직선, 또는 원 등의 여러 가지 모양이 생긴다."(GK.4.47ab) 그런데 횃불을 돌릴 때, 생긴 모습들은 본래부터 있는 것이 아니고 거짓으로 구상되어 그렇게 보일 뿐, 실체성이 없다, 이와 같이 모든 대상이 나타나는 것도 다만 '분별의식의 운동(횃불의 돌림=선화)'에 의한 나타남(ābhāsa)일 뿐이므로, 그것 또한 실체성이 없다고 보아야 한다.

---

jñānam asaṅgaṃ tena kīrtitam.

045 Aṇumātre' pi vaidharmye jāyamāne' vipaścitaḥ, asaṅgatā sadā kim utāvaraṇacyutiḥ.

"참으로 분별의식이 활동할 때는 모든 나타남은 다른 것으로부터 생기하는 것도, 그 활동 이외에 다른 것으로부터 생기하는 것도, 그리고 그들의 나타남은 [다시] 분별의식으로 들어가는 것도 아니다."(GK.4.51)[046]

그 이유는 ① 실체성이 없는 경우, ② 인과성이 없는 경우를 들고 있다.

① 실체성이 없는 경우: 모든 사물은 실체성이 없기 때문에, 마음[識]으로부터 생기하지 않고, 또한 마음도 모든 사물로부터 생기하지 않는다는 것을 다음과 같이 『만두꺄 까리까』에서는 말하고 있다.

"직선과 곡선 등의 [나타남]은 횃불 돌림에 의해 생기는 것이 아니다. 왜냐하면 실체성이 없기 때문이다. [그리고] 분별의식/마음에 관해서도 역시 [그것의 나타남은] 마찬가지이다. 왜냐하면 [둘 모두] 나타난 것은 다르지 않기 때문이다."(GK.4.50)[047]

"그들[모든 사물의 나타남]은 분별의식으로부터 나온 것이 아니다. 왜냐하면 그들에는 실체성이 없기 때문이다."(GK.4.52ab)[048]

② 인과성이 없는 경우: 인과관계를 인정하는 논자에게는 하나

046 Vijñāne spandamāne vai nābhāsā anyatobhuvaḥ, na tato 'nyatra nispandān na vijñānaṃ viśanti te.

047 Na niragatā alātāt te dravyatvābhāvayogatḥ, vijñāne' pi tathaiva syur ābhāsasyāviśeṣataḥ.

048 Na nirgatās te vijñānād dravyatvābhāvayogatḥ.

의 실체(a)는 다른 실체(b)의 원인이 되어야 하고, 다른 실체(b)는 또 다른 실체(c)의 원인이 되어야 한다. 그러나 인과성이 없기 때문에, 모든 사물의 실체성이나 서로 다른 성품[別異性, anyabhāva]은 성립될 수 없다. 마침내 "그들에는 인과관계가 존재하지 않기 때문에, 그들의 나타남은 항상 불가사의한 것이다."(GK.4.52cd) 따라서 현자는 모든 사물은 마음/식으로부터 생기하지 않고, 또 마음/식도 모든 사물로부터 생기하지 않는다는 이유를 들어 인과가 '불생'임을 주장한다.

> "인과에 집착을 하게 될 때 인과의 생기는 존재한다. 인과의 집착이 사라질 때 인과의 생기도 존재하지 않는다."(GK.4.55)[049]

> "인과에 집착하면 윤회(saṃsāra)는 존재하지만, 인과의 집착이 소멸되면 윤회도 또한 소멸하게 된다."(GK.4.56)[050]

이것은 마치 '횃불의 돌림'을 멈추면, 돌릴 때 생긴 여러 모습들이 사라지는 것과도 같다[旋火寂靜]. 왜냐하면 분별의식/마음 자체의 본성은 '불생', '부동', '적정', '불이'이기 때문이다. 마치 '횃불의 돌림'이 멈추면 직선이나 곡선 등은 나타나지 않는 '불생'이 되듯이, 그렇게 분별의식도 운동하지 않을 때 대상은 나타내지 않는 '불생'

---

049 Yāvad dhetuphalāveśas tāvad dhetuphalodbhavaḥ, kṣīṇe hetuphalāveśe nāsti hetuphalodbhavaḥ. cf. GK.4.54.

050 Yāvad dhetuphaāveśaḥ saṃsāras tāvad āyataḥ, kṣīṇe hetuphalāveśe saṃsāraṃ na prapadyate.

이다.(GK.4.48) 따라서 궁극적 입장에서는 모든 존재는 '불이'이고 '불생'이기 때문에, 횃불 돌리는 동안 나타나는 모든 것은 다른 것으로부터 나오는 것도, 그 운동 이외의 다른 곳에서 나오는 것도 아니며, 또한 그 횃불 안으로 들어가는 것도 아니다. 참으로 "진실한 모습에서는 모든 존재는 '불생'이고, 단멸은 존재하지 않는다고 보아야 한다."(GK.4.57cd)고 가우다빠다는 역설한다.

이와 같이 가우다빠다는 『만두꺄 까리까』 안에서 여러 논리를 통해 모든 존재는 현상적으로든, 진실로든 모두 생기하지 않음을 보임으로써 모든 존재가 '불생'임을 천명한다. 그러나 가우다빠다가 '브라흐만의 불생'을 설명하기 위해 가장 심혈을 기울였던 것은 본성적으로 불생인 원인으로부터 현상세계의 전개가 불합리함을 논증하는 '인과율의 부정'에 있기 때문이다. 그렇다면 가우다빠다가 왜 '인과율'을 부정했는지를 알아보기로 하자.

2. 인과론

가우다빠다는 『만두꺄 까리까』의 전편을 통해 '진실로 생기하는 것은 아무것도 없다'라고 하여 '불생설'을 천명하고 있다. 이러한 입장의 주된 요점은 인과관계가 어떻게든 실제로 성립되지 않는다는 것을 입증하는 것과 관계가 있다. 가우다빠다는 네 가지 인과관계를 전제한다. 곧 ① '원인은 결과와 다른 경우', ② '원인은 결과와 같은 경우', ③ '원인과 결과는 같기도 하고 다르기도 하는 경우', ④ '원인과 결과는 같지도 않고 다르지도 않는 경우'이다. 따라서 그는 이러한 인과관계가 모두 필연적인 모순을 가져온다는 점을 입증한다. 그가 사용하는 논증법은 중관 학파의 용수가 사용한 논증법과 같다. 그의 '인과율 비판'은 이 점에서 용수의 논증법에 의존하고 있다고 평가받고 있다. 중관학자 용수의 비판적 논증법은 분별적인 사고를 배제하는 수단이었지만, 가우다빠다에게 그것은 논쟁의 여지가 없는 실재로서 '부동'이고 '적정'이며, 늘 존재하는 브라흐만을 제외한 어떠한 실재이든 마야māyā와 같은 것이라고 하여 배제하는 입장에서 사용된다.[051]

---

051 cf. Douglas A. Fox(1993), p.71.

1) 기존의 인과론 비판

『리그베다』*Ṛg-veda*에서는 존재(sat)는 비존재(asat)로부터 생기/창조한다는 사상이 지배적이었다.[052] 그러나 『리그베다』의 제1급 사상가들은 비존재로부터 존재가 생기한다는 생각과는 다른 해결 방법을 생각해 내게 된다. 그것이 창조 찬가인 '무유아가'(無有雅歌, nāsadāsītya-sūkta)이다.

> "그에게서 처음으로 의욕(kāma)이 일어났다. 이것이 최초로 생긴 사색(manas)의 씨앗이었도다. 그리하여 마음속에서 탐구하는 현인들은 존재와 비존재의 연결고리를 발견하였다."[053]

또 이 찬가의 첫머리에서 "그때까지는 비존재도 없고, 존재도 없었으며, 공계도 없고, 그 위의 천계도 없었다. 그것은 무엇으로 싸여 있었던 것인가? 물은 어디에서 누구의 보호 아래 존재하였던 것인가, 깊이를 모를 끝없는 물을?"

여기에서 볼 수 있는 것은 창조(sṛṣṭi) 이전 세계는 존재하는 것이라고도 존재하지 않는 것이라고도 말할 수 없는 중간 상태에 있었다는 점이다. 따라서 아직 존재로부터 창조를 말하고 있지는 않다. 그렇지만 존재와 비존재의 연결고리는 '의욕'이고,

---

052 *Ṛg Veda*. x.5.7; 72.2~3.
053 *Ṛg Veda*. x.129.4.

이 '의욕'에서 창조의 원동력이라는 창조의 비밀을 찾은 것이다. 이 같은 비존재로부터 창조한다는 사고방식은 『아타르바 베다』 *Atharva-veda*(10.7.25; 12.1.19)와 『샤따빠타 브라흐마나』*Śatapatha-brāhmaṇa*(6.1.11)에도 그 흔적이 남아 있다. 이러한 사유는 『찬도갸 우빠니샤드』 등[054]에도 그대로 남아 있다. 그러나 웃다라까 아루니 Uddālaka Āruṇi는 이 사상에 반대하여 다음과 같이 주장한다.

> "어떤 사람은 말한다. '우주는 태초에 비존재뿐이었다. 그것은 유일하며 그것 이외에 다른 것은 없었다. 그것은 이 비존재로부터 존재가 나왔다'(asataḥsajjāyata)라고 한다. 그렇지만 아들(슈베따께뚜)이여! 그와 같은 것이 어떻게 있을 수 있겠는가? 그와 같이 그는 말하였다. 어떻게 비존재로부터 존재가 나올 수 있을까? 그렇지 않다. 아들이여, 우주는 태초에 존재뿐이었다. 그것은 유일하고 그것 외에 다른 것은 없었다."[055]

웃다라까 아루니는 '불이'의 존재로서 '존재하고 있는 것'으로부터 근본적인 세 요소, 곧 열(tejas), 물(āp), 음식물(anna)이 차례로 전개되며[056], 이 세 요소의 결합을 통해 현상세계가 성립함을 제시한다. 그러므로 '존재하고 있는 것'은 존재자[現象]의 원천(mūla)이며, 본성을 같이한다(Chānd-Up.6.8.6~7)는 것이다.[057] 왜냐하면 원인과

---

054 Chānd-Up.3.19.1; 6.2.1; Tait-Up.2.7.1.

055 Chānd-Up.6.2.1~2.

056 Chānd-Up.6.2.3~.

057 웃다라까 아루니는 초기 우빠니샤드에서 '존재로부터 존재가 생기한다'고 하는 일원론적 세계관을 구축한 사람이다. 이때 존재는 질료인으로서 아뜨만이 변

결과는 본질이 같기 때문이다.[058] 이른바 그것의 좋은 예를 대성구(大聖句, mahāvākya) '당신이 그것이다'(Tat tvam asi)에서 찾을 수 있다. 이러한 원인과 결과의 본질이 같다거나, 다르지 않다는 사상은 인도 중세철학에서 인중유과론으로 발전한다. 인중유과론은 상캬 학파와 초기 베단따 학파의 특유한 사상이다. 상캬 학파와 초기 베단따 학파는 인과율에 관해 견해를 꽤 달리하고 있음에도 공통 기반을 가지고 있다.[059]

그런데 여기에서 말하는 베단따 학파의 인과율 사상은 주로 『브라흐마 수뜨라』(2.1.14~20)에 바탕을 둔 것이다. 세계와 세계 원인의 관계라는 관점에서 보면, 『브라흐마 수뜨라』의 인과론은 고전 상캬 학파의 그것과 같다. 『브라흐마 수뜨라』의 작자는 우빠니샤드 성전에 기초하여 질료인(prakṛti, upādāna)은 그 결과와 다르지 않다고

화하고 전개한 것이다. 그 전개된 현상세계의 본질은 그대로 원인의 본질과 같다는 인과율 사상은 창조(sṛṣṭi)라는 말로 표현된다. 그의 사상은 일원론적 전변설이고 물활론적인 우주관이자 세계관이다. 그의 이러한 설은 일원론 베단따 학파의 선구이다. 그러나 이것은 상캬 학파의 전변설과도 관계가 있다. 먼저 원인과 결과의 동일성이 고려된다. 그에게 개체는 불·물·음식(나중에는 흙으로 됨)의 세 요소로 성립되고, 그 셋은 각각 붉은색, 흰색, 검정색의 색깔을 나타낸다. 이 세 요소는 거친 원소(mahābhūtas)이다. 그러나 그들이 만물의 구성 요소인 점에서는 상캬 학파의 세 요소(guṇa)에 가까워 그것의 선구로 생각된다. 이것은 Śveta-Up(4.5)로 계승되어 고전 샹캬 학파의 전변설로 발전한다는 것이 일반적인 견해이다. 村上眞完(1991), pp.49~50 참조. 따라서 그의 인과율 사상은 베다와 브라흐마나의 거친 창조 사상을 수정하여 발전시킨 것이라고 생각된다. 그 대표적인 것은 "이 일체의 존재는 이 미세한 것을 본성으로 한다. 그것이 진실이다. 그것이 아뜨만이다. 오 슈베따께뚜여!"(sa ya eṣo' ṇimā aitad ātmyam idaṃ sarvam tat satyam sa ātmā tat tvam asi śvetaketo iti; Chānd-Up.6.8.7). 湯田豊(1978), p.38.

058 今西順吉(1978), p.449 참조.

059 Otto Strauss(1922), p.117; 湯田豊(1978), p.39 재인용.

말한다.[060] 세계는 브라흐만의 결과이면서, 브라흐만과 다르지 않다. 그러므로 만약 브라흐만/아뜨만을 인식한다면, 그것을 통해 다른 모든 것도 알게 된다.[061] 또한 원인이 존재할 때 결과가 자각되기 때문에 원인 쪽에서 보면, 원인은 결과와 다른 것이 아니다.[062] 결과가 존재하기 때문에 결과 쪽에서 보면, 결과는 원인과 다르지 않다.[063] 결국 결과는 그것이 현실로 생기/발생/창조하기 이전에 그것의 원인 안에 가능태로서 있다는 것이다. 『브라흐마 수뜨라』 작자는 "없음[無]이라는 언급 때문에, 결과는 세계가 생기하기 이전에 존재해 있는 것이 아니다."(BS.2.1.17)[064]라는 생각을 부정하고 있다. 그에 따르면, '존재하고 있는 것은 명칭(nāma)과 형태(rūpa)를 떠난 존재, 곧 미현현(avyakta)의 존재이고, 원인 안의 미현현의 존재는 결과로 된다. 그것은 마치 실(원인)로 짜인 천(결과)과 같은 것이다.'[065]

인도의 정통 브라흐마나 철학파들의 우주론은 각기 독자적인 인과론에 기초하여 설명하고 있다. 그 대표로서 세 가지를 들 수 있다.

첫째, 인중무과론(asatkārya-vāda)에 기초한 적취설(ārambha-vāda)로 니야야Nyāya 학파와 바이쉐시까Vaiṣeśika 학파.

---

060 BS.2.1.14; tad ananyatvam ārambhaṇa-śabdāidbhyaḥ.
061 Chānd-Up.6.1.30.
062 BS.2.1.15; bhāve ca upalabdheḥ.
063 BS.2.1.16; sattvāc cāvarasya.
064 asad-vyapadeśān neti na dharmāntareṇa vākya-śeṣāt.
065 湯田豊(1978), pp.41~2 참조.

둘째, 인중유과론(satkārya-vāda)에 기초한 전변설(pariṇāma-vāda)로 상캬 학파, 초기 베단따 학파의 불일불이론不一不異論 및 제한불이론制限不二論 계통의 베단따 학파.

셋째, 인중유과론, 아니 더 적절하게는 원인만이 실재한다고 하는 유인론(有因論, satkāraṇa-vāda)에 기초한 가현설(假現說, vivarta-vāda)로 불이일원론 베단따 학파가 이에 속한다.[066]

이들 셋 가운데서 전변설과 가현설(vivrta-vāda)은 모두 인중유과론의 입장에 서 있다는 점에서는 공통 기반을 갖는다. 그렇지만 전변설에서는 결과인 현상세계는 세계 원인과 같은 실재성을 인정한다. 이에 반해, 가현설에서는 현상세계는 세계 원인보다도 낮은 실재성밖에 인정하지 않는다는 점에서 둘 사이의 결정적인 차이가 있다.[067] 그런데 가우다빠다는 이러한 기존의 모든 인과율을 다음과 같은 이유로 비판하고 나선다.

(1) 두 가지 이유로 인중유과론자의 견해 비판

① 원인이 '불생'인 경우

원인과 결과는 원래 다르지 않다. 그러므로 원인이 '불생'이면 결과도 '불생'이어야 한다. 하지만 우리의 현실세계는 지금 생성되고 있어 차별적 성격을 띠고 있으니 이에 비유할 만한 합당한 실례實例가 이 세상에는 존재하지 않는다고 하여 논파한다

066 P. Hacker(1953), p.5. 島岩(1979), p.69 재인용.
067 P. Hacker(1953), p.7.

(GK.4.11~13ab).

② 원인이 이미 생기한 경우

만약 결과인 현상세계가 이미 생기한 것이라면, 그 원인에는 그보다도 더 근원적인 것이 존재해야 하는 '무한소급에 빠지게 되는 오류'를 범하게 되므로 성립할 수 없다고 한다.(GK.4.13cd) 마찬가지로 "비존재는 비존재를 원인으로 하지 않고, 존재는 비존재를 원인으로 하지 않는다."(GK.4.40ab)에서 볼 수 있듯이, 인중무과론도 성립할 수 없다고 주장한다.

(2) 원인과 결과가 순차적으로 발생한다는 설의 부정

앞 첫째의 세계 원인과 현상세계의 인과관계의 문제와 달리, 현상세계 안에서 발생하는 인과관계의 모순, 곧 순차적으로 발생[順次的 繼起]하는 문제이다. 이것은 세 가지 경우로 나누어 말할 수 있다.

① 원인이 먼저 있고, 다음으로 결과가 일어나는 경우(pūrva-krama)
② 결과가 먼저 있는 다음에 원인이 따라 일어나는 경우(apara-krama)
③ 원인과 결과가 동시에 존재하는 경우(saha-krama)

그러나 이들은 다음과 같은 이유로 성립할 수 없다. ①은 원인이 '불생'이라면 그것은 변할 수 있는 것이 아니므로 생기할 수 없다. ②는 원인이 생기되는 것이라면, 무한한 반복을 되풀이 하게 된다. ③은 원인과 결과가 동시에 생기한다면, 서로 인과적 관계가 없어져 원인과 결과라는 특질을 잃어버리기 때문이다.[068]

그렇지만 설사 이것을 인정한다고 하더라도 다음과 같은 다섯 가지 문제에 다시 부딪치게 된다.

① 결과는 원인의 시작이라는 점(GK.4.15)
② 원인은 결과의 시작이라고 하는 자에게는 아들이 아버지를 낳는 꼴이 되는 경우(GK.4.15)
③ 인과의 상호의존관계를 통해 하나는 원인, 다른 하나는 결과로 확정시키기 곤란한 경우(GK.4.17).
④ 씨앗에서 싹이 나온다는 실례는 논점선취論点先取의 오류를 범하고 있는 경우(GK.4.20)
⑤ 시작이 없는 결과로부터 원인의 생기와, 시작이 없는 원인으로부터 저절로 결과가 발생하는 것은 상호의존관계는 성립하겠지만 인과관계 자체로서는 성립할 수 없는 경우(GK.4.23)

원인과 결과란 항상 생성과 관련해서 말한 것이다. 그렇기 때문에 불생을 본성으로 하는 원인과 결과는 당연히 생성될 수 없다고 할 것이다. 이러한 입장에서 가우다빠다는 생기/창조를 부정한다. 그는 모든 현상이 존재 자체와 아무런 관계없이 인간 사유를 통해

---

068 T.M.P. Mahadevan(1975), p.143.

구상된 망상 자체라고 생각하고 생성과 변화를 부정함으로써 '인과율'을 철저하게 무효화시켜 '불생'임을 보이고자 하였다.

2) 인중유과론과 인중무과론의 부정

용수의 『중론』은 '모든 존재는 공성임'(諸法空性)을 드러내 보이기 위해 여러 논법을 사용한다. 이에 반해, 가우다빠다는 '일체 존재는 불생임'을 밝히기 위해 '인과율의 부정'을 논증하고 있다. 가우다빠다가 주된 논파의 대상으로 삼은 학파는 불교 등의 외도外道보다 초기 상캬적인 베단따 학파, 상캬 학파와 바이쉐시까 학파 등 정통 철학파들이다. 이들은 우빠니샤드의 '나는 브라흐만이다'(Aham Brahmāsi), '당신이 그것이다'(Tat Tvam asi)로 대표되는 '브라흐만과 아뜨만이 하나'[梵我一如, Brahmātmaikya]라는 일원론적인 사고에서 벗어나 있었다.

상캬 학파는 정신적 순수원리 뿌루샤Puruṣa와 근본물질원리 쁘라끄리띠(mūla-prakṛti)에 의한 이원론적[069] 사고에 바탕을 두면서 인중유과론을 입각한 전변설이라는 우주론을 내세운다. 바이쉐시까

069 정승석은 상캬의 이원론을 '유심적 이원론'唯心的 二元論으로 해석하고 있다. 곧 "상캬의 이원은 정신과 물질의 차원이 아니라 정신활동의 순수와 오염이라는 일심一心의 양면적 차원에서 윤회와 해탈의 문제를 설명하는 원리이다. 이런 의미에서 상캬의 전변설 역시 '객관세계라는 것은 결국 주관에 의해 성립된다는 인도철학의 통념'에서 벗어나지 않는 것이며, 그 이원론은 유심적 이원론이 된다." 정승석(1988), p.6. 따라서 이러한 입장에서 상캬 학파의 이원론을 해석한다면 『브라흐마 수뜨라』가 봉착한 브라흐만 일원론과 인중유과론의 어려움을 어느 정도 해결할 수 있는 실마리가 주어졌다고 생각된다. 그러나 여기에서는 논외로 할 것이다.

학파는 여러 실체적 요소들의 집합에 의한 다원론적 사고에 바탕을 둔 인중무과론에 입각한 적취설이라는 우주론을 내세우고 있다.

또한 가우다빠다 이전의 초기 베단따 학파, 특히 『브라흐마 수뜨라』의 작자는 이 가운데서도 그것은 상캬 학파의 영향을 받으면서도 우빠니샤드의 정신을 계승하여 발전시키려고 하였다. 그러나 이것 때문에 우빠니샤드의 일원론과 이원론을 전제하고 있는 상캬 학파의 인중유과론과의 해결하기 곤란한 문제에 부딪쳐 정체성停滯性을 벗어나지 못하고 있었다.

이에 가우다빠다는 당시 막강한 상캬 학파의 위세를 꺾음과 동시에 우빠니샤드 근본 정신을 회복하고자 하였다. 그는 원인으로서 근본적인 실체 '브라흐만'은 본질적으로 '불생'이기 때문에, 결과로서 생기하는 현상세계는 원인으로부터 전개된 것이 아니고 마야에 의해 가현(vivarta,[070] ābhāsa)된 것일 뿐이라고 다음과 같이 주

070 이 단어(vivrta)는 『만두꺄 까리까』에는 나오지 않는다. 이것은 샹까라 이후에 등장하는 용어이다. 나카무라 하지메(中村元)에 따르면, 바르뜨리하리(Bhartṛhari, 450~500년 무렵)가 브라흐만으로부터 현상세계가 나타나는 것에 '전개한다'(vivartate)라는 용어를 처음으로 사용하였다고 한다. 그렇지만 가현(假現, vivarta)이라는 명사는 아직 사용되지 않고 있을 뿐만 아니라 'vivartate'라는 동사 또한 아직 후세의 Advaita에서와 같은 '가현'의 의미가 아니고 전개(pariṇāma)의 동의어로 쓰이고 있을 뿐이다. 따라서 바르뜨리하리는 동사 'vivartate'와 명사 pariṇāma를 모두 절대자의 전개 작용을 의미한 것으로 사용할 뿐, 후세의 불이일원론자들처럼 그렇게 분명한 구분은 하고 있지는 않다. 더욱이 불이일원론파의 개조로 인정받는 샹까라 자신도 이 두 용어를 동의어로 생각하고 있듯이, 초기 베단따 학파의 학자들 또한 이 둘을 구별하려 하지 않았던 것처럼 보인다. 세계 전개의 기체인 브라흐만은 제약/한정(upādhi)을 받은 모든 가능성을 갖춘 브라흐만이지만, 진실한 입장[眞諦]에서의 절대부정으로서 브라흐만은 아니었다. 이 점에서 무명(avidyā)의 한정을 받은 브라흐만으로부터 세계가 전개한다는 샹까라의 사상과 유사하였기 때문에, 그 이후 바

장한다.

> "참으로 불생인 것[不二한 원리]은 다만 마야māyā에 의해서 차별적 모습을 드러낸다. 결코 [그것과] 다른 방법에 의해서 그런 것(차별적인 모습을 드러낸 것)이 아니다. 왜냐하면 만약 진실로 다르다면 죽지 않는 것[不死者]이 죽어야 할 것[可死者]이 되기 때문이다."(GK.3.19)

> "참으로 마야에 의해 생기하는 것은 타당하다. 그렇지만 진실로 [생기하는 것은] 아니다. 진실로 생기한다고 하는 자에게는 이미 생기한 것이 다시 생기하게 된다."(GK.3.27)

이러한 전제 아래 그는 "존재로부터의 생기도, 비존재로부터의 생기도 타당하지 않다."(GK.4.3)고 하여 인과율이 성립할 수 없음을 논증하고 있다. 불생(생기의 부정, ajāti)에는 'A로부터 A도 생기하지도 않고, A로부터 B도 생기하지도 않고, B로부터 A도 생기하지도 않고, B로부터 B도 생기하는 것도 아니다'라는 인식, 곧 '인과율을 부정'하는 인식이 전제되어 있다.

> "어떠한 사물도 자체로부터 생기하지 않는다. 또 다른 것으로부터도 생기하지 않는다. 존재로부터도, 비존재로부터도, 존재이면서 비존재

르뜨리하리를 가현설의 제창자로 간주하게 되었던 것이다. 나카무라 하지메(中村元, 1956), pp.328~32 참조. 또 vivarta와 샹까라와의 관계를 논한 P. Hacker와 마에다 센가쿠(前田專學)의 서로 상반된 두 가지 입장이 있어 주목된다. 이에 대해서는 다음을 참조. P. Hacker(1953), p.26. 마에다 센가쿠(前田專學, 1979), pp.46~9.

인 것으로부터도 어떠한 사물도 생기하지 않는다."(GK. 4.22)[071]

여기에서 문제를 삼은 것은 세 가지이다.

① '자체, 또는 존재하는 것(sat, bhūta)으로부터 생기한다.'는 주장은 원인 안에 이미 결과가 존재하고 있다는 인과불이설(因果不異說, kāryakāraṇābheda-vāda)로서 샹카 학파나 초기 베단따 학파의 인중유과론적인 인과론이다.

② '다른 것, 또는 존재하지 않은 것(asat, abhūta)으로부터 생기한다.'는 주장은 원인 안에 결과가 존재해 있는 것이 아니고, 여러 요소가 모여 결과가 생겨난다는 인과별이설(因果別異說, kāryakāraṇabheda-vāda)로서 니야야-바이쉐시까 학파의 인중무과론적인 인과론을 말한다.

③ '존재이면서 비존재인 것으로부터 생기한다.'는 것은 자이나교(Jaina)와 유신론적 베단따의 인중유무론(因中有無論, Sadasadkār-ya-vāda)이다.[072]

---

071 cf. GK. 4.40.

072 인도철학에서 인과론은 크게 두 가지, 인중유과론과 인중무과론으로 분류될 수 있다. 그러나 이 둘의 중간 과정인 자이나교의 설이 있는데, 그것은 비록 그 이름이 사용되지는 않지만, 존재비존재론[有非有論, sadasatkārya-vāda]이라고 부를 수 있다. 인중유과론에는 더 세분하면 상캬 학파와 요가 학파에 의해 지지받는 전변설, 또는 변이설(變異說, vikāra-vāda)과 샹까라의 불이일원론 베단따(Advaita-Vedānta) 학파에서 지지받는 '가현설'이 있다. 인중무과론도 니야야-바이쉐시까 학파에 의해 지지받고 미망사 학파가 따르는 '적취설'과 불교에 의해 지지받는 '연기설'緣起說로 나누어진다. 또한 존재비존재론은 자이나교와 유신론적 베단따 학파에 의해 지지받는다. 이 밖에 자연론(svabhāva-vāda), 또는 우연론(yadṛcchā-vāda)으로 불리는 인과론은 인과율을 부정하는 유물

그렇지만 ③의 경우는 ①과 ②의 경우를 다 포함하고 있기 때문에, ①과 ②의 경우가 성립되지 않음이 입증된다면, 이것 또한 당연히 성립되지 않는다.

(1) 인중유과론 부정

초기 베단따 학파는 인과율에 관해 상캬 학파와 견해를 달리 하는 면이 있음에도 서로 공통된 기반을 가지고 있다. 베단따 학파에서 존재하는 것은 어디까지나 아뜨만/브라흐만이고, 그것은 철저하게 정신적 것임에 비해, 상캬 학파에서 존재하는 것은 근본물질원리(Pradhāna/mūla-prakṛti)인 미세한 질료인으로서 동력인인 순수정신 뿌루샤와 대립된 것이다. 그러나 인과론에서는 아뜨만도 쁘라끄리띠도 질료인인 점에서는 아주 같다고 할 수 있다. 그런데 가우다빠다는 상캬 학파와 초기 베단따 학파의 인과론을 구별하지 않고 인중유과론 일반 모두 비판하고 있다.

론(Cārvākas)의 지지를 받는다. 이것을 간략히 도식화하면 아래와 같다. cf. Mahesh Chandra Bhartiya(1973), p.30.

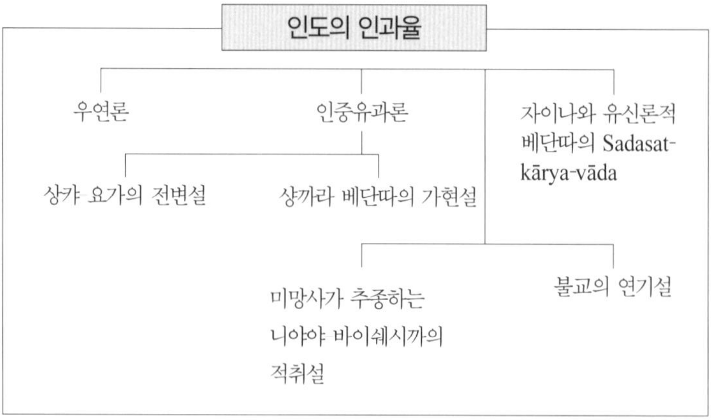

"참으로 원인이 결과라고 말하는 자[전변론자]에게는 원인이 생기하여 [결과가] 된다면, [결과로서] 생기한 것이 어떻게 불생인가? 그리고 (결과와) 구별되는 그 (원인이) 어떻게 항상 존재하는 것[不生]인가?"(GK.4.11)

샹까라에 따르면, "이러한 반문은 바이쉐시까 학파가 상캬 학파 등의 '유생기론자'(有生起論者, sajjātivādin)를 공격해서 주장한 것"이라고 한다.[073] 『상캬 까리까』에 따르면, "원인으로서 근본물원리(mūla-prakṛti)인 쁘라다나는 아직 변이(vikṛti)가 되지 않은 것(avyakta)이며, 결과는 지성적 마음(mahat, buddhi) 등을 가리키며[074], 미전개자(avyakta, 근본원질원리)는 항상 존재하고, 편재하며, 부동이고 하나이며, 의존하지도 환원하지도 않고, 부분을 갖지 않으며, 다른 것에 종속하는 성질을 가지고 있지 않다."[075]고 설한다. 그러나 여기에서는 '불생'이라고는 하지 않고 있기 때문에 '미전개자'를 '불생'이라고 하는 것은 오히려 『슈베따슈바따라 우빠니샤드』[076]와

073 Swāmī Nikilānanda(1955), p.220.

074 cf. SK.3; Mūla-prakṛtir avikṛtir mahat-ādyāḥ prakṛti-vikṛtayaḥ sapta ṣoḍaśakas-tu vikāro na prakṛti-na vikṛtiḥ puruṣaḥ.(근본원질원리는 아직 변이되지 않은 것이다. Mahat 등 7은 원질이기도 하고 변이된 것이기도 하다. 15로 이루어진 것은 오로지 변이된 것이다. 뿌루샤Puruṣa는 근본물질원리도 아니고 변형된 것도 아니다).

075 SK.10; Hetu-mad anitya avyāpi sakriyam anekam āśritaṃ liṅgam, sāvayavaṃ paratantraṃ vyaktaṃ viparītam avyaktam(나타남은 원인을 갖고, 무상이고, 편재하지 않고, 운동하고, 다수이고, 의존하고, 귀멸하고, 부분을 갖고, 다른 것[원질]에 종속한다).

076 Śveta-Up.1.9; Jñājñau dvāv īśanīśāv ajā hy ekā bhokṛ-bhogyārtha-yuktā anantaś cātmā viśva-rūpo hy akartā trayam yadā vindate brahmam etat(인식하는 것과 인식하지 못하는 두 개의 불생이 있는데, 전자는 무력한 것이지만 후자는 전능한 것이다. 진실로 향수자와 향수의 대상들과 연결된 또 하나의 불

관련이 있다고 생각할 수 있다. 그렇기 때문에 어떻게 보면 앞의 인용 게송은 고전 상캬 학파보다는 상캬적인 베단따 학파를 공격하는 것으로 이해된다. 그러나 『슈베따슈바따라 우빠니샤드』는 상캬 학파와 밀접한 관계가 있다는 것은 이미 아는 사실이다.[077] 가우다빠다가 인과율을 부정한 것은 우빠니샤드의 일원론적 사고를 망각하고 상캬 학파의 이원론적 사고에 빠진 초기 베단따 학파의 시각을 바로 잡기 위한 것으로 추측된다. 따라서 그는 우빠니샤드의 근본정신을 회복하기 위해서 상캬 학파의 인과론 모순을 시정할 필요가 있었다.

자재흑(自在墨, Īśvara Kṛṣṇa, 4세기 무렵)은 그의 저서 『상캬 까리까』(SK.9)를 통해 특정한 결과는 그것이 생기되기 전에 이미 특정한 원인 안에 존재하고 있음을 다섯 가지로 나누어 논증한다.

① [원인 속에] 존재하지 않은 것은 만들어지지 않기 때문에(asad-akarāt),

② [결과는 목적에 어울리는] 질료인을 그 안에 포함하고 있기 때문에(upādāna-grahṇāt),

③ 모든 것/결과가 [동시에] 발생하는 것은 아니기 때문에(sarva-saṃbhavā-bhāvāt),

④ 능력이 있는 자가 만들 수 있기 때문에(śaktasya śakya-karaṇ-āt),

⑤ 원인은 [결과와 같은] 상태/성질이기 때문에(kāraṇa-bhāvāt), 원

생이 있다. 그리고 보편적 형상을 하고 비활동적인 무한한 자아가 있다. 우리가 이 셋을 알게 될 때 그때 그것이 브라흐만이다).

077 S. Radhakrishnan(1968), p.707.

인 속에 이미 결과가 존재한다고 한다.(SK.9)[078]

가우빠다의 주장에서 중요한 대목은 모든 결과에 공통된 하나의 근본원질을 인정한다는 것이다.(SK.3) 우리 눈앞에 펼쳐진 세계는 이미 근본원질에서 전변된 결과에 지나지 않는 까닭에, 이를 통해서만 질료인은 인식할 수 있다. 『상캬 까리까』(SK.8)에서는 그 이유를 다음과 같이 제시하고 있다.

> "그것이 존재하지 않기 때문이 아니라 미세하여 육안으로 인식할 수 없기 때문에 그 결과를 통해서 인식한다."[079]

그러므로 『상캬 까리까』에서 현실적으로 존재하는 결과는 그것의 증거로서 질료인을 필요로 한다. 원인이란 결과가 아직 나타나

078 T. G. Mainkar(1972), pp.61~3. 『상캬 까리까』의 『가우다빠다 주석』*Gauḍapadīya-bhāṣya*은 이들 각각 실례를 들어 설명하고 있다. 곧, ① 모래로부터 호마기름이 나오지 않듯이, 이미 존재하고 있는 것이 생성되는 것이므로 이미 전개된 것은 그것이 생기되기 이전에 질료인 안에 존재한다. ② 이 세상 사람들은 그들이 바라는 것의 질료인을 선택한다. 마치 버터를 바라는 사람은 물이 아니라 우유를 택하듯이. ③ 황금이 은을 비롯한 풀, 먼지, 모래로부터 나올 수 없듯이. ④ 이 세상에서 능력이 있는 것, 곧 옹기장이, 또는 점토, 곤봉, 바퀴, 한 조각의 헝겊, 물 등의 결과를 생기할 수 있는 능력이 있는 어떤 수단이 점토 덩어리로부터 만들 수 있는 것, 곧 물을 담은 단지를 만들듯이. ⑤ 보리는 보리로부터, 벼는 벼로부터 나오는 것과 같이 등이다. 中村了昭(1973), pp.133~34; cf. 문을식(2013), p.377.

079 SK.8; Saukṣyamāt tad anupalabdhir na' bhāvāt kātyatas tad-upalabdhiḥ mahad-ādi tac ca kāryaṃ prakṛti-virūpaṃ sarūpaṃca(미세하기 때문에 그것은 인지되지 않는 것이지, 존재하지 않기 때문이 아니다. 사실상 그것은 인지된다. 그리고 mahat 등이 그 결과이며, 원질과는 다른 성질과 같은 성질이 있다).

지 않은 상태이고, 결과는 원인이 이미 나타난 상태로서 원인과 결과는 모두 진실이고 완전히 같다고 주장한다. 만약 그렇지 않으면 모래로부터 호마 기름을 얻게 되는 결과를 가져올지도 모른다고 말한다. 그러나 가우다빠다는 원인과 결과의 동일성은 결코 인정할 수 없다는 점을 지적하며 다음과 같이 반론을 제기한다.

> "실로 원인이 결과라고 말하는 자[전변론자]에게는 원인이 생기하여 (결과가) 된다면 (결과로서) 생기한 것이 어떻게 불생인가?"(GK. 4.11)

> "만약 (결과가 불생인) 원인과 다르지 않기 때문에 결과는 불생(이라고 당신들이 주장한다면) 당신들에게 있어 참으로 결과는 생기한 것인데 어떻게 원인이 늘 존재하는 것일 수 있겠는가?"(GK. 4.12)[080]

그런데 여기서는 용수의 경우와 마찬가지로[081], 가우다빠다는 '전변'이라는 술어 대신 '생기'라는 개념을 사용하여 전변론자들의 전변설을 원천적으로 모두 부정하고, 원인과 결과의 동일성을 부정하는데 역점을 둔 것으로 이해된다.

이러한 맥락에서 원인이 달라져 결과를 생기하는 경우, 곧 원인이 결과라면 원인과 결과는 다르지 않은 것[同一性, 不異, ananyatva]이 된다. 따라서 원인이 불생이고 상주(nitya)라면, 결과도 또한 '불

---

080 SK. 11~2; Kāraṇaṃ yasya vai kāryaṃ kāraṇaṃ tasya jāyate, jāyamānaṃ kathām ajaṃ bhinnaṃ kathaṃ ca tat. Kāraṇād yad ananyatvam ataḥ kāryam ajaṃ yadi, jāyamānād dhi vai kāryāt kāraṇaṃ dhruvam.

081 MK. 20.20ab; 20.21ab.

생'이고 '상주'이어야 한다. 그런데 우리의 현실적 경험세계는 이러한 사실과 서로 어긋난다. 세계 원인의 결과로서 이 현실세계는 지금 생성되고 있고, 또 여러 차별적 모습으로 분별되어 있기 때문에 상주일 수 없다. 이러한 우리들의 현실적 경험적인 인식을 인정한다면 결과로서 모든 존재는 지금 생성되고 있고, 덧없는 것[無常, anity]이다. 그러므로 원인과 결과가 서로 다르다는 입장에 서지 않을 수 없다.

원인과 결과가 서로 다르다면, 원인으로서 브라흐만도 현실세계처럼, 지금 생성되고 있고, 또 덧없는 것이 되어야 할 것이다. 그러나 불생의 원리로부터 어떠한 결과를 생기한다는 것에는 지지할 만한 적절한 실례가 없다. 뿐만 아니라 이미 생기한 것에서 다시 생기한다면, 그 원인에는 다시 더 근원적인 원인이 존재해야 하는 끝없이 반복을 거듭하는 모순이 다음과 같이 지적된다.

> "참으로 (결과가) 불생인 것으로부터 생기한다고 주장하는 논자(전변론자)에게는 실례가 존재하지 않는다. 또 이미 생기한 존재로부터 (다시) 생기가 있다고 한다면 무한한 반복을 거듭하게 될 것이다."(GK.4.13)[082]

또한 불생불멸의 존재가 생멸의 존재로 변한다는 것은 본성에서 받아들일 수 없음을 다음과 같이 지적한다.

---

082 Ajād vai jāyate yasya dṛṣṭāntas nāsti vai, jātāc ca jāyamānasya na vyavasthā prasajyate.

"어떤 논자(이원론자)는 참으로 불생인 것의 생기를 인정한다. 참으로 불생의 존재는 불사의 존재이다. 어떻게 (불사의 존재가) 죽어야할 존재가 될 수 있는가?"(GK.4.6)

"불사하는 것은 죽어야 하는 것이 아니다. 또한 죽어야 하는 것은 불사하는 것도 아니다. 본성의 변화는 결코 일어날 수 없기 때문이다."(GK.4.7)

"어떤 (이원론자)가 '본성에서 불사인 것이 죽어야할 존재[可死性]가 된다.'고 주장하면, 그 (이원론자)에게 그 불사인 것은 이미 변화를 받은 것(인위적으로 만들어진 것)인데, 어떻게 부동한 것이라고 확정할 수 있겠는가?"(GK.4.8)[083]

가우다빠다는 『만두꺄 까리까』(GK.4.9)에서 본성(prakṛti)의 변화는 결코 일어날 수 없음을 확정하고자 다음과 같이 다섯 가지로 제시한다.

① 본성은 수행의 완성에 의해 얻어지는 경우(sāṃsiddhikīprakṛti)[084]: 수행이 완성된 요가수행자가 신체를 미세하게 하는

---

083 Ajātasyaiva dharmasya jātim acchanti vādinaḥ, ajāto hy dharmo martyatāṃkatham eṣyati(6) Na bhavaty amṛtaṃmartyaṃna martyam amṛtaṁthatā, prakṛter anyathābhāvo na kathañcid bhaviṣyati(7) Svabhāvenāmṛto yasya dharmo gacchati martyatām, kṛtakenāmṛtas tasya kathaṃsthāsyati niścalaḥ(8)

084 cf. SK.43.

힘(aṇi-mā; 원자만큼 작게 하는 능력) 등의 여덟 가지 자재력을 얻는 것이다.

② 본성은 자체의 고유한 경우(svābhāvīprakṛti): 예컨대 시공간에서 아무런 변화를 받지 않는 불에서 열이나 빛과 같은 것이다.

③ 본성은 본래적인 경우(sahajāprakṛti): 태어남과 동시에 얻어지는 것으로서 새가 하늘을 나는 성질과 같은 것이다.

④ 본성은 다른 원인에 의해 생성되지 않는 경우(akṛtāprakṛti)[085]: 그 자체를 제외한 다른 어떤 원인에 의해 생성되지 않는 것으로서 물이 높은 곳에서 낮은 곳으로 흐르는 성질과 같다.

⑤ 본성은 다른 어떠한 것에서도 그것의 본질을 잃지 않는 경우(na jahāti svabhāva prakṛti): 일반적으로 쁘라끄리띠로 인정되는 그것은 그 자체를 잃지 않는다는 것으로 병의 속성[甁性, ghaṭatva], 또는 천(布)의 속성[布性, paṭatva]을 말한다.[086]

여기에서 가장 문제가 되는 것은 ④와 ⑤이다. 인위적으로 만들어진 것(kṛtrima)이라면, 당연히 그것을 만드는 다른 존재를 필요로 할 것이다. 또한 다른 존재를 필요로 하는 것(apekṣa)이라면, 변화를 겪어야 하므로 그 본성은 잃게 될 것이다.[087] 예컨대 밧줄(=새

085 cf. MK.15.2; 어떻게 자성(본성)은 만들어진 것일 수 있겠는가? 왜냐하면 본성은 인위적으로 만들어진 것이 아니고 또 다른 것에 의존하는 것이 아니기 때문이다.

086 Swāmī Nikilānanda(1955), pp.221~22.

087 월칭(Candrakīrti)에 따르면, "모든 사물에는 존재성(dharmatā)이 있다. 그것이 자성(自性, svabhāva)이고, 이 자성이 본성(prakṛti)이며, 공성(śūnyatā)이고, 무

끼줄)이 뱀으로 잘못된 단정[增益, adhyāropa]은 분별적 사고에 의해 그러할 뿐, 밧줄의 본성이 변하여 뱀의 본성으로 바뀌는 것이 아니다. 뱀에 의해 새끼줄이 있다거나 새끼줄에 의해 뱀이 있는 것은 더더욱 아니다. 그러므로 불생인 원인에서 결과가 나온다거나, 원인과 결과가 같다는 것이 성립하는 것은 합리적이지 않다.

(2) 인중무과론 부정

다른 한편, 원인이 결과와 다르다든가, 비존재에서 존재가 생기한다는 것이 타당한 것인지도 문제로 남는다. 이것은 '원인 안에 결과가 존재하는 것이 아니다'라는 니야야-바이쉐시까 학파의 인중무과론적인 인과론의 입장이 성립할 수 있는지를 문제로 삼은 것이다. 이 인과론의 특징은 어떤 특정한 결과가 반드시 그 결과를 생기할 때 원인 안에 이미 존재해 있다고 보는 것이 아니고, 오히려 여러 요소가 모일 때 조건이나 상태에 따라 그 결과를 달리한다는 점에 있다.

이에 대해 『바이쉐시까 수뜨라』*Vaiśeṣika-sūtra*(1.2.1~2)에서는 "원인이 없으면 결과가 없다. 그러나 결과가 없다고 하여 원인이 없는 것은 아니다."라고 설명한다. 결과는 반드시 원인의 제한/한정(upādhi)을 받지만, 반대로 원인은 반드시 결과의 제한을 받을 필요가 없다는 것이다. 또한 안남 밧따Annam-Bhaṭṭa의 『논리요집』(*Tarka-Saṁgraha*, TS 약칭)에서는 니야야-바이쉐시까 학파의 원인

자성(無自性, niḥsvābhāva)이며, 진여(tathatā)이고, 진여의 상태(tathatā-bhāva)이므로 다른 존재를 필요로 하지 않을 뿐만 아니라 변화를 겪지 않아 본성을 잃지 않는다."고 말한다. 本多惠(1988), *Prasannapadā*, pp.264~65.

(kāraṇa)을 다음과 같이 정의한다. "원인이란 직접, 그리고 반드시 결과에 앞선다."[088] 그는 원인과 결과가 필연적으로 앞뒤 관계가 있음을 강조한 것이다. 그렇지만 그때 간접적인 원인은 모두 배제시키고 있다. 왜냐하면 결과는 하나의 직접적인 원인으로부터 생기한다고 보기 때문이다. 그렇다면 이러한 원인에서 생기되는 결과는 원인과 어떠한 관계인지가 문제로 지적될 수 있다.

『논리요집』에서는 "결과는 이전에 없었던 상관물이다."[089]라고 정의되고 있다. 결과는 전혀 새로운 것이며, 발생하기 전에는 존재하지 않았던 것으로 본다. 이것을 우주론적으로 '적취설'이라 한다. 이것은 결과와 원인이 전혀 다른 새로운 창조라고 주장한다. 바이쉐시까 학파는 하나의 결과가 일어나는 조건으로 세 가지 원인, 내속인(內屬因, samavāyi-kāraṇa), 비내속인(非內屬因, asamavāyi-kāraṇa), 동력인(動力因, nimitta-kāraṇa)을 들고 있다.[090] 이 가운데서 인과율

---

088 TS.36; Ananyathā-siddha-kārya-niyata-pūrvṛtti kāraṇa. cf. *Tarkabhāṣyā*(Tbh), p.28, 8~9; 원인이란 필연적이면서 무조건적으로 결과보다 앞서서 존재하는 것이다. 그렇다고 결과보다 앞에 존재하는 것이 모두 원인이라는 뜻은 아니다(yasya kāryāt pūrvabhāvo niyato' nanyasiddhaś ca tat kāraṇa …).

089 TS.36; Kāryaṃ prāgabhāva-pratiyogi. B. K. Motilal에 따르면, 어떤 결과는 어느 순간에만 일어나는 것이지 항상 일어난다는 뜻이 아니라고 하는 사실을, Udayana는 "'일시성'(一時性, kādācitkatva)이라고 부른다. 이 일시성은 결과가 결과 이외의 것에 의존하는 것이라는 의미로 해석된다. 그리하여 인과관계는 이런 필연적 의존관계에 불과하다고 말한다."고 한다. B. K. Motial(1975), p.44.

090 (1) 내속인이란 "결과가 그것에 내속해서 생긴 것이다"(yatsmavataṃ kāryam utpadyate tat samavāyikāraṇam; TS.40. Tbh. p.28, 16~17). 마치 실이 모여 천을 이루어 결과를 만들어 내는 것과 같이, 그 실은 천의 내속인이라 한다. 내속은 속성의 하나인 결합(yoga)과는 성질을 달리한다. 내속은 뛰어난 영원한 관계를 가리킨다. 그러나 원인과 결과의 관계는 양자가 존속할 때만 계속된다.

의 실질적인 지주는 내속인이다. 바이쉐시까 학파는 여러 원인을 세워, 어떤 결과가 있는 곳에는 반드시 이러한 여러 원인이 있음을 전제한다. 따라서 어떤 하나의 질료인 속에 이미 결과가 내재되어 있는 것이 아니라고 하면서 '인중유과론'의 불합리를 지적한다. 그 까닭은 같은 질료인이라도 여러 원인에 따라 다른 결과를 가져올 수 있다는 점을 든다.

이러한 논란에도 '인중무과론자'의 진짜 어려움은, 만약 원인과 결과가 완전히 다르다면, 같은 원인에서 같은 결과를 낳을 수 없다는 것이다. '인중무과론자'는 이러한 어려움을 극복하고자 내속인을 제시하고 있다. 내속인은 "영원한 뛰어난 관계이지만 원인과 결과의 관계는 양자가 존속할 때만 계속된다."는 것에서 알 수 있듯이, 내속의 인과가 유지될 때만 쓸모가 있다는 것이다. 그러므로 존재하는 원인과 존재하지 않는 결과 사이에는 내속과 같은 영원한 관계를 가질 수 없다.

이 내속인을 화합인和合因이라고도 한다.

(2) 비내속인이란 "결과, 또는 원인과 함께 같은 것에 내속하며, 또한 원인인 그것이 비내속인이다."(kārena kāraṇena vā sahaikasmin arthe samavetatve sati yat kāraṇaṃ tad asmavāyikāraṇa; TS.40. Tbh. p.31, 6~7). 이것은 모든 존재가 변화하고 운동하는 현상이다. 가령 물체가 무게 때문에 떨어지는 운동을 일으키는 것과 같다.

(3) 동력인이란 "내속인도 없고, 비내속인이 없으면서 원인인 것은 동력인이다."(tad ubhayabhinnaṃ kāraṇa nimittakāraṇa; TS.40. Tbh. p.67, 6~7). 이것은 위의 두 원인 이외에 간접적인 원인을 말하는 것이니, 가령 어떤 사람이 화가 나서 손을 올렸다고 가정하면, 이 손을 드는 운동의 내속인은 손이요, 비내속인은 아뜨만과 노력의 결합이요, 그때 그 사람에게 손을 들도록 결심하게 한 상대나 노한 감정은 동력인이다. 마에다 센가쿠(前田專學, 1978), pp.479~85 참조.

『만두꺄 까리까』에서는 진실한 관계란 존재 사이에서 있는 것이지, 존재와 비존재, 또는 비존재와 비존재들 사이에서는 성립할 수 없다(GK.4.40ab)는 것을 지적하고 있다. 뿐만 아니라 가우다빠다에 따르면, 참된 실재는 단지 마야에 의해 창조될 뿐, 진실로 창조/생기하는 것이 아니다. 존재하지 않는 것의 생기/창조는 더욱이 있을 수 없다. “마야에 의해서든, 진실로든 간에 존재하지 않은 것의 생기는 있을 수 없다. 마치 불임여성[석녀]의 자식이 진실로든, 마야에 의해서든, 태어나는 것이 없듯이”(GK.3.28)와 같은 불임여성의 자식의 비유는 이것의 불합리함을 지적하는 좋은 본보기로 제시되고 있다.

3) 원인과 결과의 상호의존관계 부정

인도철학 일반에서는 원인과 결과는 상호의존관계에 있다고 말한다. 가령 원인으로서 선한 행위(dharma/kuśala-karma), 또는 악한 행위(adharma/akuśala-karma)에 의해 결과로써 신체 등을 얻고, 다시 신체 등이 원인이 되어 결과로써 선한 행위와 악한 행위를 하게 된다. 이렇게 원인과 결과의 연결이 확립되어 있지 않으면 인과관계는 기능을 상실될 것이다. 왜냐하면 원인과 결과라고 말할 때 원인은 결과를 낳지 않으면 원인이 아니고, 또 결과는 원인에 의해 비로소 결과일 수 있기 때문이다.

이것은 앞의 ‘인중유과론’과 ‘인중무과론’에서 논의해온 세계 원인과 현상세계 사이의 인과관계의 문제뿐만 아니라 현상세계 안에서 일어나는 인과관계를 문제로 삼는 것이다. 이것은 ‘논증되어야 할 명제'에 자기모순이 있어 발생되는 인과관계의 논리적 모순에 대한 논의이다. 원인과 결과라고 할 때, 고려할 수 있는 순서에는 네 가지[091]가 있다.

첫째, 원인이 먼저 있고 결과가 나중에 일어나는 경우(pūrva-krama).
둘째, 결과가 먼저 있고 원인이 나중에 따라 일어나는 경우(apara-krama).
셋째, 원인과 결과가 동시에 일어나는 경우(saha-krama).
넷째, 원인과 결과는 서로 발생시킨다는 경우(paraspara-krama).

인도 논리학에서 일반적으로 원인과 결과가 계속해서 일어나는 순서는 단지 앞의 세 가지 경우만을 인정하고 있다.[092] 그러나 가우다빠다는 이러한 인과관계는 모두 필연적인 모순을 가져온 것임을 입증하는 데 온 힘을 쏟는다.

첫째, ① 원인이 '불생'이라면 그것은 본성에서 변화는 있을 수 없기 때문에 결과를 낳을 수 없다. ② 설사 생기할 수 있다고 하더라도 이미 생기된 것[원인]에서 다시 생기한다는 것[결과]은 있을 수 없음이 지적된다.

① "어떤 논자(이원론자)는 참으로 '불생'인 것의 '생기'를 인정한다. 참으

---

091 그러나 Mahadevan은 세 가지, pūrva-krama, apara-krama, saha-krama를 인정한다. T.M.P. Mahadevan(1975), p.143.

092 Douglas A. Fox(1993), pp.99~100.

로 '불생'인 존재는 '불사'의 존재이다. 어떻게 [불사인 것이] 죽는 존재가 될 수 있는가?"[093]

② "이미 생기한 존재로부터 [다시] 생기가 있다고 한다면 무한한 반복을 거듭하게 될 것이다."(GK.4.13cd)[094]

둘째, 만약 원인이 결과 이전에 존재하지 않는다면, 아직 성립되지 않은 원인으로부터 결과는 어떻게 생성될 수 있고, 또한 아직 성립되지 않은 결과로부터 어떻게 원인이 존재할 수 있겠는가? 이것은 일반적인 인과관계에서 도저히 생각할 수 없음이 지적된다.

"당신의 주장대로라면 원인은 결과로부터 생기되기 때문에 원인은 성립하지 않는다. 성립되지 않은 원인이 어떻게 결과를 생기시킬 수 있는가?"(GK.4.17)[095]

셋째, 원인과 결과가 동시에 생기한 것이라면, 원인과 결과는 마

---

093 GK.3.20; Ajātasyaiva bhāvasya jātim icchanti vādinaḥ, ajāto hy amṛto bhāvo martyatāṃ katham eṣyati. GK.4.6; Ajātasyaiva dharmasya jātim ic-chanti vādinaḥ, ajāto hy amṛto dharmo martyatāṃ katham eṣyati. 이 두 게송은 실질적으로 같은 내용이다. 그러나 제3장에서는 존재를 bhāva라고 하고, 제4장에서는 dharma라고 하는 것만 틀릴 뿐이다. 이러한 현상은 또한 GK.3.21과 4, 8에서도 마찬가지이다. 샹까라에 따르면, "이 게송을 설한 것은 브라흐만을 잘 알고 있다고 교만스레 뽐내는 우빠니샤드의 해설자인 브라흐만론자들(Brahmavādins)이 본성에서 '불생'이고 '불사'인 아뜨만은 진실로 생기한다고 인정함을 비판하기 위한 것"이라고 한다. Swāmī Nikilānanda(1955), p.168.

094 Jātāc ca jāyamānasya na vyavasthā prasajyate. cf. MK.7.6; 20.9cd.

095 Phalād utpadyamānaḥ sau na te hetuḥ prasidhyati, aprasiddhaḥ kathaṃ hetuḥ phalam utpādyiṣyati. cf. MK.11.10~11.

치 소의 두 뿔처럼, 인과관계가 사라져 원인과 결과의 특질을 잃게 됨을 지적한다.

"원인과 결과의 생기를 주장하려면 그들이 일어나는 순서[096]를 정해야 한다. 왜냐하면 만약 그들이 동시에 생기한다면[097], 소의 두 뿔과 같이 인과관계가 없는 것이 된다."(GK.4.16)[098]

넷째, 원인이 결과를 발생시키고, 또 결과가 원인을 발생시킨다면, 원인이면서 동시에 결과이고, 결과이면서 원인이 되는 오류일 뿐만 아니라 무한한 반복의 오류가 지적된다.

"만약 결과가 원인보다 앞서고 또한 원인이 결과보다 앞선다고 주장하는 자가 있다면, 그들은 시작도 없는 원인과 결과를 어떻게 설명할 수 있는가?"(GK.4.14)[099]

이상과 같은 비판을 인정하면서도 인과관계를 고찰할 경우, 그 인과관계는 다음과 같은 네 가지 경우에서 다시 비판된다. 곧 (1) 인과의 앞뒤가 결정되지 않을 경우, (2) 아직 성립되지 않는 것

---

096 잇따라 일어나는 순서라면 원인이 먼저 존재하고 결과가 나중에 일어나는 것인데, MK.11.6에서도 이것을 희론(prapañca)이라고 하여 이것이 성립하지 않음을 논증하고 있다.

097 MK.11.5; 20.7; 20.13~14.

098 Saṃbhave hetuphalayor eṣṭitavyaḥ kramas tvayā, yugapat saṃbhave yasmād asaṃbabdho viṣāṇavat. cf. Prasannapadā, p.395.

099 Hetor ādiḥ phalaṃ yeṣām ādir hetuḥ phalasya ca, hetoḥ phalasya cānādiḥ kathaṃ tair upavarṇyate.

과 이미 성립된 것에 의존하는 경우, (3) 아직 증명되지 않은 전제에 바탕을 해서 그것을 입증하는 경우, (4) 시작도 없는 존재(anādi-bhāva)로부터 생기한다는 경우 등이다.

(1) 원인과 결과의 앞뒤가 결정되지 않을 경우 비판

만약 원인이 결과를 생기시키고, 또한 결과가 원인을 생기시킨다면, 원인과 결과와의 앞뒤관계가 결정되지 않았기 때문에, 가령 자식이 아버지를 낳게 되는 모순이 지적된다.

> "결과가 원인보다 앞서고(ādi), 또한 원인은 결과보다 먼저라고 주장하는 자에게는 어떤 사물의 생기는 자식으로부터 아버지가 태어나는 것과 같은 것이 될 것이다."(GK.4.15)[100]

(2) 이미 성립된 것과 아직 성립되지 않은 것에 의존하는 경우 비판

만약 원인이 결과를 생기시키고, 또 결과가 원인을 생기시킨다면, 원인과 결과는 상호의존관계가 성립하므로 둘 가운데 하나는 원인, 또는 결과로 확정시키는 것은 곤란함이 지적된다. 그러므로 원인에 바탕을 두고 결과가 성립한다거나, 그와 반대로 결과에 바

---

100 Hetor ādiḥ phalaṃ yeṣām ādir hetuḥ phalsya ca, tathā janma bhavet teṣāṃ janma pitur yathā. cf. Vigrahavyāvartanī.5.50; Pitrā yady utpādyaḥ putro yadi tena caiva, utpādyaḥ sa yadi pitā vada tatrot pādayati kaḥ kam(만약 아버지에 의해 아들이 태어나고, 또 만약 아들에 의해 아버지가 태어난다고 하면, 무엇이 무엇을 생기하는 것인가?) 『회쟁론』 제28게, 대정장32, p.20bc. cf. GK.5.51.

탕을 두고 성립한다는 말할 수 없다는 것이다.

> "성립되지 않은 원인이 어떻게 결과를 생기시킬 수 있는가?"(GK.4.17cd)

> "만약 원인은 결과로부터 성립하고, 또한 결과는 원인으로부터 성립한다면 어떤 것이 먼저 성립하고 무엇이 그것에 의존한 것인가?"(GK.4.18)[101]

(3) 아직 증명되지 않은 전제에 바탕을 두고 그것을 증명하려는 경우 비판

마치 씨앗으로부터 싹이 생겨나고, 또한 싹(싹이 자라서 열매를 맺는 나무 포함)으로부터 씨앗이 생기되는 실례처럼, 원인과 결과의 상호의존관계를 인정할 수 있다고 하는 것에서도 그 타당성이 인정되지 않는다. 그것은 아직 증명되지 않은 전제에 바탕을 두고 입증하는 논점선취(論点先取, 所立相似, sādhyasama)의 오류에 빠지게 된다. 따라서 씨앗과 싹 사이의 관계가 온당하려면 원인과 결과의 순서가 결정되어야 하므로, 이것은 적절치 못한 비유라는 것이다.

---

101 Yadi hetoḥ phalāt siddhiḥ phalasiddhiś ca hetutaḥ, katarat pūrvaniṣpannaṃ yasya siddhir apekṣayā. cf. MK.10.8: 만약 연료에 의존해서 불이 있고 또 불에 의존해서 연료가 있다면 그것에 의존해 불이 있다거나 연료가 있다고 하는 경우의 앞서 성립한 그것은 무엇인가?(yadīndhanam apekṣyāgnir apekṣyāgnim yadīnd hanam, katarat pūrvaniṣpannam yadapekṣyāgnir indhanam).

"우리에게 있어 씨앗과 싹의 비유는 항상 아직 증명되지 않은 어떤 사물과 같다. 참으로 아직 증명되지 않은 원인(sādhyasama-hetu)[102]은 해당 사물을 성립시키는 데는 적절치 못하다."(GK.4.20)[103]

이것은 씨앗으로부터 싹이 트고, 또한 싹으로부터 씨앗이 생겨나듯, 인과관계가 부단히 연속한다는 인과의 순환적인 오류를 지적하여 논파한 것이다.

(4) 시작도 없는 존재(anādi-bhāva)로부터 생기한다는 경우 비판

만약 원인(生起)이 없는[無始, anādi=anutpanna] 결과로부터 원인이 생기하고, 또한 생기가 없는 원인으로부터 동력인이 없이 저절로 결과가 발생한다면, 상호의존관계는 성립할지 모르지만, 인과관계 자체는 성립되지 않는다. 결과가 원인 없이 생기한다면 그 결과는 아직 생기되지 않은 것이다. 또한 진실로는 생기가 있을 수 없는 것처럼, 원인도 그와 마찬가지임이 지적될 수 있다.

"시작/원인이 없는[無原因] 결과로부터 원인은 생기하지 않는다. 또 (시작이 없는 원인으로부터) 자연히 결과를 생기하는 일도 없다. 왜냐하면 그 시작(원인)이 존재하지 않은 것에서는 참으로 시작[生起]은 있을 수 없기 때문이다.(GK.4.23)[104]

---

102 本多惠(1988), *Prasannapadā*, p.222, l.8. cf. MK.10.1~2.

103 Bījaṅkurākhyo dṛṣṭāntaḥ sadā sādhyasamo hi naḥ, na ca sādhyasamo hetuḥ siddhau sādhyasya yujyate.

104 Hetur na jāyate' nādeḥ phalaṃ vāpi svabhāvataḥ, ādir na vidyate yasya tasya hy ādir na vidyate.

가우다빠다는 원인과 결과의 앞뒤 관계에 관한 지식이 없다는 것은, 모든 존재에는 인과관계가 성립하지 않음을 천명(paridīpaka)한 것으로 이해한다. 왜냐하면 만약 사물에 진실로 인과관계가 있다면, 이미 생기된 결과에 의해 원인은 파악될 수 있고, 원인과 결과라는 말은 항상 생기와 관련지어 설명되고 이해될 수 있기 때문이다. 따라서 '불생'을 자기 본성(svabhāva)으로 하는 원인이 인과관계로부터 자유롭게 될 때는, 결과도 또한 인과관계로부터 자유롭게 된다. 왜냐하면 생기를 인정하지 않으면 변화를 인정하지 않는 것이고, 변화를 인정하지 않는다는 것은 원인과 결과라는 두 실체를 인정하지 않는 것이기 때문이다. 또한 원인과 결과의 관계가 성립하지 않음으로써 항상 불변하여 '불생'이 되고, '불생'이기에 인과관계는 성립될 수 없게 되기 때문이다.

이상과 같이 가우다빠다는 생기가 성립할 수 없는 이유를 논증함으로써 생기가 있을 수 있다고 예상되는 모든 경우를 부정하는데 전력한다. 이상의 비판 내용을 샹까라의 주석을 통해 정리하면 다음과 같다.[105]

① 자체로부터 생기하지 않는 경우: 마치 병은 병으로부터 만들어지지 않듯이, 아직 성립되지 않은 자체로부터 생기하는 일이 없기 때문에 부정되는 것이다.
② 다른 것으로부터 생기하지 않는 경우: 마치 병으로부터 천이 나오지 않고, 또는 하나의 천에서 다른 천이 나오지 않는 것

105 Swāmī Nikilānanda(trans. 1955), pp.230~33.

과 같은 이치이다.

③ 존재로부터 생기하지 않는 경우: GK.4.13에서 보았듯이, 존재는 이미 존재하고 있는 것에 다시 존재가 생기할 수 없기 때문이다.

④ 비존재에서 생기하지 않는 경우: 마치 토기 뿔이나 석녀의 아들, 그리고 공중의 꽃처럼, 존재하지 않는 것에서는 존재가 생기할 수 없기 때문이다.

⑤ 존재이면서 비존재로부터 생기하지 않는 경우: 동시에 있는 것이면서, 있기도 하고 없기도 한다는 자기모순에 빠지기 때문이다.

또한 이와 같은 자생自生, 타생他生, 자타생自他生, 무인생無因生이라는 네 가지 생기설[四生說]에 대한 논파형식은 "비존재는 비존재를 원인으로 하지 않고, 또한 존재는 비존재를 원인으로 하지 않으며, 존재는 존재를 원인으로 하지 않으므로, 비존재는 존재를 원인으로 할 수 없다"(GK.4.40)는 네 가지 생기의 원인 부정과 관련되어 절대의 관념에도 변화를 가져온다. 가우다빠다는 이러한 입장에서 모든 존재를 파악하여 기존의 절대자에 대한 관념도 이에 준하여 정의를 내리고 있다. 곧 그 이전의 초기 베단따에서는 절대자를 오로지 존재(Sat, Ātman, Brahman)로만 상정하던 것을, 그는 4구부정四句否定을 통해 정의하고 있다.

"그것(아뜨만)은 존재', '비존재', '존재이면서 비존재', '존재가 아니면서 비존재도 아닌 것'이라고 하거나, '그것은 움직인다.', '그것은 움직이지 않는다.', '그것은 움직이면서 움직이지 않는다.', '그것은 움직이지도 않고 움직이지 않는 것도 아니다.'라고 집착함으로써 어리석은 자는 아뜨만을 은폐시킨다."(GK.4.83)[106]

이러한 4구부정은 모순율의 초월을 의미하며, 사유의 자기지양自己止揚을 비롯한 사유 자체의 부정으로 이어진다. 그렇지만 이러한 부정은 단순한 부정이 아니고, 궁극적으로는 사유에 대한 절대긍정으로 전환된다. 따라서 우리가 일상에서 경험하는 현상세계의 생기와 소멸은 마야에 의한 생멸과 같은 것이지, 진실한 모습이 아니다. 그러나 궁극적 의미에서는 어떤 식으로든 생기는 있을 수 없으므로 '불생'이다.

---

106 Asti nāsti asti nāstīti nāsti nāstīti vā punaḥ, calasthirobhayābhāvair āvṛṇoty eva bāliśaḥ.

3. 두 차원의 진리

불이일원론 베단따(Advaita-Vedānta) 학파에서 두 차원의 진리[二諦說, dvi-āryasatya-vāda]는 중요한 역할을 한다. 가우다빠다는 마야māyā, 또는 세속(saṃvṛti/saṃvṛtti)를 통해 사물이 생기한다고 말하면서 '불생'은 궁극적 진리라고 주장한다. 생기가 마야māyā[107]를 통해서 존재하는 것에서는 사실이다.

> "어떠한 개아도 생기하지 않으며, 그럴 가능성은 전혀 없다. 이것은 최고의 진리로서, 거기에서는 어떠한 것도 생기하지 않는다."(GK.3.48)[108]

이 게송이 함축하는 것은 '궁극적 진리'가 있다는 것이다. 이 진리는 어떠한 사물이 생기한다는 일상적 견해를 극복하여 '불생'이 다시 인식을 통해 파악할 수 있다는 것이다. 가우다빠다는 일상적 견해가 새끼줄을 뱀으로 보는 것과 같은 실수라고 지적한다.

---

107 라다끄리쉬난Radhakrishnan은 "가우다빠다의 입장에서는 현상세계가 꿈처럼 가현적인 특성으로서 마야māyā의 의미는 실용적인 진리(vyāvahārika-satya)보다 용수의 세속적인 진리(saṃvṛti-satya, unturth)에 더 가깝다."고 보고 있다. S. Radhakrishnan(1977), p.462.

108 Na kaścij jāyate jīvaḥ saṃbhavo 'sya na vidyate, etad tad uttamaṃ satyaṃ yatra kiñcin na jāyate.

"마치 석양에 그 본성이 분명하지 않은 새끼줄은 뱀, 물줄기 등으로 분별되듯이, 그렇게 아뜨만도 [진짜 모습과 다른 것으로] 분별된다."(GK. 2.17)[109]

"새끼줄이 확실히 인식되면 [뱀 등이라는] 분별이 소멸되어 그것은 단지 새끼줄일 뿐이라는 불이의 이해가 생기듯이, 그렇게 아뜨만에 관한 결정도 마찬가지이다."(GK. 2.18)[110]

그러므로 생기는 '뱀'으로 분별된 '새끼줄'과 같다. 왜냐하면 불이 일원적인 이해가 있을 때, 거기에는 '뱀' 등과 같이 분별된 것은 존재하지 않고, '새끼줄'만 존재함을 알게 되기 때문이다. 아뜨만이 생기한다는 것은 거짓 분별이지만, 진실한 모습에서는 '불생'이다. 가우다빠다는 이 아뜨만의 참된 본성을 다음과 같이 기술한다.

"(궁극적 입장에서 아뜨만은) 사라짐도, 생기도, 속박을 받은 자도, 수행을 하는 자도, 해탈을 바라는 자도, 해탈을 한 자도 없다. 이것이 최고의 진리이다."(GK. 2.32)[111]

"이 (아뜨만은) '불이'(advaya)라고 (인식하는 아뜨만에) 의해 실제로 존재

---

109 Anpaścitā yathā rajjur andhakāre vikalptā, sarpadhārādibhir bhāvais tadvad ātmā vikalpitaḥ.

110 Niścitāyāṃ yathā rajjvāṃ vikalpo vinivartate, rajjur eveti cādvaitaṃ tadvad ātmaviniścayaḥ.

111 Na nirodho na cotpattir na baddho na ca sādhakaḥ, na mumukṣur na vai mukta ity eṣā paramārthatā.

하지 않는 사물들로 분별된다. 또한 사물들 자체 또한 '불이'라고 (인식하는 아뜨만에) 의해 (분별된다). 그렇기 때문에 불이성[만]이 가장 상서로운 것(śiva)이다."(GK.2.33)[112]

1) 일상 경험 차원의 진리

여기에서 진리에 대한 두 가지의 견해가 발견된다. 첫째는 일상 경험 차원의 진리(saṃvṛti-satya)이고, 둘째는 환희의 본성을 갖는 최고의 진리(궁극적 실재, 아뜨만, paramārtha-satya)이다. 가우다빠다는 '불이'인 최고의 진리 아래 모든 것을 놓은 뒤, 마야가 이원적으로 가현한다는 사실에 중점을 둔다.[113] 그리하여 궁극적 실재가 많은 사물들로 분별되듯이, 그렇게 다른 사물들도 마야에 의해 존재하는 것으로 간주한다.

"마치 (우리가 그렇게) 지각하고 행동하기 때문에 마야에 의해 생겨난 코끼리가 (실재하는 코끼리로서 존재한다고) 말하듯이, 그렇게 지각하고 행동하기 때문에 어떤 사물이 존재한다고 말한다."(GK.4.44)[114]

그렇지만 마야에 의해 존재하는 것은 지각(知覺, upalambha)과 행동(行動, samācāra)의 대상들과는 따로 존재하는 것이 아니다. 가

---

112 Bhāvair asadbhir evāyam advayena ca kalpitaḥ, bhāva apy advayenaiva tasmad advayatā śivā.

113 cf. L. Thomas O'neil(1980), p.64.

114 Upalambhāt samācārān māyāhastī yathocyate, upalambhāt samācārād asti vastu tathocyate.

우다빠다는 그것이 지각과 행동의 대상들과 같은 본성을 가진다고 말한다. 따라서 진리가 은폐된 상태에서는 모든 것이 마야/허깨비처럼 생성하고 소멸하는 것처럼 보인다. 그러나 진실한 의미에서는 은폐(隱蔽, saṃvṛti)를 깨뜨려 없애버림[破棄, sublate]으로써 드러난 본질은 전혀 생성된 것이 아닐 뿐만 아니라 소멸도 있을 수 없기 때문에 마땅히 '불생'이며 '불멸'이어야 한다고 주장한다.

> "일체는 세속(saṃvṛti)에 의해 생기한다. 그렇기 때문에 상주(śāśvata)는 존재하지 않는다. 일체는 참으로 진실한 모습(sadbhāva)에서는 불생이다. 그렇기 때문에 단멸(uccheda)은 존재하지 않는다."(GK.4.57)[115]

> "생기하는 모든 사물(dharmas)은 세속(saṃvṛti)에서는 생기하지만 진실로(tattvatas)는 생기하지 않는다. 그들의 생기는 마야와 같은 환상이다. 그리고 그 마야는 존재하지 않는다."(GK.4.58)[116]

여기에서 두 가지 진리는 'saṃvṛti'와 'sadbhāva', 또는 'tattva'의 용어를 통해 표현된다. 생기된다고 말하는 모든 사물(dharmas)은 궁극적 진리(tattva)[117]에서 생기하는 것이 아니고, 세속(진실이 은

---

115 Saṃvṛtyā jāyate sarvaṃ śāśvataṃ tena nāsti vai, sadbhāvena hy ajaṃ sarvam ucchedas tena nāsti vai. cf. 승의의 진리가 불상부단不常不斷의 가르침이라는 것은 『중론』에서 자주 보이는 것이다. 귀경게, MK.14.1; 14.3; 15.10~11; 17.7~8; 17.10; 17.20; 17.22; 18.10~11; 21.14~17; 22.12; 25.3; 25.21; 25.23; 27.1; 27.12; 27.16~18; 27.20; 27.29.

116 Dharmā ya iti jāyante jāyante te na tattvataḥ, janma māyopamaṃ teṣāṃ sā ca na vidyate.

117 용수는 MK.18.9에서 tattva를 다음과 같이 기술하고 있다. Tattva는 "다른

폐된 상태)적 진리의 관점에서만 생기한다고 말한다. 가우다빠다에게 '세속적인 진리'는 '궁극적 진리'를 드러내기 위한 방편이고, 출발점으로서 쓸모가 있다.[118] 그렇다면 어떻게 '세속적 진리'로부터 '궁극적 진리'에 이를 수 있는지가 문제로 지적된다. 가우다빠다는 논증(yukti)을 사용하여 '궁극적 진리'에 도달할 수 있다고 한다.(GK.4.82~4) 그렇지만 이런 논증이 결론에 이를 때, 그 논증만으로 최고의 진리, 또는 그 진리에 대한 인식을 드러내는 데는 충분하다고 보지는 않는다. 왜냐하면 가우다빠다는 성전(āgama)과 논증(yukti)적인 근거에 의해 궁극적 진리[不生]를 드러내고자 하였기 때문이다. 그는 성전적인 근거로 GK.1.17~8이 제시된다.

"만약 현상세계(prapañca)가 (실제로) 존재하여 (실재의 불이가 실현된다면) 그것은 확실히 소멸한다. 그러나 이 이원은 단지 마야이다. 궁극적 진리(paramārtha)에서는 그것은 '불이'이다."(GK.1.17)[119]

"거짓 창조[分別, vikalpa]가 누군가에 의해 조작된 것이라면 그것은 소멸한다. 이런 거짓 창조(vikalpa)는 교육적으로 설명(upadeśa)된 것이기 때문이다. (진리를) 깨닫게 되면 이원적인 대립(dvaita)은 존재하지 않는다."(GK.1.18)[120]

조건에 의해서가 아니며, 고요하고, 희론/현상세계에 의해 말장난이 되지 않고, 무분별이며, 다양하지도 않은 특성을 갖는다."(aparapratyayaṃ śā ntaṃ prapañcairprapañcitam, nirvikalpamanānarthametattvasya lakṣaṇam).

118 L. Thomas O'neil(1980), p.65.

119 Prapañco yadi vidyeta nivarteta na saṃśayaḥ, māyāmātram idaṃ dvaitam advaitaṃ paramārthataḥ.

그러므로 가우다빠다는 '세속적 진리'가 궁극적으로 '궁극적 진리'에 근거한 도구로써 사용된 것이라고 보고, 모든 존재를 '궁극적 진리' 아래 위치시켰다. 그는 이런 '궁극적 진리'가 '세속적 의미'에서 발생하는 생기, 의존, 그리고 존재를 파기시키는 것으로 파악한다.

"분별된 세속적 진리[分別性 隱蔽, kalpita-saṃvṛti]에 의해 존재하는 그 어떤 존재도 궁극적 진리[勝義, paramārtha]에서는 존재하지 않는다. (그것의 존재, 또는 생기를 위해) 다른 것에 의존하는 자는 (존재 또는 생기의 원인인) 세속적인 진리[依他性 隱蔽, paratantro abhisaṃvṛti]에 의해서는 존재하는 것도, 궁극적 진리에서는 존재하지 않는다."(GK.4.73)[121]

가우다빠다는 '세속적 진리'에는 '분별된 세속적 진리'(kalpita-saṃ-vṛti, 遍計所執性)와 '다른 것에 의존한 세속적 진리'(paratantra-saṃvṛ-ti, 依他起性)라는 두 종류가 있다고 한다. '분별된 세속적 진리'는 진실한 모습과는 다른 인식을 성립시키는 '그릇된 진리'(mithyā-satya)이고, '다른 것에 의존하는 세속적 진리'는 현상세계의 모든 사물을 성립시키는 원리로서 일상적으로 세속에서 인정하는 원리(tathya-satya)라고 할 수 있다. 이것은 'saṃvṛti'가 '은폐隱蔽'를 그 어원적 의미로 가지고 있는 데서 알 수 있다. 그런데 이 saṃvṛti는 '가리

120 Vikalpo vinivarteta kalpito yadi kenacit, upadeśād ayaṃ vādo jñāte dvaitaṃ na vidyate.

121 Yo 'sti kalpitasaṃvṛtyā paramārthena nāsty asau, paratantrābhisaṃvṛtyā nāsti paramārthataḥ.

는 능력'(āvṛti-śakti)뿐만 아니라 '창조하는 능력'(vikṣepa-śakti)도 가지고 있다.[122] 그러므로 가우다빠다는 중관 학파 월칭(Candrakīrti)의 saṃvṛti의 개념을 응용하여 이렇게 표현했을 가능성이 높다. 또한 이것은 유식학에서 말하는 삼성설(三性說, tri-svabhāva-vāda)[123]에 기반을 두고 설명한 것으로 보인다. 그러나 이것은 궁극적 진리에서는 부정된다. 그러한 근거는 GK.4.74에서 찾을 수 있다.

> "'불생'(이라고 말하더라도) 분별된 세속적 진리에 의해 (말해진 것으로써) 궁극적 진리에서는 '불생'이 아니다. 그러나 다른 것에 의지해 얻은 세속적 진리에 의해 그것(불생하는 존재)은 생기하게 된다."[124]

---

122 本多惠(1988), *Prasannapadā*, pp.492~93. 월칭은 'saṃvṛti'를 세 가지로 정의한다. 곧 첫째, 일반적으로 가린다는 의미, 둘째, 서로 의존해 존재한다는 의미, 셋째, 언어적 표현과 같은 의미로 이해될 수 있다.

123 의식에 의해 형성되어 있는 현상의 세 가지 성질. 그것에는 온갖 분별로 채색된 허구적인 차별상인 변계소집성(遍計所執性, parikalpita-svabhāva), 온갖 분별을 잇달아 일으키는 인식 작용인 의타기성(依他起性, paratantra-svabhāva), 분별과 망상이 소멸된 상태 그대로의 청정한 모습인 원성실성(圓成實性, parinispanna-svabhāva)을 아울러 이른다. 흔히, "밤에 뱀인 줄 알고 놀랐는데 자세히 살펴보니 노끈/새끼줄임을 알게 되었다."는 예를 들어 이 세 가지 성질을 설명한다. 곧 뱀인 줄 알고 놀라는 것은 변계소집성의 상태이고, 새끼줄을 뱀으로 오인하게 된 것은 그 모습에 유사성이 있기 때문인데 이러한 중간 상태의 모습, 또는 인연화합의 모습과 실제로 뱀인지 확인하기 위해 자세히 살펴보는 것은 의타기성이고, 원성실성은 뱀이 아니라 새끼줄임을 알게 된 것이다.

124 Ajaḥ kalpitasaṃvṛtyā paramārthena nāpy ajaḥ, paratantrābhiiniṣpattyā saṃvṛtyā jāyate tu saḥ. 그런데 여기에서 '다른 것에 의해 얻은 세속적인 진리'를 Swāmī Nikilānanda는 '다른 학파의 사상을 신봉하는 관점'이라고 번역하고 있다. Swāmī Nikilānanda(trans. 1955), p.278. 여기서 다른 학파는 대승불교의 유식학파를 가리킨다.

따라서 세속적인 입장에서 인식론적인 진리는 존재론적인 진리를 낳는다. 왜냐하면 그것은 궁극적 진리에 의존하는 것이며, 궁극적 진리의 환영이기 때문이다. 본래 '불생'(또는 生起)인 어떤 사물이 잘못된 인식에 의해 '생기'(또는 不生)한 것이라고 말함으로써 일상적인 진리 관점에서는 그것은 '불생'(또는 生起)하는 것으로 존재한다고 믿게 된다. 그렇지만 원인인 인식 자체가 그릇된 것이기 때문에 결과인 현실적 존재는 환영(māyā)이어야 하는데도, 진실한 것처럼 간주된다. '다른 것에 의존된 세속적 진리'는 궁극적 진리에서는 결코 존재할 수 없고, '분별된 세속적인 진리'에서만 존재한다. 따라서 '분별된 세속적인 진리'에 의해 존재하는 것도, '다른 것에 의존된 세속적인 진리'에 의해 존재하는 것도, 최고의 진리에서는 실재하지 않는다.[125] 쁘라갸까라마띠Prajñākaramati는 그의 *Bodhicaryāvatāra-pañjikā*에서 이 점을 분명히 설명하고 있다.

> "존재하는 것은 무엇이나 모든 원인과 조건에 의존(hetu-pratyaya-sāmagrī)해서 그렇게 존재한다. 그리고 그것의 존재에 의존하는 것은 거울에 비친 그림자처럼, 진실한 의미에서는 존재하지 않는 것이다."[126]

---

125 나카무라 하지메(中村元)는 분별된 세속적인 진리(kalpita-saṃvṛti), 의타된 세속적인 진리(paratantra-saṃvṛti), 승의(paramārtha)를 각각 분별성, 의타성, 진실성으로 보고, 또 분별된 세속적인 진리와 의타된 세속적 진리는 각각 속제, 승의제를 진제와 대응시키고 있다. 나카무라 하지메(中村元, 1955), p.654.

126 Hetupratyayasāmagrīṃ pratīya māyāvad utpadyate tadvaikalyato nirudhyate ca. hetupratyayasāmagrīṃ pratīya jātasya parāyattātmalābhasya pratibimasyeva kutaḥ satsvabhāvatā. na ca kasyacid padarthasya paramārthato hetupratyayasāmagrīṃ samutpattiḥ sambhavati(pp.354~55). cf. V. Bhattacharya(1975), p.179.

이와 같이 가우다빠다는 불교의 중관논사 용수가 구사하는 것과 같은 명칭의 이제설을 언급하진 않지만, 그것과 다르지 않는 것으로 이해된다. 그는 현상세계(生起, 二元性, 世俗)는 마야māyā, 또는 saṃvṛti에 의해 전개된 것으로 파악하고, '불생'은 진실하다고 보았다. 먼저 두 가지 진리를 'saṃvṛti'와 'tattva'(paramārtha, tadbhāva)로 구분한다. 그러나 이미 언급했듯이, 세속은 다시 '분별적인 세속'(vikalpita-saṃvṛti)과 '의타적인 세속'(paratantra-saṃvṛti)으로 구분된다.[127] 이러한 것을 보여 주는 것으로써 다음의 게송이 주목된다.

> "세속적인 입장에서는 이원적으로 외적인 대상을 가지고, 또한 지각을 갖는 것으로 인정된다. 또 청정한 세간적인 입장은 외적인 대상을 갖지 않지만 지각을 갖는 것으로 인정된다. 출세간적인 입장은 외적인 대상을 갖지 않고, 또한 지각을 갖지 않는다고 인정된다. (이 세 가지) 인식과 인식의 대상을 알아야 한다고 모든 현자들은 항상 설명한다."(GK.4.87~8)[128]

『중변분별론복주』*Madhyāntavibhāga-Ṭīkā*에서는 '세간적인 지식'(laukika-jñāna), '청정한 세간적인 지식'(śuddha-laukika-jñāna), '초세간적 지식'(lokotara-jñāna)의 셋은 각각 '분별된 세간적인 진리', '의

127 이것은 불교의 중관 학파의 mithyā-satya(邪世俗)와 tathya-staya(實世俗)와의 유사성을 발견할 수 있을 뿐만 아니라 유식 학파의 삼성설三性說과 직접적인 연관성도 발견된다. S. G. Mudgal(1975), p.122. cf. 문을식(1993), pp.103~04.

128 Savastu soplambhaṃ ca dvayaṃ laukikam iṣyate, asvastu sopalambhaṃ ca śuddhaṃ laukikam iṣyate. Avastv anupalambhaṃ ca lokottaram iti smṛtam, jñānaṃ jñeyaṃ ca vijñeyaṃ sadā buddhaiḥ prakīrtitam.

타依他된 세간적인 진리', '궁극적 진리'를 대상으로 하는 것이고 말한다.[129]

2) 궁극적 차원의 진리

이와 같이 가우다빠다는 절대적인 관점에서 일체를 보고, 절대가 아닌 것은 방편으로 말한 것을 위해 존재할 어떤 이유가 있다고 하여 논증법을 사용한다. 논증법은 그 자체로 근거를 갖는 어떤 것이 아니고, 의존적인 방법이다. 따라서 모든 실재는 이원성(saṃvṛti)을 초월한 '불이'의 회복을 통해 그 의미를 지니며, 이원성의 제거를 통해 드러난 '불이'에 바탕을 둔 인식이다. 따라서 해탈과 윤회는 진리에 대한 지혜가 있고 없음을 통해 생겨난 것이기 때문에 이 두 상태는 하나씩 따로 존재하는 것이 아니라고 다음과 같이 말한다.

> "만약 윤회가 시작이 없다면 그것이 끝이 있다는 것도 끝내는 성립하지 않아야 한다. 또한 만약 해탈이 시작이 있다고 한다면 그것은 한없이 존재할 수 있다는 것은 불합리하다."(GK.4.30)[130]

그런데 일반 사람들은 윤회를 시작도 알 수 없는 먼 과거로부터 존재하는 것으로 파악한 뒤, 수행에 의해 해탈이 일어나고, 해탈의

---

129 *Madhyāntavibhāga-Ṭīkā*, p.112, ll.12f.

130 Anāder antavattvaṃ ca saṃsārasya na setsyati, anantatā cādimato mokṣasya na bhaviṣyati.

지복은 그 뒤 영원히 존속한다고 생각하고 있다. 그러나 윤회는 궁극적인 의미에서는 해탈과 구별되지 않는다.

> "소멸도 없고, 생기도 없고, 속박을 받는 자도 없고, 수행을 열심히 닦는 자도 없고, 해탈을 바라는 자도 없고, 해탈한 자도 없다. 이것이 궁극적 진리이다."(GK.2.32)[131]

그렇기 때문에 불생을 깨달은 궁극적 진리에서는 '뒤바뀌는 것은 있을 수 없고'[132], '원인과 결과가 불생으로 들어가는 것'[133]이어야 한다. 이와 같이 도달해 얻은 해탈의 경지는 불생이고, 평등이며, 불이이고, 적정이며, 무장무애로 이해된다.

> "원인을 갖지 않는 마음의 불생은 평등하고 불이이다. 불생인 모든 존재에 관해서도 (그와 같이 평등이고 불이인 불생을 말할 수 있다). 왜냐하면 모든 존재들은 참으로 마음을 통해 보인 것이기 때문이다."(GK.4.77)

> "모든 존재는 참으로 본래 적정으로서 불생이다. 참으로 본성은 무관

131 Na nirodho na cotpattir na baddho na ca sādhakaḥ, na mumukṣur na ity eṣā paramārthatā. cf. Na badhyante na mucyanta udayavyayadharmiṇaḥ, saṃskārāḥ pūrvavatsattvo badhyate na na mucyate(모든 형성 작용들은 생기와 소멸의 특성을 가지고 있는 것이어서 속박되지도 않고 해탈되지도 않는다. 앞에서와 같이 중생도 속박되지 않고 해탈되지도 않는다).

132 GK.4.46d; na patanti viparyaye.

133 GK.4.54cd; hetuphalājātiṃ praviśanti manīṣiṇaḥ.

심한 것으로서 평등하고 무차별이며, 불생이며, 두려움 없는 평등성이다."(GK.4.93)

"도사[134]는 모든 존재가 장애가 없고, 본성에서 청정하고 티끌이 없는 깨끗함이며, 본래 깨달은 자이며, 또한 해탈된 자로 자각한다고 말한다."(GK.4.98)[135]

윤회는 영원히 지속될 수 없기 때문에 시작과 끝, 삶과 죽음, 윤회와 해탈은 어떠한 대응하는 실체가 없는 경험적인 관습의 양상에 지나지 않는다. 그렇지만 자아는 '불생'이고, 영원히 자유롭고 평등무차별하다. 모든 개아가 태어났다가 죽는 고통스러운 현실은 사실은 꿈속에서 개아, 마야로부터 생긴 개아, 또는 마술로 만들어낸[化作] 개아가 생멸하는 것과 다를 바 없다.(GK4.68~70) 따라서 궁극적인 의미에서 개아는 나고 죽는 일은 있을 수 없기 때문에 시작과 끝없는 존재만이 궁극적 실재로서 간주될 수 있다.

이상에 볼 수 있듯이, 가우다빠다에게 세속적인 진리는 단지 궁극적인 실재를 인식하기 위한 방편으로서만 가치를 갖는다. 그는 이것을 설명하고자 세 가지의 존재 단계를 먼저 설정하고, 그에 상

---

134 'Nāyaka'는 붓다의 다른 이름으로써 '여래'를 의미하는 것으로 한역에서는 '도사'로 번역된다. 이에 대해서 다음을 참조. V. Bhattacharya(1975), p.211; 나카무라 하지메(中村元, 1955), pp.498~99, fn.4.

135 Animittasya cittasya yānutpattiḥ samādvayā, ajātasyaiva sarvasya cittadṛśyaṃ hi tad yataḥ. Ādiśāntāhy anutpannāḥ prakṛtyaiva sunirvṛtāḥ, sarve dharmāḥ samābhinnā ajaṃ sāmyaṃ viśāradam. Alabdhāvaraṇāḥ sarve dharmāḥ prakṛtinirmalāḥ, ādau buddhās tathā muktā budhyanta iti nāyakāḥ.

응하는 세 가지의 지식을 제시한다. 각 존재의 단계에서 요구되는 지식을 획득함으로써 그 이전 단계의 존재는 파기되어야 한다고 보았다. 다시 말해, 그에게 구체적 존재의 세계는 단지 상대적 존재로서 가치를 인정받지만, 궁극적인 의미에서는 거짓 구상되고 분별된 존재로 실재가 아니다. '불생'이고, 한계가 없으며, 속성을 갖지 않는 브라흐만(nirguṇa Brahman)은 실재로 인정된다. 따라서 그는 브라흐만이라는 궁극적 실재보다 낮은 차원의 존재에는 그다지 관심을 두지 않았던 것으로 보인다. 이것은 현실세계의 실재성을 인정하지 않는 것과도 서로 통한다. 그는 현실세계의 실재성을 부정함으로써 현실적 노력의 의미가 상실되는 결과를 가져왔다.

제4장

/

가우다빠다의 불생설의 의의와 한계

제4장 가우다빠다의 불생설의 의의와 한계

『브라흐만 수뜨라』가 성립하기 이전 여러 우빠니샤드와 초기 베단따 학파의 여러 학자들의 최대 관심사는 절대자로서 '브라흐만과 개아와의 관계'였다. 뿐만 아니라 가우다빠다 이후의 베단따 학파에서 여러 분파로 갈라진 이론적인 최대 원인은 절대자와 개아, 또는 절대와 현상 사이의 관계에 관한 견해의 차이에 있었다.[136]

가우다빠다는 '현상계는 브라흐만으로부터 생기한 것이다.'와 '현상계는 브라흐만의 본질을 갖지 않는다.'라는 명제 사이의 모순을 유일하고 절대적인 브라흐만이 개별화하는 원리인 '마야māyā'라는 개념을 도입하여 해결하고자 하였다. 그리하여 모든 현상은 허망하다는 입장에 입각하여, 모든 현상의 변화가 단지 외적 변화일 뿐임을 강조하면서 모든 존재의 '불생'을 드러내어 밝힌다. 그러나 사람은 현실세계의 경험영역에서 살아가야 된다. 만약 이 현실세계

136 마에다 센가쿠(前田專學, 1977), p. 541 참조.

가 부정된다면, 현실적인 노력을 부정하는 결과를 가져와 현실생활의 포기로 나타나고 말 것이다. 그는 인과율과 현상세계의 실재성을 전면적으로 부정함으로써 그에 따른 또 다른 문제점을 떠안게 되었다.

이처럼 가우다빠다의 불생설은 그 이후 상당한 수정을 요구받게 된다. 또한 그가 '거짓 불교도'라는 비난을 감수하면서까지 실현코자 한 '불생설'의 의의는 시대가 흐름에 따라 점점 감소될 수밖에 없었다. 따라서 그 이후 베단따 학파에서 가우다빠다의 불생설은 어떠한 수정을 요구받게 되고, 그 한계는 어떻게 극복되었는지를 살펴봄으로써 그의 '불생설'에 대한 베단따 학파에서 학문적인 가치를 가늠할 수 있을 것으로 기대된다.

1. 가우다빠다 이후의 쟁점 사항

1) 브라흐마 수뜨라와 가우다빠다의 사상

초기 베단따 학파의 철학은 『브라흐마 수뜨라』에 대체로 요약되고 정리되어 있다. 『브라흐마 수뜨라』의 첫머리에서 베단따 철학의 성격을 확인할 수 있다. 『브라흐마 수뜨라』의 주된 임무는 우주 원인으로서 브라흐만의 탐구에 있다.[137] 『브라흐마 수뜨라』에서 절대자는 '브라흐만'이라고 부른다. 그것은 유일하고, 상주하며, 불변하는 존재(sat)이다. 베단따 철학에서 '브라흐만'은 보통 중성적 원리를 지시하지만, 『브라흐마 수뜨라』에서는 브라흐만 대신에 '최고자'(paraḥ)라는 남성형 명사가 사용되는 경우가 있다.[138] 그것은 세계 원인이지만, 인격적인 존재, 또는 인격적인 원리로도 이해되고 있다. 브라흐만은 많은 신격 위에 있는 최고자이며, 다른 신격에는 없는 세계를 유지하고 지탱하는 능력을 지녔다. 그리고 그는 개아에 업의 과보를 주는 원인이다. 이러한 '브라흐만'의 이중적 성격은 후대의 베단따 학파에서 중요한 의미를 갖는다. 이에 대해 '개아'는 아뜨만ātman[139]이라고 부르지만, 개아임을 더욱 분명히 하고자 몸을 가진 자아[有身我, śārīra], 감시자(adhyakṣa), 또는 개인적 자아[生

---

137 BS.1.1.1~2; Atha ato brahmajijñāsā.(1) janmaādy asya yataḥ.(2)

138 cf. BS.2.3.41; 2.3.46; 3.2.5; 3.2.11; 3.2.31; 3.3.52; 4.2.15; 4.3.10; 4.3.12.

139 여기서 아뜨만은 ātman이라는 소문자로 표기한 것은 절대 자아로서 아뜨만 Ātman과 구별하기 위한 것이다.

命我, jīva]라는 용어를 사용한다.

그런데 '개아'와 '브라흐만'의 관계에서 '개아'는 브라흐만의 부분(aṃśa)이지만(BS.2.3.43), 다른 한편으로는 '부분을 갖지 않는다'(niravayava)라고 규정하고 있다.(BS.2.1.26) 이것은 겉보기에 모순을 지닌 것처럼 보인다. 그러나 똑같은 '부분'이라 번역될 지라도, 그 둘 사이의 의미는 다르다. 'avayava'는 '양적으로 분할할 수 있는 일부분'을 의미하지만, 'aṃśa'는 가장 작은 한 점으로서 '양을 갖지 않아 분할할 수 없는 것'이다. 이것은 전체와 공통된 성질을 가지고 있다. 따라서 '개아'의 본성은 '브라흐만' 자체이지만, 완전히 '브라흐만'과 같은 것은 아니다. '브라흐만'과 '개아'가 '같지 않지만 다르지도 않음'[不一不異, bhedābheda]이라는 것은 이러한 의미로 해석해야 한다.[140] 『브라흐마 수뜨라』에서는 세계 원인으로서 '브라흐만'과 그 결과로서 현상세계는 다르지 않음[不異]의 관계에 있기 때문에, 현상세계는 실재하고 진실한 것으로 보았다.

따라서 『브라흐마 수뜨라』에서 '브라흐만'에 대한 가장 근본적인 성격은 순수하게 정신적인 유일한 '세계 원인'(=創造主, prajāpati)이며, 세계의 '동력인'임과 동시에 '질료인'이라는 점에 있다고 할 수 있다. 그러나 이 문제에는 이론적으로 여러 가지 설명하기 곤란한 문제를 내포하고 있다. 『브라흐마 수뜨라』의 작자 자신은 이 문제를 해결하려고 하였으나 완전히 해결하지 못하고, 그 이후의 베단따 학자들에게 넘기고 만다.[141]

가우다빠다는 『만두꺄 까리까』 제1장에서는 세계 원인으로서 신

140 나카무라 하지메(中村元, 1967), pp.307~08 참조.
141 마에다 센가쿠(前田專學, 1977), p.545 참조.

(deva)이 모든 정신적 존재를 개별적으로 창조한 것으로 말하고 있다. 비유해 말하면, 태양이 광선을 발사한 것과 같다. 이와 같은 창조 작용은 신의 본성(devasya svabhāva)이라고 말한다. 따라서 피조물도 신으로부터 나온 것이기에 신적인 성질을 갖추고 있다. '개아'는 실재성을 가지고 있고, 세계의 생기와 귀멸도 사실로서 승인되고 있다.(GK.1.17) 이와 같은 견해는 『브라흐마 수뜨라』와 마찬가지로 불일불이론不一不異論이다. 그러나 『만두꺄 까리까』 제1장에서는 현상세계를 꿈이나 마야에 비유된 것이 하나의 이단설로 배척되고 있다. 그렇지만 제2장에서는 그것을 자신의 설로서 채용하고 있다. 다시 말해, 꿈, 마야, 신기루와 같이, 현상세계의 모든 사물은 실재성이 없다고 본 것이다.

가우다빠다는 모든 생멸하는 현상세계가 실재로서 신의 불가사의한 힘(māyā)에 의해 나타난다고 말한다. 그러므로 그는 실재의 세계가 어떤 다양성이나 이원성으로 받아들이지 않는다. 그러나 이러한 성질을 가진 세계 원인으로서 신은 궁극적 진리와 같은 것이 아니다. 궁극적인 입장에서 보면, '꿈꾸는 상태'와 '깨어있는 상태'는 다르지 않다. 외적 대상이나 인식 주체는 모두 우리의 분별적 사고에 의해 거짓 구상된 것이다. 그는 이것이 마치 어둠 속에 새끼줄을 뱀으로 착각하는 것과 같다고 본 것이다. 따라서 궁극적 실재의 세계에서는 주체와 객체의 구별이나 서로 다름의 성격[別異性]이 사라지고, 생멸도 없고, 원인과 결과도 없으며, 속박된 존재도 없으며, 해탈을 원하는 자도 없는, 다만 하나의 아뜨만이 존재할 뿐이다.

그리하여 가우다빠다는 '아뜨만'과 '개아'의 관계를 '큰 허공'과 '병

속의 작은 허공'에 비유해서 설명한다.(GK.3.3~8) '병 속의 작은 허공[=개아]'은 큰 허공[=아뜨만]이 변화한 것도 아니고, 또 부분도 아니고 병이라는 한정(upādhi)을 제거하면 둘이 아님을 주장하여 『브라흐마 수뜨라』와 『만두꺄 까리까』 제1장의 설을 부정한다. '개아'는 원래 '아뜨만'과 같지만, 현실적으로 신체나 감각기관과 같은 집합체의 제약을 받음으로써 '아뜨만'과 대립하는 '개아'가 성립된다고 본다. 이 집합체는 원래 '불생'인 '아뜨만'의 마야에 의해 창조된 것이므로, 세계의 전개는 하나의 거짓 나타남[假現]이지, 진실한 것이 아니라고 주장한다. 따라서 현상세계는 '아뜨만'이 자신의 마야에 의해 자신을 구별하고 분별하여 표현한 것이다.(GK.2.12). 이렇게 '아뜨만'이 자신을 분별에 의해 표현된 현상세계는 꿈이나 마야와 같고, 또한 우리의 마음의 움직임(citta-spandita)으로 마치 횃불돌림[旋火輪]과 같이 허망한 것이다.(GK.4.47~8)

따라서 『브라흐마 수뜨라』에 나타난 사상과 가우다빠다의 『만두꺄 까리까』에 나타난 사상은 같지 않음을 확인할 수 있었다.

2) 샹까라의 사상

샹까라는 일반적으로 가우다빠다의 손제자로 알려진 인물로서 그에게 진실로 존재하는 것은 '브라흐만'뿐인데 그것은 형상(形相, nirkāra)[142]과 성질(guṇa), 차별성(viśeṣa)[143]과 다양성(nānatva)[144]을 초

142 Śaṅkara ad BS. vol.2, p.331, 9~10 line.

143 Śaṅkara ad BS, Vol.1, p.467, 8 line; vol.2, p.206, 4 line; Vol.2, p.206, 8 line.

월한 순수존재(sat) 그 자체이다.[145] 그는 브라흐만의 실재 개념은 부정될 수 없는 것이며(abhādita), 끝까지 남아 있는 것이라고 말한다. '부정된다'는 말은 어떤 경험을 통해 그것과 다른 어떤 경험에 의해 거짓임이 드러난다는 뜻이다. 예를 들면, 꿈속의 실재는 꿈에서 깨어나면 그 실재성이 부정된다. 이러한 의미에서 샹까라는 '아뜨만'이 도저히 부정될 수 없는 실재인 '브라흐만'이라고 주장한다. 샹까라는 유일한 실재인 브라흐만이 우리의 무지(avidyā)나 마야의 힘에 의해 이름(nāma)과 형상(rūpa)을 가진 현상세계로 나타난다고 한다. 곧 현상세계는 '브라흐만'의 거짓 나타남[가현]을 통해 보인 객관세계이다.

샹까라는 『브라흐마 수뜨라』에서 '어떻게 순수정신인 브라흐만으로부터 물질적인 현상세계가 전개될 수 있는가?'하는 '브라흐만의 전변설'(Brahma-pariṇāma-vāda)이 봉착한 어려움을 해결하기 위해 '브라흐만의 가현설'(Brahma-vivarta-vāda)을 제시한다. 이때 '그것이라고도, 또한 다른 것이라고도 말로 표현할 수 없는 것'(tattvānyatvābhyām anirvacanīya)으로 규정되는 '아직 전개되지 않은 이름과 형상'(avyakṛta-nāma-rūpa)이라는 새로운 개념이 도입된다. 샹까라는 이러한 물질적인 것은 순수정신인 '브라흐만'과 본질을 달리하지만(svātma-vilakṣaṇa)[146], '브라흐만' 자체 안에 있으며, '브라흐만'으로부터 독립된 것이 아니라고 말한다. 그리하여 상캬 학파의 근본물질원리 쁘라끄리띠(mūla-prakṛti)와 다름을 제시한다. 그러나

---

144 Śaṅkara ad BS, vol.2, p.208, 11 line; vol.2, p.233, 6 line.
145 Śaṅkara ad BS, vol.2, p.462, 14 line; vol.2, p.193, 18 line.
146 *Upadeśasāhasrī*.2.1.19.

그가 이 개념을 도입함으로써 이원론에 빠질 위험성이 제기되자, 무명(avidyā)의 개념을 도입하여 이것을 피하려고 하였다.

무명은 존재(sat)도 아니고, 비존재(asat)도 아닌 '규정하기 어려운 어떤 것'(anirvcanīya)이다. 오직 '브라흐만'만이 유일한 실재이며, 무명도 '브라흐만'에 근거해야 하므로 '존재'라고 볼 수 없다. 또한 무명은 이 현상세계를 나타나게 하기 때문에 '비존재'라고도 할 수 없다. 무명의 본질은 우리에게 어떤 사물을 잘못 인식케 하고, 다른 사물로 보게 하는 '거짓 덧붙임'[假託, adhyāsa, adhyāropaṇā]에 있다.[147] 다시 말해, 이것은 '아뜨만'과 신체, 감각기관, 내적기관 등의 아뜨만이 아닌 것의 '서로 거짓 덧붙임'[相互假託]을 말한다.

샹까라는 그의 『브라흐마 수뜨라 주석』(BSbh 약칭)에서 '거짓 덧붙음'[假託]을 "이전에 지각된 어떤 것이 앞의 어떤 다른 형태로 나타나는 것이다"(Smṛtirūpaḥ paratra pūrvadṛṣṭāvabhāsaḥ)[148]라고 정의하고 있다. 이와 같이 세상 사람들은 '아뜨만' 위에 단지 물질적인 미전개의 '이름과 형상'이 변화한 것에 지나지 않는 지성적 마음(buddhi)과 감각적 마음(manas) 등의 아뜨만이 아닌 것의 속성을 거짓으로 덧붙인다. 그리하여 '아뜨만'은 '브라흐만'과 다르다고 생각하여 윤회를 반복하고 있다.[149] '윤회'는 아뜨만과 아뜨만이 아닌 것을 구별하는 지혜(vidyā)가 모자란 것이라면, '해탈'은 아뜨만과 아뜨만이 아닌 것[비아뜨만, anātman]을 구별하는 지혜를 얻는 것이다.[150] 이처럼 무명이란 하나의 원리, 곧 윤회세계를 존재하게 하는

147 *Upadeśasāhasrī*.2.2.51; Avidyā nāmānyasminn anyadharmādhyāropaṇā.
148 cf. Śaṅkara(1934), pp.10~3.
149 마에다 센가쿠(前田專學, 1980), p.236 참조.

동력인으로서 작용하는 힘임을 알 수 있다.

따라서 샹까라에게 마야가 무한자 브라흐만[무속성 브라흐만, nirguṇa-brahman]을 유한자 자재신[유속성 브라흐만, saguṇa-brahman]으로 보이도록 하는 원리를 의미할 때 '마야'는 '무명'과 동의어로 볼 수 있다.[151] 샹까라는 현상계로 자신을 나타내는 '브라흐만'의 힘, 고차원적인 인식의 입장에서 경험적 세계의 환영적인 성격과 무지라는 세 가지 의미에서 '마야설'(māyā-vāda)을 지지한다. 그러므로 마야에 의해 거짓으로 나타난 현상에 차원이 낮은 가치를 인정해주고 있는 것이다.[152] 따라서 '브라흐만'과 세계는 수적으로 구별되는 두 실재가 있는 게 아니라, '이름과 형상'이라는 거짓 덧붙임 아래 세계로서 거짓으로 나타나는 '브라흐만'만이 있다. 결국 샹까라는 '브라흐만'과 '개아'를 구별하는 '높은 지식'(para-vidyā)과 무명으로 인한 '낮은 지식'(apara-vidyā)이라는 이제설을 주장하게 되었다.

3) 라마누자와 마드바의 사상

(1) 라마누자 사상

라마누자(Rāmānuja, 1017~1137)는 샹까라의 불이일원론 베단따 학파와 상캬 학파의 이원론의 조화로운 결합을 시도하였다. 그리하여 샹까라 철학을 엄격히 비판하면서, 이른바 비슈누 신학으

150 마에다 센가쿠(前田專學, 1980), pp.240~41 참조.
151 이호근(1991), pp.56~7 참조.
152 cf. E. Deutdch(1969), pp.15~7.

로서 베단따 철학인 한정불이일원론(viśiṣṭa-advaita) 학파[153]를 확립하였다. 그에 따르면, '브라흐만'은 유일한 실재이지만, 무속성(nirguṇa)의 비인격적 존재가 아니라 속성과 차별성을 지닌 인격신으로서 세계의 '동력인'임과 동시에 '질료인'이다. 다시 말해 '브라흐

---

153 정태혁은 라마누자가 샹까라와 대립되는 견해를 여덟 가지로 정리해 놓고 있다. 샹까라와 라마누자의 대립되는 여덟 가지 견해는 다음과 같다. 1. 샹까라의 무명설, 마야설을 『브라흐마 수뜨라』의 설이 아니라고 하고, 따라서 그의 최고의 진리[眞諦]와 낮은 진리[俗諦]의 두 입장도 바다라야나 자신의 설이 아니라고 하고, 『브라흐마 수뜨라』의 참뜻은 어디까지나 경문經文 그대로라고 주장하였다. 2. 샹까라의 입장은 야가발꺄Yājñāvalkya를 계승하고, 불교의 중관과 유식사상에서 감화를 받았음에 반해, 라마누자는 비슈누교도(Vaiṣṇava)로서 주로 『바가바드 기따』에 근거를 두어 『브라흐마 수뜨라』에 충실하였다. 3. 따라서 라마누자의 브라흐만에 대한 관념에 매우 유신론적이며, 그의 본체는 유일한 실재로서 헤아릴 수 없는 묘덕력妙德力을 갖추고 있는 최고위의 세천(Vasudeva)으로서 세계의 생주멸生住滅을 장악함과 동시에 여러 화신의 몸으로써 변하여 이 세상을 구제한다고 하여 일신교와 다신교를 조화시키고자 하였다. 4. 신은 그의 양태(prakāra) 가운데 유일한 근본물질원리(mūla prakṛti)와 무수한 개아(jīva)를 갖추고 있어 그의 원인에서는 신 그대로이지만, 결과에서는 신과 세계 및 개아가 대립되게 된다. 곧 이 점에서 상캬 사상의 이원론을 브라흐만의 일원으로 정리하는 입장에 선다. 5. 신이 원인에서 결과로 옮아가는 동력인에 대해서는 샹까라의 무명설을 부정하고 있는 것은 물론이고, 바다라야나의 유희설遊戲說에도 동의하지 않고, 전생부터 쌓인 개아의 업에 대하여 상벌을 주고, 또한 중생에게 해탈의 기회를 주기 위한 것이라고 하여, 이것을 윤리적 종교적으로 전환시키고자 하였다. 6. 라마누자는 현상과 본체와의 관계가 원인에서는 유일하지만, 결과에서는 다수이고 모두 실재성을 가지고 있다고 보아 한정불이일원론(viśiṣṭa-advaita)의 입장을 가졌다. 이것은 샹까라의 불이일원론(advaita)과 다른 것이며, 바다라야나의 입장에 가까운 것이다. 7. 수행관과 해탈관에서도 바다라야나의 입장에 거의 가까운 견해를 지녔다. 특히 그가 중요하게 여긴 것은 신의 구제와 은총이다. 해탈한 뒤에라도 개인의 인격을 가지고 신과 더불어 무한한 자유와 묘락妙樂을 받는다고 주장하고 있다. 8. 요컨대 라마누자의 베단따관은 샹까라보다 『브라흐마 수뜨라』에 충실하려고 한 것이나, 또는 비슈누주의적으로 생각한 것은 바다라야나 자신과 다른 것이었다. 정태혁(1984), pp.345~46 참조.

만'은 다양성과 속성을 지닌 하나의 존재[一者]이다. 그는 물질(acit), 영혼(cit), 개아와 자재신(Īśvara=saguṇa-Brahman)이라는 것을 '실재'로서 인정한다. 물질과 영혼은 그 자체로 실체이지만, 자재신과 관련해서는 속성, 또는 양태(prakāra)이다.[154] 영혼은 자재신을 본성으로 한다. 이러한 의미에서 자재신은 영혼과 물질(물질세계)과 동일하면서 다르지 않다. 다시 말하면 자재신은 물질과 영혼의 한정을 받는다(cid-acid-viśīṣṭa)는 것이다. 한정을 받은 자재신은 물질과 영혼의 내재자(antaryāmin)임과 동시에 그들과 둘이 아닌 '불이'이다. 따라서 물질과 영혼은 자재신의 육체를 형성하며, 자재신을 떠나 독립적 존재로 존재하지 못하며, 그의 속성으로서 자재신에 항상 의존한다.[155]

이와 같이 라마누자도 샹까라처럼, 모든 세계(loka)가 '[속성을 지닌] 브라흐만'에 의존하고 있음을 인정한다. 샹까라가 세계는 '브라흐만'의 '거짓 나타남'이라고 하는데 반해, 라마누자는 '세계'를 이미 '브라흐만' 안에 내재해 있다가 그로부터 전변하여 나온 '실재'라고 본다. 물질과 영혼은 샹까라 철학에서처럼 마야가 아니고, 실재하는 존재로 간주된다.[156] 다시 말해 라마누자는 '브라흐만'의 부분

154 cf. Chandradhar Sharma(1976), p.346.

155 *Srībhāṣya*, 2.1.9; Sarvam paramapuruṣeṇa sarvātmanā svārthe nityāmyam dhāryam taccheṣataikasvarūpam iti sarvam cetanācetanamtasya śarīram.

156 라마누자에 따르면, "자재신에는 두 상태가 있다고 한다. 그 하나는 세계가 아직 자재신으로부터 전개되어 나오지 않은 상태, 또는 세계가 해체(pralaya)되어 브라흐만에 흡수되어 있는 상태로서, 이것을 브라흐만의 원인적 상태(kāraṇa-avasthā)라고 부른다. 또 하나는 세계가 자재신으로부터 전개되어 나왔을 때의 상태로서, 이것을 브라흐만의 결과적 상태(kārya-avasthā)라고 부른다."

으로서 경험세계가 실재라고 가르친다. 따라서 경험적 세계의 마야적인 성격을 의미하는 샹까라의 마야를 거부한다. 따라서 라마누자는 샹까라의 무명론(無明論, avidyā-vāda), 또는 가현설假現說 및 이제설二諦說과 이에 근거한 '최고의 브라흐만'(para-brahman)과 '낮은 브라흐만'(apara-brahman)의 구별을 받아들이지 않는다. 그는 '속성이 없는 브라흐만'은 실재가 아니라 공허한 개념으로서 거부하고, 단지 샹까라의 '속성을 지닌 브라흐만'만을 실재로 간주한다. 또한 경험적 세계를 구성하는 자아와 물질적 대상은 '브라흐만'으로부터가 아니라 '브라흐만' 안에서 차별로써 실재한 것으로 간주한다.

(2) 마드바 사상

마드바(Madhva, 1199~1278)는 라마누자보다도 샹까라를 더 비판하면서 이원론(dvaita-vāda)을 확립하였다. 그는 '최고 브라흐만'을 '비슈누 신'Viṣṇu과 동일시한다. 그리고 '브라흐만', '개아', '물질세계'의 관계를 설명하기 위해 바이쉐시까 학파의 실체(dravya), 속성(guṇa) 등의 범주(pādārtha)를 차용하여 '자립적인 실체'(svatantra)와 '의타적인 실체'(paratantra)라는 두 종류의 실체(padārtha)를 내세웠다.[157] '자립적인 실체'는 오로지 '브라흐만'뿐이고, '의타적인 실체'에는 '존재'(bhāva)와 '비존재'(abhāva)로 구분된다. '존재'에는 '의식적인 영혼들'(cetana, 개아)과 '무의식적인 물질'(acetana)과 시간 같은 존재들이다. 이들은 모두 '브라흐만'에 의존한다. '브라흐만'은 다른 실

Srībhāṣya, p.82. cf. Chandradhar Sharma(1976), p.348.

157 早島鏡正・高崎直道・前田專學(1985), p.194 참조.

체의 완전한 속성을 가지고 있으며, 여러 형태로 나타난다. '개아'도 실체이고 실재이며, 그 수는 무수히 많다. '물질'도 실체로서 '브라흐만'에 의해 질료인인 근본물질로부터 전개되어 성립되며, 세계가 해체될 때 다시 근본물질로 돌아가는 것으로서 실재이다. '무의식적인 존재'에는 베다Veda처럼 영원한 것도 있고, 시간, 공간, 물질(prakṛti)처럼 영원하기도 하고 영원하지 않는 존재도 있으며, 물질의 전개와 같은 영원하지 않는 것이 있다. 마드바는 '무명'을 물질의 한 형태로 간주하며, '무명'에는 '영혼/개아(jīva)의 영적 능력을 은폐하는 무명'(jīvācchādika)과 '신을 영혼으로부터 은폐하는 무명'(paramācchādika)의 두 가지가 있다고 한다.

'브라흐만', '개아', '물질'의 세 실재는 모두 다르다고 하여 다섯 가지 차별이 있음을 주장한다.[158] 곧 '브라흐만'과 '개아', '개아'와 '개아', '개아'와 '물질', '브라흐만'과 '물질', 그리고 '물질로 된 사물' 사이에는 서로 구별이 있으며, 서로 다른 성격[別異性]은 영원히 실재한다. 특히 '브라흐만'과 '개아' 사이에는 영원히 실재하는 서로 다른 성격이 있다. 이들의 서로 다른 성격은 무명에 의해 비롯된다. 이 점에서 이 양자가 전체와 같다고 주장하는 불이일원론과 정면으로 대립한다.[159] 또한 마드바의 별이론別異論은 불일일원론不一一元論이기 때문에 상캬 학파의 이원론과 구별된다. 서로 다른 성격은 많

158 cf. *Mahābhārata-tātparya-nirṇaya*, 1, 69~70; jagatpravāhaḥ satyo'yam pañcabhedasamanvitaḥ jīveśayor bhidā caiva jīvabhedaḥ parasparam. jaḍeśayor jaḍānāñcha jaḍajīvabhidā tathā.

159 마드바는 샹까라의 불이일원론 철학은 불교의 공 사상에 영향을 받은 거짓된 이론이라고 하여 신랄하게 비판한다; Yacchūnyavādinaḥ śūnyam tadeva brahma māyinaḥ. Chandradhar Sharma(1976), p.372, fn.1 재인용.

은 실체를 상정하는 가운데 '브라흐만'만이 독립된 실체이고, 다른 실체가 '브라흐만'에 의존한다는 점에서 라마누자의 입장과도 다르다.[160] 다시 말해 라마누자에게는 '개아'와 '물질'이 '브라흐만' 안에서 구별된 것이라면, 마드바는 그것들이 '브라흐만'으로부터의 구별된 것으로 간주한다.

이상에서 볼 수 있듯이, 『브라흐마 수뜨라』에서는 '브라흐만'과 '개아'가 모두 실재로 간주하고 있지만, 가우다빠다는 오직 '브라흐만'/'아뜨만'만을 실재로서 보았다. 샹까라는 가우다빠다가 봉착한 현실 부정을 타개하기 위해 잠정적으로 현실을 긍정하였다. 그러나 라마누자와 마드바는 가우다빠다나 샹까라의 입장에 정면으로 반대하여 현실세계의 실재를 주장하였다. 이러한 의미에서 가우다빠다의 '불생설'은 샹까라를 비롯한 불이일원론에서는 어느 정도 효과가 인정받고 있지만, 그와 다른 입장에서 출발한 라마누자나 마드바 등의 유신론적 베단따 학자들에 이르러서는 그 의미가 상실된다. 따라서 다음에서 보고자 하는 가우다빠다의 '불생설'의 의의는 불이일원론 베단따 학파에 한정될 수밖에 없는 또 하나의 한계를 지니고 있다.

---

160 cf. Chandradhar Sharma(1976), pp.373~74.

2. 가우다빠다의 불생설의 의의

가우다빠다가 『만두꺄 까리까』를 편저작함으로써 『브라흐마 수뜨라』가 성립된 이후 학파로 성장한 불이일원론 베단따 학파에 새로운 활기를 불어 넣어 주었다. 가우다빠다는 철저하게 현상의 실재성을 부정함으로써 최고의 원리로서 '브라흐만'의 '불생'을 밝혀 우빠니샤드의 정신을 드높였고, 또한 베단따 학파의 대표적 사상가인 샹까라의 불이일원론 사상에 기초를 제공해 스승 노릇을 하였다. 이러한 가우다빠다의 불생설의 의의는 다음 두 가지로 요약될 수 있다.

첫째, 가우다빠다는 옛 우빠니샤드에서 최고원리로 삼았던 제3위(=지혜위)의 배후에 다시 그것과 차원을 달리하는 제4위(turīya)인 궁극적인 절대자를 세워 불이일원론적으로 해석을 시도한다. 이러한 견해는 나중에는 샹까라에 의해 '최고의 브라흐만'(para-Brahman)과 '낮은 브라흐만'(apara-Brahman)이라는 두 종류의 브라흐만을 고안해 내는 두 차원의 진리, 곧 이제설의 계기가 된다.

둘째, 가우다빠다는 『브라흐마 수뜨라』의 인중유과론에 의한 일원론과 이원론을 모두 비판함으로써 가현설을 세우는 계기를 제공한다. 곧 동력인이자 질료인으로서 '브라흐만'은 유일한 세계 원인이고, 세계의 창조는 자기창조(ātma-kṛti)라고 주장하는 일원론의 입장뿐만 아니라 상캬 학파의 순수정신인 뿌루샤를 동력인으로 하고 근본물질원리(mūla prakṛti/pradhāna)를 질료인으로 하는 이원론의 입장도 반대한다. 그리하여 그는 실재가 불변하고 상주하는 아뜨만뿐이요, 그 밖의 모든 것은 환영(māyā)이라고 하여, 그 이후 샹까라를 비롯한 불이일원론파에서 가현설을 세우는 기틀을 마련해 준다.

1) 4위설의 불이일원론적인 해석

4위설(catur-pāda)에서 우리의 일반적 상식을 뒤엎는 독특한 사고방식은 꿈(svapna)이나 잠(nidrā)에 대한 평가이다. 깨어있는 의식은 모든 행위와 의식의 척도이고, 규준이라고 보는 것이 프로이트 등의 서양 심리학자들이나 일반적으로 인정되는 견해인데 반해, 4위설에서는 깨어있는 의식보다는 꿈의 의식이, 꿈의 의식보다는 숙면의식이 제약에서 더 많이 벗어난 자유로운 의식이고, 또한 제약이 없고 초월적인 제4위에 더 가까이 접근한 진실한 자아의 상태로 본다. 그러므로 진실한 자아의 척도는 의식 활동의 정도가 아니라 얼마나 구속과 제한/한계에서 벗어나 있는지에 달려 있다.

『만두꺄 우빠니샤드』에서는 'OṀ은 모든 것'(sarva)이라고 하여, '옴'이 곧 '아뜨만'이요 '브라흐만'임을 선언한 뒤, 이러한 아뜨만에는 의식의 네 영역(catur-pāda)이 있다고 말한다.

> "옴이라는 이 음절은 일체의 [우주]이다. 그것의 설명은 [다음과 같다.] 곧 과거, 현재, 미래라고 하는 일체는 옴 음절에 지나지 않는다.(1) 그러므로 다른 것도 또한 옴의 한 음절에 지나지 않는다. 실로 이 일체

는 브라흐만이고, 이 브라흐만은 자아이다. 이 자아는 4영역(位)을 갖는다."(MU.2)[161]

이처럼 샹까라는 브라흐만이 4위/네 영역을 갖는 것을 '브라흐만'이 네 부분을 갖는 것이 아니라 4위가 차례로 제1 보편위(普遍位, viśva-avastha)는 제2 광명위(光明位, taijasa-avastha)로, 제2 광명위는 제3 지혜위(知慧位, prājña-avastha)로, 제3 지혜위는 제4위(turīya)로 각각 몰입되는 것을 의미한다고 말한다. 그리하여 이것은 소의 네 발과 동전의 4등분의 비유를 들어 설명한다. 샹까라는 이 비유를 통해 제2위는 제1위의 바탕이 되고, 제3위는 제2위의 바탕이 되며, 제4위는 제3위의 바탕이 된다는 것이다. 그러므로 그는 여기에 '위'(pāda)라는 단어는 '수단'의 의미로 사용되고, 또 제4위(turīya)는 성취되어야 할 '대상'이라고 할 때 그것은 '대상'의 의미로 사용된다고 한다.[162]

『만두꺄 우빠니샤드』에서는 각 위(pāda), 또는 각 음량音量에 대해 차례로 설명하지만, 『만두꺄 까리까』 제1장은 각 위를 문제별

---

161 GK.1.1~2; Oṃ iti etad akṣaram idaṃ sarvam tasyopavyākhyānaṃ bhūtaṃ bhavad bhaviṣyad iti sarva eva yaccānyat trikālātītaṃtad apy aṃkāra eva(1) Savram hy etad brahmāyam ātmā brahma so' yam ātmanā catuṣāt(2)

162 샹까라는 브라흐만의 4위가 소의 발이 넷으로 나누어진 것과 같이 실제에서 서로 아무런 관계가 없는 것이 아니고, 까르샤빠나Kārṣāpaṇa라는 동전의 1/4과 같은 의미로 생각해야 한다는 것이다. 즉 동전을 네 등분한 것은 사용하는데 편리하도록 하기 위한 것이므로 1/4의 까르샤바나는 1/2의 까르샤빠나 안에 포함되고 1/2의 까르샤빠나는 3/4의 까르샤빠나에 포함되고 3/4의 까르샤빠나는 1까르샤빠나에 포함된 것과 같다. Swāmī Nikilānanda(1955), pp.12~3.

로 대조해 설명하는 형식을 취한다.[163] 『만두꺄 우빠니샤드』에서 자아의 4위설이 아주 체계적으로 조직되어 있다는 것은 단지 이전의 여러 관념이나 여러 사상의 종합정리임과 아울러 이전의 우빠니샤드의 사상보다 한층 진보한 입장에서 4위의 체계를 성립시켰다는 뜻이다. 이렇게 체계화를 가능케 했던 근거는 제4위(turīya)의 확립에 있다고 생각되며[164], 또한 경험적 자아에 대한 세 상태의 분석은 자아의 '불이성'을 나타내 보이기 위한 것으로 이해된다.

(1) 전 2위와 제4위와의 차이점

전 3위(보편위, 광명위, 지혜위)의 일반적 특성과 개별적 특성은 단지 제4위의 본성을 결정하기 위한 방편으로 기술한 것에 지나지 않는다. 다음 게송은 그러한 근거로서 주목할 만하다.

> "(제1) 보편위와 (제2) 광명위는 결과와 원인에 의해 제약받는다고 말한다. 그런데 제3 지혜위는 원인에 의해서만 제약받는다. 제4위에서 그 양자[원인과 결과]는 성립하지 않는다."(GK.1.11)[165]

---

163 자아의 4위설은 『만두꺄 우빠니샤드』와 『만두꺄 까리까』의 제1장에서 모두 중요시한다. 그렇지만 그들의 강조점은 다르다. 『만두꺄 우빠니샤드』에서 영역의 논의는 본래 의식의 본성과 그것의 상태들에 관한 것인데 반해, 『만두꺄 까리까』는 심리적 의식 상태를 강조하지 않고, 각 위(viśva, taijasa, prājña, turīya)와 함께 시작한다. 가우다빠다는 깨어있는 상태는 제1장에서 언급하지 않고, 꿈꾸는 상태와 숙면상태는 뒤 게송(원인과 결과에 속박되는 것에 관한 곳)과 제2장 이하에서만 논의된다. Andrew O. Fort(1990), pp.32~3.

164 나카무라 하지메(中村元)는 계속해서 제3위의 관념들은 옛 우빠니샤드에서는 최고원리였던 것이 다시 그 배후에 제4위를 절대부정에 의해 상정하고 있다고 말한다. 나카무라 하지메(中村元, 1955), p.612 참조.

165 GK.1,11; Kāryakāraṇabaddhau tāv iṣyate viśvataijasau, prājñaḥ kāraṇaba-

상까라의 주석(Gkbh)에 따르면, 원인(kāraṇa)이란 그것 안에 결과(phala)가 잠재해 있는 것(bīja-bhāva)으로서 진리를 파악하지 못한 것(tattva-agraha, 無知=沒理解)[166]이고, 그것으로부터 진리를 있는 그대로 파악하지 못하는 것(tattva-anyathāgrahaṇa, 誤解)이며, 이미 이루어진 것(phala-bhāva)으로서 결과(kārya)를 가져온다고 해석한다. 예를 들면 그것은 새끼줄을 잘 알지 못하기 때문에, 새끼줄을 뱀으로 잘못 아는 것이다. 지혜위(=무지의 상태) 그 자체는 제1 보편위와 제2 광명위(=오해의 상태들)의 원인이다. 제1위/보편위와 제2위/광명위는 무지와 오해 모두를 가지고 있다. 그러나 숙면상태/지혜위에서는 오로지 무지만이 있다. 사실 이 무지와 오해의 두 상태는 따로 경험되는 것이 아니지만, 독자들이 이해하기 쉽도록 단지 분류를 달리한 것이다.[167] 또한 『만두꺄 까리까』에서는 이것을 각각 꿈(svapna)과 잠(nidrā)에 비유하여 설명하고 있다.

> "최초의 둘[=보편위와 광명위]은 꿈 및 잠의 결합이다. 그런데 (제3) 지혜위는 꿈 없는 잠의 결합이다. 확고하게 제4위에 있는 자는 잠을 보지 않고, 또한 꿈도 보지 않는다."(GK.1.14)[168]

새끼줄을 뱀으로 잘못 인식하듯이, 꿈(=결과)은 실재의 잘못된

---

ddhas tu dve tu turye na sidhyataḥ.

166 또는 진리를 깨닫지 못함(tattva-apratibodha-mātra), 진실한 지혜의 모습에 어두움(tattvajñāna-lakṣaṇa nidrā)이라고도 말한다.

167 Swāmī Nikilānanda(1955), pp.58~9.

168 GK.1.14; Svapnanidrāyutāv prājñas tv asvapnanidrayā, nidrāṃ naiva ca svapnaṃ turye paśyanti niścitāḥ.

인식(=오해)이고, 잠(=원인)은 암흑처럼 실재에 대한 인식의 결여이다. 전자가 성립하기 위해서는 후자를 전제로 해야 한다. 즉, 결과는 원인 안에 잠재해 있어 원인과 결과적인 상태는 실재에 대한 무지를 특징으로 한다. 또한 이것은 숙면상태의 일반적인 특성인 반면, 진리에 대한 무지와 오해는 보편위와 광명위의 특징이다. 그런데 제4위는 원인과 결과, 진리에 대한 무지와 오해로부터 완전히 자유로운 상태를 일컫는다. 제4위가 이러한 것들로부터 자유로운 이유를 『만두꺄 까리까』의 다음 게송에서 잘 보여주고 있다.

> "진리를 잘못 인식하는 자에게는 꿈이 있고, 진리를 알지 못하는 자에게는 잠이 있다. 양자의 뒤바뀐 생각이 소멸될 때 제4위의 경지에 도달한다.(GK.1.15) 시작을 알 수 없는 먼 과거의 마야에 의해 잠자는 개아가 자각될 때, 그때 꿈 없고, 잠 없는 둘이 아님/불이를 깨닫는다."(GK.1.16)[169]

제4위는 실재에 대한 오해의 원인인 잠(원인)으로부터 자유롭기 때문에 꿈(결과)으로부터 자유롭다. 따라서 자아가 잠과 꿈(원인과 결과) 모두로부터 자유롭기 때문에 그때 개아는 자신을 불생이고 불이인 제4위의 자아로서 자각한다.[170] 즉 생기가 없으므로 차별적 현상세계는 존재하지 않으며, 차별적 현상세계가 생기하지 않으므로 본성과 다른 것이 존재하지 않게 되어 불이라고 한다. 그러므로

---

169 GK.1.16; Anādimāyayā supto yadā jīvaḥ prabudhyate, ajam anidram asvapnam advaitaṃ budhyate tadā.

170 Swāmī Nikilānanda(1955), pp.64~5.

이런 것들을 깨달은 것이 참된 자아인 제4위의 자아이다.

(2) 제3위와 제4위의 차이점

꿈 없이 깊은 잠에 빠져 있는 제3 지혜위(prājña)[171]는 원인에서만 제한받는다. 그런데 이것은 '진실에 대한 오해'를 낳는 원인이며, '진실에 대한 무지'를 그 특성으로 가지고 있다. 그렇지만 제4위는 항상 존재하며, 모든 것을 올곧게 인식하는 '완전한 지혜'를 일컫는다. 그럼에도 두 상태 사이에는 "제3 지혜위와 제4위의 양자는 똑같이 이원성을 인식하지 못한다."라는 공통점을 가지고 있다.[172] 그렇지만 그것은 겉으로만 같을 뿐이요, 그 본질에서는 차이를 드러내 보인 것으로 이해해야 한다.

> "(제3) 지혜위는 자신과 다른 것, 진실과 허위를 결코 인식하지 못한다. [그런데] 제4위는 항상 일체를 본다."(GK.1.12)[173]

이것은 제3위를 전체적 무지로 간주하여 주관적 자아와 대상 세계를 서로 의존적인 관계와 원인의 제약에 의한 인과율의 지배를 받는 것으로 파악한 반면, 제4위는 인과율에 제한을 받지 않고 항상 진실을 바르게 판단하는 것으로 파악하는 차이를 보인다. 그러

---

171 Prājña, nidrā, suṣupta, svāpana 그리고 supta는 모두 동의어로 쓰인다. 또 nidrā와 suṣupta는 각각 '꿈꾸는 상태'와 '숙면상태' 둘을 포괄하여 한 상태로 할 때 사용되기도 한다. Andrew O. Fort(1990), p.49, fn.28.

172 GK.1.13ab; dvaitasyāgrahanaṃ tulyam ubhayoḥ prājñaturyoḥ.

173 GK.1.12: nātmānaṃ na parāṁś caiva na satyaṃ nāpi cānṛtam, prājñaḥ kṃcana saṃvetti turyaṃtat sarvadṛk sadā.

므로 제3 지혜위는 차별적 성격을 낳는 종자(bīja, 가능성)로서의 잠과 결합하지만, 그 차별적 성격을 낳는 종자로서 잠은 제4위에는 존재하지 않는다.

(3) 불이일원으로서 제4위

제1 보편위와 제2 광명위는 결과(=꿈)와 원인(=잠)에서 제한받고, 제3 지혜위는 단지 원인에서 제한받는데 반해, 제4위는 그 어느 것에도 제한받지 않는다는 것을 보았다. 전 3위(보편위, 광명위, 지혜위)는 결국 우리들이 미혹에 빠져 살고 있는 현실생활이다. 그것은 원래 하나였던 것이 셋으로 나누어진 것에 지나지 않는다.[174] 따라서 전 3위를 성립시키는 원리는 진리에 대한 '무지'와 '오해'라고 할 수 있다. 『만누꺄 까리까』에서는 이것을 마야māyā의 원리로서 설명한다. '마야māyā'는 시작이 없는 것[無始, anādi]으로서 '무지'와 '오해'를 모두 포괄하는 의미로 사용된다. 따라서 우리의 일상생활은 진리에 대한 '잘못된 인식'과 '무지'를 바탕으로 성립한다. 그러므로 이러한 것들이 제거되면, 개아(jīva)는 태어남(=생기)이 없으므로 잠도 없고(원인=불생) 꿈도 없는(결과=불멸) '불이'인 제4위(Turīya Ātman)를 깨닫게 된다.(GK.1.16) 그렇다면 전 3위와 '불이'의 제4위를 깨달은 자의 활동영역은 어디이며, 그때의 겉모습은 일상적인 존재의 모습과 같은지 다른지가 문제로 지적된다.

전 3위는 각각 '깨어있는 상태'(jāgrat-sthāna), '꿈꾸는 상태'(svapna-sthāna), '잠 없이 잠자는 숙면상태'(suṣupti-sthāna)를 그 활동영역으

---

174 cf. GK.1.1~2.

로 한다고 하였다. 그런데 인간에게는 심리적이든, 생리적이든, 이들과 다른 어떤 상태가 있을 수 없는 것으로 생각된다. 이러한 의미에서 제4위는 어느 특정한 활동영역을 갖는 것이 아니고, 인간의 세 상태를 그대로 그의 활동영역으로 한다고 보아야 한다. 다시 말하면, 외적으로는 제4위에 도달했다하더라도 보통 사람과 전혀 다르지 않지만, 내적으로는 이러한 세속을 초월한 삶을 살고 있다고 이해해야 한다. 그렇기 때문에 "외적 대상을 향수하면서도 그것에 물들지 않는다."(GK.1.5)라고 주장한다.[175] 제4위를 깨달은 자는 현상세계를 떠나서 존재하는 것이 아니고, 그 안에서 생활하면서 불완전한 것을 완전한 것으로 전환시킬 수 있는 사람이다.

만약 그의 삶이 현실생활과 서로 다른 것이라면 그것은 아무런 실용적인 가치가 없을 뿐만 아니라 철학적 종교적인 가치도 잃게 될 것이다. 그러므로 제4위는 전 3위가 완전히 무의식에 잠기는 것이 아니다. 그것은 의식을 가지고 있으면서 현상계에서 차별과 대립을 완전히 없애는 실천적 삶을 통해 실현된 상태, 곧 불이不二 상태이다. 이런 상태에서 보면, 일체는 완전한 평등세계이다. 그럼

---

175 이것은 다음과 같은 Īśa-Up(2)의 내용에 근거를 하고 있다고 생각된다. "여기에서 행위를 하는 동안이라도 1백 년을 살기를 원해야 한다. 그래서 만약 당신이 인간으로서 살려면 행위에 집착하지 않는 것 이외에는 다른 어떠한 방법이 없다"(Kuruvann eveḥa karmāṇi jijīviṣet śataṃ evaṃ tvayi nānyatheto'sti na karma lipyate nare). 라드하끄리슈난은 'Īśa-UP의 중요성이 이 게송에서 강조된다고 하면서 우리는 행위를 해야 하며 자제해서는 안 된다. 몸을 가진 사람은 행위를 그만 둘 수 없고 그에게 주어진 행위 혹은 의무를 피할 수 없다. 참된 자유를 실현하는 길은 행위의 자제가 아니라 정신의 전환이다"라고 말한다. S. Radhakrishanan(1968), p.569. 이것은 현상세계의 다양성에 기초한 통일성을 인식하는 방법으로 제시된 것이며, 이욕행(niṣkāmakarma)이다.

에도 세속인에게 이원적인 대립의 세계가 있는 것처럼 보이는 것은 어떻게 설명할 수 있을까? 다음 게송은 이러한 의문에 대한 적절한 답을 제시해 주고 있는 것으로 보인다.

> "만약 현상세계(prapañca)[176]가 존재한다면 그것은 의심 없이 소멸하게 된다. 이 이원성은 단지 마야에 지나지 않는다. 진실한 의미에서 보면 그것은 불이이다."(GK.1.17)[177]

진실한 의미에서는 일체는 '불이'이지만, 마야, 또는 무지에 의지할 때만 이원적인 대립이 있게 된다. 그러므로 만약 누군가가 거짓된 현상적인 관념들(교사, 제자, 경전)을 분별하게 되더라도 목적이 성취된 뒤에는 이러한 관념들은 존재할 이유가 없게 된다.

> "만약 누군가에 의해 거짓 현상적인 관념들이 분별되어 만들어진 것이라면 그들은 사라질 것이다. 이 설명은 가르침을 위한 방편이다. [최고

176 'Prapañca'는 베단따 철학뿐만 아니라 일반 정통 브라흐만 철학의 책에서는 '현상계'라는 의미로 사용되고 있다. 이에 반해 불교에서는 보통 '희론戲論'이라고 번역하지만, 드물게 '허위' '허위의 과실' 등으로 번역될 때도 있다(*Index to Laṅkāvatara*). 이것의 불전에서 사용되는 예는 다양하다. (1) 언어: Prapañca vāk prapañca aprapañcitam(MK.18, 9; Prasannapadā. p.373, 9). (2) 상相=limitta(Prasannapadā. p.538, 5). (3) 다양한 현상(Prasannapadā. p.350, 11, 13~15). (4) 분별: jalpaḥ prapañco vikalpa iti yāvat(Abhisamayālaṃkārāloka. p.122, 14). (5) 분별되지 않는 것을 여러 가지로 분별하는 것: 戲論名憶念取相分別 此彼言佛滅不滅等(靑目釋『중론』 대정장. 30, 31a). (6) 분별을 일으키는 것(MK.18, 5). cf. 나카무라 하지메(中村元, 1955), pp.297~98.

177 prapañco yadi videta nivarteta na saṃśayaḥ, māyāmātram idaṃ dvaitaṃ paramārthataḥ.

의 진리를] 깨달을 때는 이원[적 대립]은 존재하지 않는다.(GK.1.18)"[178]

샹까라는 거짓된 현상적인 관념(vikalpa, 분별)을 교사(śastṛ), 경전(śāstra), 제자(śisya) 등을 구별하는 의미로 해석한다. 이러한 구별은 마야에 의해 생겨난 현상세계(prapañca)로부터 비롯된 것이므로 셋을 구별하는 것과 같은 분별은 불이성의 궁극적 실재를 깨닫지 못할 때 사용되고 효력이 있다. 그러나 그들은 진짜로 실재하는 것이 아니므로 무지의 입장에서만 인정되고, 불이인 제4위에는 영향을 미치지 못한다.

이에 대해 샹까라는 꿈속의 관념들을 예로써 설명하면 더 확실히 이해할 수 있다고 말한다. 곧 "꿈속에서 차별적 '이름과 형상'을 가진 코끼리처럼, 경험되는 대상들이 단지 마음의 질료(mind-stuff=citta)이다. 이처럼 무지 상태에서 차별적 '이름과 형상'을 가진 대상으로 경험되는 것은 단지 '브라흐만'뿐이다. 마찬가지로 꿈속에서 코끼리를 보았던 관념이 코끼리를 만들어낸 심상질료와 다르지 않듯이, 그렇게 스승과 제자 사이의 구분이 있다는 관념도 또한 '브라흐만'과 다른 것이 아니다."[179] 다시 말하면 스승과 제자의 관계는 제자가 지혜를 얻을 때까지만 성립되는 관계로서 가르쳐 설명하기 위한 방편으로 사용된다.

그러나 그 이후 어떤 목적이 달성될 때 스승과 제자의 관계는 소멸되듯이, 현상과 본체의 이원성(dvaita, dvaya)도 사라지게 된다.

---

178 GK.1.18; Vikalpo vinivarteta kalpito yadi kenacit, upadeśād ayaṃ vādo jñāte dvaitaṃ na vidyate.

179 Swāmī Nikilānanda(trans, 1955), p.69.

그러므로 이러한 사실을 깨달은 사람에게는 차별적인 구분이 있는 세계, 곧 전 3위에 살면서도 그것을 초월하여 차별 없이 평등성을 보는 제4위에 안주한다. 따라서『만두꺄 까리까』에서는 절대원리로서 제4위를 다음과 같이 정의하고 있다.

> "제4위는 ① 모든 고통이 멈추고 없앰을 주재하는 주인(nivṛteḥ sarvaduḥkhānām īśānaḥ prabhuḥ)으로서 파괴되지 않고(avyaya), 불이(advaita)이며, ② 만물의 신으로서 어디에나 두루 존재하는 것(sarvabhāvānām devas vibhuḥ)이다.(GK.1.10)[180] ③ 제4위는 항상 모든 것을 본다(sarvadṛk sadā).(GK.1.12d)" (번호는 필자)

위의 내용 가운데서 ②와 ③은『만두꺄 우빠니샤드』(6)에서 제3위의 성격과, ①은『만두꺄 우빠니샤드』(7)에서의 제4위의 성격과 관련된 것으로 생각된다.

> "① 이것은 만물의 주재신이고 전지자(全知者, sarva jñātṛ)이고, 내재자(內在者, antaryāmyin)이며 만물의 근원이다. 왜냐하면 이것은 ② 만물이 그것으로부터 생기하고 또 그 안으로 들어가는 귀의처이다."(6)[181] (번호는 필자)

---

180 GK.1.10; Nivṛtteḥ sarvaduḥkhānām īśānaḥ prabhur avyayaḥ, advaitaḥ sarvabhāvānāṃ devas turyo vibhuḥ smṛtaḥ.

181 Māṇḍ-Up.6; Eṣa sarveśavra eṣa sarvajña eṣo'ntaryāmy eṣa yoniḥ sarvasya prabhavāpyayau hi bhūtānām.

『만두꺄 까리까』와 『만두꺄 우빠니샤드』에서 세계의 생기와 귀멸은 공통으로 제3위에서만 성립할 수 있는 것이다. 그것은 브라흐만 자체인 제4위에서는 성립되지 않는다. 제4위의 입장에서 보는 것은 '궁극적 의미에서 보는 ……'(GK.1.17)으로 해석하고 있다. 『만두꺄 까리까』 제1장에서는 이 개념에 의해 절대로서의 제4위의 본성을 분명히 하려고 하였다. 그러므로 '궁극적 의미에서 보면 불이이다'(GK.1.17)라고 파악한 것이다. 나카무라 하지메(中村元)는 "이것은 이미 가현설의 방향으로 한 걸음 나아간 것으로 이해된다."고 말한다.[182] 그런데 위의 『만두꺄 우빠니샤드』(6), 특히 ②는 세계의 생기에 대한 논의로서 다음의 『만두꺄 까리까』(GK.1.9)에서 말한 것의 근거라고 보는 것이 일반적인 견해이다.

"어떤 사람이 '창조는 향수하기 위해서'라고 말하고, 또 '다른 사람은 유희하기 위해서'라고 말한다고 한다. [그런데] ① 이것은 신의 본성이다. ② 욕망을 달성한 자에게는 아무런 욕망도 없다."(GK.1.9)[183]

여기에서 신(deva)이란 'Īśvara'와 'Brahman'의 두 가지 의미로 이해해야 할 것이다. 전자('Īśvara')는 마야에 의해 한정을 받은 것이고, 후자('Brahman')는 그러한 한정에서 벗어난 자유로운 상태를 의미한다. 그러므로 전자는 궁극적으로는 후자에 종속하는 의미이어야 한다. 그런데 『만두꺄 까리까』에서 '신은 만물을 창조하는 활동

182 나카무라 하지메(中村元, 1955), p.623 참조.

183 GK.1.9; Bhogārthaṃ sṛṣṭir ity anye krīḍārtham iti cāpare, devasyaiṣa svabhāvo'yam āptakāāmasya kā spṛtā.

작용을 그 본질로 하고'(GK.1,9), '모든 것의 고통을 그치고 소멸하는 임무를 가지며'(GK.1.10), '자신의 마야에 의해 만물을 나타나게 하는 신이다.'(GK.2.19) 따라서 여기서 신는 샹까라가 말하는 신, 곧 속성을 지닌 브라흐만(saguṇa-Brahman=Īśvara)과 다른 개념이 아닐 것이다. 샹까라는 '브라흐만'에 우주적 무지인 마야가 임시로 덧붙여진 결과로써 나타난 것이 신으로서 우주의 원인, 창조자, 유지자, 파괴자로서 생각한다.[184]

이것은 사실상 『만두꺄 우빠니샤드』(7)와 『만두꺄 까리까』(GK.1.10~8)로의 매우 훌륭한 전환의 계기를 제공한다. 『만두꺄 우빠니샤드』는 신의 초월적인 본성을 강조하면서 만물의 근원이 절대이고 '불이'임을 주장한다.

> "[제4위는] 내적 지혜도 외적 지혜 [내외의] 양자에 관한 지혜도 순수한 지혜만으로 된 것도 지혜가 없는 것도 지혜가 없는 것이 아닌 것도 아니다. 보아야 하고, 말해야 하고, 이해해야 할 것도 아니며, 차별적 성격이 있는 것도, 생각할 수 있는 것도, 가르침으로 아는 것도 아니다. 유일한 자아의 관념을 본질로 하고 현상을 적멸하고 상서로운 것으로서 불이성을 제4위라고 생각한다. 그것은 자아이고, 그것을 알아야 한다.(7)"[185]

---

184 Śaṅkara ad BS.1.1.11. cf. S. Radhakrishnan(1960), p.31.

185 Māṇḍ-Up.7; Nāntaḥprajñaṃ na bahiṣprajñaṃ nobhayataḥprajñaṃ na prajñānaghanaṃ na prajñaṃ nāprajñam adṛṣṭam avyahāryam agrāhyam alakṣaṇam acintyam avyapadeśyam ekātmapratyayasāraṃ prapañcopaśamaṃ śāntaṃ śivam advaitaṃ caturthaṃ manyante, sa ātmā sa vijñeyaḥ.

따라서 이원세계는 단지 환영(māyā)일 뿐이다. 절대세계에서는 오로지 '불이'이며, 무외(無畏, abhaya)로서 시작도 끝도 없는 불멸하는 환희(ānanda)이며, 영원한 빛인 제4위의 자아(Turīya-Ātman)일 뿐이라고 알아야 한다. 그렇지만 창조는 최고 존재로서 신(deva)의 자기본성(svabhāva)이므로, 유희(遊戱, līlā)라는 견해는 『만두꺄 우빠니샤드』(7)의 교설과 모순되지 않는다. '브라흐만'은 단지 유희를 통해 세계를 창조할 수 있으나, 이 유희에는 욕망이 없다. 그러므로 앞에서 인용한 GK.1.9에서 볼 수 있듯이, ①의 창조자의 '긍정적인 속성'과 ②의 욕망 없는 자의 '부정적인 속성' 사이의 모순은 존재하지 않는다. 이 두 가지 속성은 자아의 제4위를 기술하는 것으로 보인다. 따라서 GK.1.10에서 제4위에 대한 긍정과 부정의 두 입장은 지극히 자연스러운 것으로 생각된다. 그 가운데서 긍정적 입장인 ②는 『만두꺄 우빠니샤드』(6)에 속한 것이고, 부정적 입장인 ①은 『만두꺄 우빠니샤드』(7)에 속한 것이다. 또한 ③의 GK.1.12d는 긍정적 입장에 속한다.[186]

『만두꺄 우빠니샤드』(6)에 사용된 긍정적 관념들은 옛 우빠니샤드에서는 절대자, 또는 세계의 최고원리를 의미한다. 그런데 『만두꺄 우빠니샤드』에서는 이것을 제3위에 놓고, 그 배후에 제4위를 상정하였다. 이것은 의식의 상태에서 보더라도 옛 우빠니샤드에서는 '깨어있는 상태', '꿈꾸는 잠자는 상태', '잠 없이 숙면하는 상태'를 인정하였지만, 그 근저로서 제4위는 『만두꺄 우빠니샤드』에 이르러서야 확립되었다.

---

186 T. E. Wood(1990), p.11.

그런데 궁극적인 근저로서 제4위에는 긍정적인 원리를 상정할 수 없고, 부정적인 원리로서만 할 수 있었을 것이다. 왜냐하면 말로 표현할 수 없는 어떤 것이어야 '만물의 주인'이고, '편재자'와 같은 긍정적인 관념을 포괄할 수 있기 때문이다. 이에 반해, 그것과 차원을 달리하는 절대적인 부정자를 상정해야만 무한소급(無限遡及, anavasthā)의 오류에 빠지지 않을 것이기 때문이다.

이와 같이 『만두꺄 우빠니샤드』가 제4위를 세웠다는 것은 그 이전의 여러 우빠니샤드의 형이상학을 계승하고 발전시킨 것이면서도 그것을 초월하려는 논리적 발전과정에서 필연적인 전환이었다고 평가된다. 다만 제4위를 이렇게 파악할 수 있도록 계기를 제공한 것은 용수의 공 사상(Śūnya-vāda)이다. 이 점은 이 우빠니샤드에 사용된 그 표현이 중관 학파의 부정적인 논리(prasaṅga)이나 4구논법(catuṣ-koṭi)과 놀라울 정도로 일치하거나 유사하는 데서 증명된다. 따라서 이렇게 확립된 제4위는 의식 상태에서도 어떤 특정한 영역을 갖지 않기 때문에, '깨어있는 상태' 등의 다른 세 상태를 가능케 하는 근저가 됨을 알 수 있다.

또한 옛 우빠니샤드에서 인정하는 최고원리의 배후에 다시 그것과 차원을 달리하는 궁극적인 부정적인 절대자를 인정했다는 사실이 두 가지의 최고원리를 세운 셈이 된다. 다시 말해 긍정적인 입장에서 창조주와 부정적인 입장에서의 절대자 '브라흐만'이다. 이러한 견해는 가우다빠다보다 나중에 샹까라에 의해 '최고의 브라흐만'(para-Brahman)과 '낮은 브라흐만'(apara-Brahman), 또는 '속성이 없는 브라흐만'(nriguṇa-Brahman)과 '속성을 지닌 브라흐만'(saguṇa-Brahman)이라는 두 종류[187]의 '브라흐만'을 고안해 내는 계기가 된다.

샹까라는 '브라흐만' 자체는 아무런 한정/제한도 받지 않는 차별이 없이 평등하고 언제 어디에서나 존재하는 실체이다. 그것은 다만 부정으로만 표현될 수 있다고 생각하였다.[188] 그러나 이러한 두 가지 관념의 문구는 이미 『만두꺄 까리까』에서 "성음[OṀ]은 '낮은 브라흐만'이고, 또한 '성음은 최고 [브라흐만]'이라고 전해 온다."(GK.1.26)에 시사되어 있고, GK.2,27에서는 궁극적인 면에서는 양자는 구별이 없다고 되어 있다.

그런데 샹까라에 따르면, '최고 브라흐만'은 브라흐만 자체이지만, '낮은 브라흐만'은 전자(=브라흐만)에 무명이 임시로 덧붙여져 성립하는 것으로서 주재신 이슈바라Īśvara이다. 따라서 주재신 자체는 진실한 것이 아니다.[189] 이것 또한 『만두꺄 까리까』 제2장 이하에서 말하고 있다. 또한 인식론적으로도 샹까라가 차원이 높은 절대적 인식과 진리인 '궁극적 진리의 입장'(paramārtha-avasthā)과 차원이 낮은 관습적, 실제적, 상대적 인식과 진리인 '일상적인 경험의 입장'(vyavahāra-avasthā)[190]이라는 이제설을 확립하는 계기로 작용하였을 것으로 생각된다. 후자는 감각과 오성에 의해 생산된 것, 곧 임시로 덧붙임을 통해 획득된 지식이다. 그것은 변화하고, 유한한 객관적인 경험세계에 속한다. 이것은 필연적으로 주체와 객체의 구분에 지배를 받으며, '이름과 형상'을 통해 구성된 명제적인

---

187 Śaṅkara ad BS.3.2.11~21. cf. S. G. Mudgal(1975), p.1, fn.1.

188 cf. Śaṅkara ad BS.1.1.4. p.79.

189 cf. Śaṅkara ad BS.2.1.9. p.365.

190 Śaṅkara ad BS.2.1.13~14; 4.2.12~14.

것으로서 현상세계, 곧 마야의 영역에 속하는 인식이다.[191] 이것으로부터 후세의 불이일원론 베단따 학파에서 특수한 주재신관의 연원을 찾을 수 있다. 자재신의 성격은 요가 학파에서 볼 수 있다.[192]

2) 샹까라의 가현설에 방향 제시

『만두꺄 까리까』에 나타난 마야māyā[193]는 대체로 다음 세 가지의 의미로 해석된다. (1) 외적 세계에서 사물의 허망성, (2) 실재의 브라흐만이 실재하지 않은 현상세계로 나타나는 창조의 원리, (3) 자재신의 창조력이다.

(1) 마야는 외적 대상세계의 허망함

가우다빠다는 '실로 이 일체는 브라흐만이다'라고 하여 '불이'의 브라흐만은 유일한 실재이지만, 다원세계는 마야에 의해 유발된 마야적인 현상이라는 것이라고 본 것이다. 이것은 현상세계가 실재하는 것처럼 보이지만 진실로 존재하는 것이 아니고, 실재하지 않는 것이라는 의미로서 단지 마야일 뿐(māyā-mātra)이라고 한 것

---

191 Śaṅkara ad BS. 1.2.26; 1.4.22.

192 나카무라 하지메(中村元, 1955), pp.613~14; 『요가 수뜨라』에서 자재신의 성격에 대한 자세한 내용은 다음을 참조 바람. 문을식(2008)과 임근동(2009) 논문 참고.

193 『만두꺄 까리까』에서 'māyā'는 통틀어 16송에서 나온다. 즉 제1장(7, 16, 17), 제2장(12, 19, 31)은 각각 3송, 제3장은 6송(10, 19, 27, 28, 29) 그리고 제4장은 4송(58, 59, 61, 69)에서 나온다. 또한 가우다빠다Gauḍapāda는 세계와 세계의 사물들의 환성幻性을 지칭하는 표현을 마야에 국한 시키지 않고, vaitathya, mithyā, kalpita, ābhāsa, viparyaya, saṃvṛti 등의 여러 표현을 사용한다.

이다. 그리하여 가우다빠다는 "만약 현상세계가 (진실로) 존재한다면 그것은 의심 없이 소멸된다. 이 이원 (세계)는 단지 마야일 뿐이다. 궁극적 의미에서 보면 그것은 '불이'이다."(GK.2.17)라고 말한다. 이와 같이 그것은 실재와 서로 다른 것도, 같은 것도 아니라는 것이다. 이러한 현상의 특성을 일컬어 마야, 또는 불확정성이라고 할 수 있다.[194]

(2) 마야 창조 원리

이것은 불이일원론적인 입장에서 세 가지로 제시한다. ① 자아는 자기 자신을 분별한다.(GK.2.12a) ② '불이'의 실재는 마야를 통해 다양하게 된다.(GK.3.19a) ③ 이원적인 세계는 마음의 진동이다.(GK.4.72a) 자아, 마야, 그리고 마음은 세계 현현의 동력인이다. 그런 까닭에 마야는 창조의 원리로 사용된다.[195]

(3) 마야는 자재신의 창조원리

가우다빠다는 개아(jīva)와 다른 내외적인 대상들이 자신의 창조력에 의해 분별된다고 말한다. 곧 그는 "신체 등의 모든 집합체(현상세계)는 마치 꿈속에서 보이는 신체처럼, 그렇게 자아의 마야(=자재신의 창조력)에 의해 창조된 것이다."(GK.3.10)라고 설한다. 이것은 마야가 자아조차도 미혹시키는 우주적인 힘, 곧 자재신의 창조력을 의미하는 것임을 알 수 있다.

---

194 cf. K. N. Islam(1988), p.50.

195 cf. T.M.P. Mahadevan(1975), p.156.

이상의 세 가지 의미 가운데서 (3)은 이미 제2기 우빠니샤드들[196] 안에서 나타나며, (2)는 첫째 의미를 궁극적으로 추구하게 되면 자연히 드러나는 의미이다. 그러므로 『만두꺄 까리까』에서 사용된 '마야'의 독특한 의미는 (1)의 경우이다. 불이일원론 베단따 학파에서 '마야'에 관한 이론을 현상허망설(現象虛妄說, māyā-vāda)이라고 부르는 것은 이것에서 비롯된 것임을 알 수 있다.

(4) 마야설을 통한 전변설의 극복

가우다빠다는 오직 '아뜨만', 또는 '브라흐만'만이 실재하며, 현상세계는 마야에 의해 생기한 것으로써 실재하지 않는다고 주

---

196 우빠니샤드의 시기 분류는 학자에 따라 조금씩 차이가 있지만 여기서는 정태혁의 견해에 따라 제시하면 다음과 같다. 정태혁(1984), pp. 107~08.

1. 제1기 산문 우빠니샤드
(1) 브리하드 아란야까 우빠니샤드*Bṛhadāraṇyaka-Upaniṣad* – 백야주르 베다
(2) 찬도갸 우빠니샤드*Chāndogya-Upaniṣad* – 사마 베다
(3) 까우시따끼 우빠니샤드*Kauṣītaki-Upaniṣad* – 리그 베다
(4) 아이따레야 우빠니샤드*Aitareya-Upaniṣad* – 리그 베다
(5) 따잇띠리야 우빠니샤드*Taittirīya-Upaniṣad* – 흑야주르 베다
(6) 께나 우빠니샤드*Kena-Upaniṣad* – 사마 베다

제2기 운문 우빠니샤드
(1) 이샤 우빠니샤드*Īśa-Upaniṣad* – 백야주르 베다
(2) 까타 우빠니샤드*Kāṭha-Upaniṣad* – 흑야주르 베다
(3) 슈베따슈바따라 우빠니샤드*Śvetāśvatara-Upaniṣad* – 흑야주르 베다
(4) 문다까 우빠니샤드*Muṇḍaka-Upaniṣad* – 아타르바 베다
(5) 마하나라야나 우빠니샤드*Mahānārāyāṇa-Upaniṣad* – 흑야주르 베다

제3기 산문 우빠니샤드
(1) 쁘라슈나 우빠니샤드*Praśna-Upaniṣad* – 아타르바 베다
(2) 만두꺄 우빠니샤드*Māṇḍukhya-Upaniṣad* – 아타르바 베다
(3) 마이뜨리 우빠니샤드*Maitrī-Upaniṣad* – 흑야주르 베다

장한다. 그리하여 GK.3.13에서는 개아(jīva)는 본체에서 대아(大我, Ātman)와 불리성(jīvātmanor ananyatva; GK.3.13)이라고 말한다. 그것을 허공(akāśa)의 비유, 곧 아뜨만과 개아를 각각 큰 허공(mahākāśa)과 병 속의 작은 허공(ghaṭākāśa)의 비유로써 설명한다.[197] 그는 '병 속의 작은 허공'은 원래 '큰 허공'(일반적인 虛空)과 다른 것이 아니고, 다만 '병이라는 한정'(upādhi)을 받기 때문에 이렇게 거짓으로 성립한 것에 지나지 않는다고 말한 것이다. 그와 마찬가지로 아뜨만이 신체 등의 제약을 받을 경우에 개아가 성립한다고 보아야 한다. 그렇지만 병이 파괴될 때 '병 속의 작은 허공'은 '큰 허공'으로 되듯이, 여러 개아도 신체 등의 집합(saṃghāta)이 소멸될 때 아뜨만 안으로 몰입된다고 말한다.(GK.3.3~4)

따라서 개아는 본체에서 '아뜨만'과 다르지 않음을 알 수 있고, 또 여러 개아가 최고 자아(Ātman)와 불이성(ananyatva)을 가질 때만, 각 개아 사이의 대립도 '불이성'에서는 없다는 것이 제시된다.

> "또한 실로 여러 [병]의 형태, 기능, 명칭은 다를지라도 큰 허공에는 구별이 존재하지 않듯이 개아에 관해서도 [그것과 같은 이치는] 결정적이다."(GK.3.6)[198]

---

197 샹까라도 '최고 자아'와 '개아'를 구별하지 않는다고 주장하기 위해 '허공'의 비유를 사용하고 있다. Śaṅkara ad BS(1910), vol.1, p.97, 6; p.181, 1; p.122, 10; p.209, 8; p.243, 8ff; p.459, 10; p.487, 4; vol.2, p.41, 19; p.85, 7; p.457, 4~5. cf. 나카무라 하지메(中村元, 1956), p.425, fn.19.

198 GK.3.6; Rūpakāryasamākhyāś ca bhidyante tatra tatra vai, ākāśasya na bhedo'sti tadvaj jīveṣu nirṇayaḥ.

이런 모든 병의 다른 형태·기능·명칭 등은 일상적인 경험의 문제이다. 다른 형태 등에 의해 야기된 이런 경험의 다양성은 궁극적 의미에서는 사실이 아니다. 실재에서 허공은 어떠한 다양성도 용납되지 않는다. 허공의 차별(bheda)에 근거한 우리의 경험적인 행위들은 우연한 한정(upādhi)의 도움 없이는 할 수 없다.[199] 따라서 개아는 본질에서 허공이고, 궁극적 의미에서는 나고 죽는 윤회도 오고 감과 머무름도 없다. 그러나 우리에게 나고 죽는 윤회와 오고 감 등이 있는 것처럼 보이는 것은 단지 거짓으로 어그러진 생각[妄想, moha]을 통해 나타난 모습일 뿐이다.(GK.3.9) 뿐만 아니라 어린이처럼, 어떤 사물의 본질을 제대로 인식하지 못하는 자에게는 허공은 연기나 먼지 등에 의해 더럽혀진다고 생각한다. 그러나 허공의 본성을 아는 자들이 그렇게 보지 않듯이, '아뜨만'도 그와 같다.(GK.3.8)

이것은 샹까라가 '명칭과 형상'은 '무명/무지에 의해 거짓으로 덧붙여진'(avidyādhyasta), 또는 '무명/무지에 의해 잘못 구상된'(avidyopasthā) 것 등으로 표현한 것과 같은 의미를 갖는다. 다시 말해 샹까라가 그의 저작인 『우빠데샤하스리(천 가지 가르침)』*Upadeśasāhasrī*에서 "허공에 혼탁함이 거짓으로 덧붙여 있기 때문에, 그것이 부정된다."[200]라든지, 또는 "허공에 지상의 '혼탁한 것(먼지, 연기)' 등이 거짓으로 덧붙여지는 것이 경험되기 때문에"[201]라고 언급하고 있는 데서 그것을 알 수 있다. 그리하여 그는 '이름과 형상'은 본래 비실

199 Swāmī Nikilānanda(1955), p.146.

200 *Upadeśasāhasrī*, 1.18.22; Malādhyāsaniṣedhau khe kriyete.

201 *Upadeśasāhasrī*, 2.2.61; Ākāśe talamalādyadhyāropaṇadarśanāt.

재이며, 무명/무지에 의해 '브라흐만'에 잘못 거짓으로 덧붙여진 것으로 규정하고 베단따 본래의 입장인 일원론을 고수하고 있기 때문에 상캬 철학에서 근본물질원리(mūla-prakṛti)가 순수정신(puruṣa)과 마찬가지로 영원하고 독립적인 원인으로 간주되는 것을 반대한다.

그런데 상캬 학파처럼 다수개아론(多數個我論, anekātma-vāda)[202]을 주장하는 자들은 이러한 입장을 다음과 같이 이유를 들어 논박한다. 만약 '개아'와 '아뜨만'이 같고 모든 신체 안에 있는 '아뜨만'이 같다면 하나의 개아가 나고 죽는 윤회를 하거나 괴로움이나 즐거움을 느낄 때 다른 모든 '개아'도 그와 같이 나고 죽는 윤회를 하거나 괴로움이나 즐거움을 느껴야 할 것이다. 그런데 이러한 것은 있을 수 없는 일이다. 따라서 많은 '개아'는 절대적으로 다르지 않으면 안 된다.[203] 이러한 반대의 주장은 단일개아론자(單一個我論者, ekajīvavādin)에 반대할 때 어느 정도의 힘을 가질 수도 있다. 비록 불이일원론자들 가운데서 어떤 학자는 오직 하나의 '개아'만이 있다는 견해를 지키는 자가 있다고 하더라도, 그들의 수는 많지 않다. 그런데 가우다빠다는 '단일개아론'(ekajīva-vāda)이 아니라 '단일자아론'(單一自我論, ekātma-vāda)의 입장에 서 있

202 SK.18: 생과 사와 인식도구가 각각[의 개인에] 정해져 있기 때문에 [개인들이] 동시에 활동하지 않기 때문에 3덕德이 [각 개인마다] 서로 반대이기[차이가 있기] 때문에, [따라서] 뿌루샤의 다원성이 분명히 증명된다(Janma-maraṇa-karaṇānāṃ pratiniyamād ayugapat-pravṛtteśca/ puruṣa-bahutvaṃ siddhaṃ traiguṇya-viparyayāc cai' va).

203 나카무라 하지메(中村元, 1956), 앞의 책, p.632 참조.

다.[204] 따라서 그는 경험적인 '개아'가 다수임을 인정하여 상캬 학파와 같은 다수개아론을 주장하는 자의 의문에 다음과 같이 답한다.

> "마치 '하나의 병 속의 작은 허공'이 먼지나 연기 등과 결합할 때 다른 '모든 병 속의 작은 허공'이 [먼지나 연기와] 결합하지 않듯이, 그렇게 [하나의 개아가 즐거움 등과 결합할 때 다른] 모든 개아가 즐거움 등과 결합하는 것은 아니다."(GK.3.5)[205]

그리하여 마치 '병 속의 허공'은 '큰 허공'이 '변화된 것'(vikāra)[206]도 '부분'(avayava)[207]도 아니듯이, '개아'는 최고 자아 '아뜨만'의 변화도, 또한 그것의 부분도 아니다.(GK.3.7) 그것은 '아뜨만의 마야에 의해 창조된 것'(ātmamāyāvisarjitāḥ)이라고 주장한다.(GK.3.10) 그러나 궁극적으로는 마야에 의해 존재가 생기한다는 것은 합리적이

---

204 T.M.P. Mahadevan(1975), p.165.

205 GK.3.5; Yathaikasmin ghaṭākāśe rajodhūmādibhir yute, na sarve saṁprayujyante tadvaj jīvbāḥ sukhādibhiḥ.

206 이것은 『만두꺄 까리까』 제1장의 설과 같으며, 또한 바르뜨리하리의 견해로서 장신구는 금이 변화한 것이라는 비유로 세계 전개의 질료인을 설명한다. 즉 "마치 순수하고 깨끗한 금 등이 변화하여 자기의 여러 형상으로 나누어진 장신구 등의 명칭에 의한 말로 표현하는 것은 그와 같은 것이다"(suvarṇādi yathā bhinnaṃ svair ākārair apāyibhiḥ/ rucakādyabhidhānānāṃ śuddham evaiti vācyatām). Vākyapadīya, Ⅲ.2.4, p.87. 나카무라 하지메(中村元, 1956), p.312 ff 재인용.

207 초기 베단다의 '불일불이설'을 주장하는 학설로서 『브라흐마 수뜨라』 2.3.43에서 말한 것이다. 곧 "[개아는 브라흐만의] 부분이다. 왜냐하면 양자는 서로 다른 것이라고 설명되고, 또 그것과 다르다고 [다르지 않다고] 설명되기 때문이다. 어떤 사람들은 [브라흐만은] 어부, 도박꾼이라고 읊어 전한다."(aṃṣo nānāvyapadeśād anyathā ca api dāśa-kitava-āditvam adhīyata eke).

다. 그렇지만 그것은 진실로 생기하는 것이 아니다. 그것이 진실로 생기한다는 자에게는 이미 생기한 것이 다시 생기하는 꼴이 되는 모순에 빠지게 된다. 마야에 의해서든 진실로든 존재하지 않는 것이 생기하는 것은 옳지 않다. 이처럼 가우다빠다는 불이의 '브라흐만(=아뜨만)'은 유일한 실재이고, 다원세계는 마야에 의해 유발되는 환영적인 현상이라는 견해를 지지하고 있는 까닭에 주요한 원자들의 집합에 의해 원인(asat, 없음)과 전혀 다른 결과(sat, 있음)를 낳는다는 적취설, 또는 원인(sat) 속에 이미 결과(sat)가 내재해 있는 그 원인에서 결과가 전개한다는 전변설은 모두 수용할 수 없다.

특히 전변설에는 상캬 학파의 근본물질원리의 전변설(prakṛti-pariṇāma-vāda)과 일부 베단따 학파의 브라흐만 전변설(brahma-pariṇāma-vāda)로 구분된다. 전자는 우주는 순수한 삿뜨바sattva, 동적인 라자스rajas, 무지한 따마스tamas의 세 속성(tri-guṇa)으로 구성된 쁘라끄리띠라고 부르는 근본물질원리의 전변을 말한다. 후자는 세계는 동력인이자 질료인으로서의 브라흐만의 전변을 말한다. 가우다빠다는 실재가 현상세계에 존재하지 않기에, 그것의 생기에 관한 아무런 의문이 없다고 말한다. 왜냐하면 실재는 희론적멸/현상세계의 적멸(prapañca-upaśama)이기 때문이다. 따라서 만약 결과로써 우주가 생기한다면, 그것은 '단지 환영적으로 나타남'(māyā-mātra)으로서 그렇게 될 뿐, 그것은 진실로는 존재하지 않는다.

결국 가우다빠다는 초기 베단따 학파의 대표적인 저술인 『브라흐마 수뜨라』의 인중유과론(BS. Ⅱ.1.7; 1.16~20)에 의한 순수정신 '브라흐만'이 동력인이면서 질료인(BS. Ⅰ.4.23~27)으로서 유일한 세계의 원인이라는, 세계의 창조는 자기창조(ātma-kṛti, BS.1.4.26)라고 주장하는 일원론의 입장뿐만 아니라 상캬 학파의 순수정신(puruṣa)를 동력인으로 하고 근본물질원리(mūla-prakṛti)/쁘라다나pradhāna를 질료인으로 하는 이원론의 입장도 반대한 뒤 마야설을 세워 불이일원론(advaita)을 천명하게 된다.

(5) 마야설의 불이일원론적인 이해

앞의 논의에서 가우다빠다는 '개아'와 '아뜨만'은 같을 뿐만 아니라 각 '개아' 사이에는 형태, 기능, 명칭 등의 차이가 있다고 하는 '다수개아론'(多數個我論, anekajīva-vāda)을 인정해 주면서 '단일자아론'(單一自我論, ekātma-vāda)을 주장하였다. 그렇지만 그는 여전히 문제점으로 남아 있는 서로 대립하는 '개아'를 성립시키는 조건으로 무엇인가를 제시해야 한다. 그래야만 이런 그의 주장에 완전히 옳다고 인정하게 될 것이다. 따라서 그는 그런 조건을 다음과 같이 제시한다.

> "(신체, 감각기관 등의) 모든 집합체(saṃghāta)는 마치 꿈속에서 볼 수 있는 (신체, 감각기관 등)과 같이, 아뜨만의 마야에 의해 창조된 것이다. (신, 인간, 동물 등의 신체 사이의) 우열이 있든 없든 (신체의 실재를) 증명하는 일은 할 수 없다."(GK.3.10)[208]

'개아'는 신체와 감각기관 등의 집합체에 지나지 않는다. 그 집합체는 아뜨만의 환영력(幻力)/마야에 의해 창조된 것이다. 그러므

208 GK.3.10; Saṁghātāḥ svapnavat sarve ātmamāyāvisarjitāḥ, ādhikye sarvasāmye vā nopapattir hi vidyate.

로 그것은 진실로 존재하는 것이 아니다. 또한 가우다빠다는 신·인간·동물 사이의 신체가 우열이 있든 없든 상관없이 모든 신체는 헛된 것이어야 한다고 주장이다. 샹까라는 "설사 새나 짐승과 같은 열등한 존재들보다 우월한 신을 이루는 요소로서 원인과 결과의 집합체의 경우처럼, 모든 창조물 가운데서 우월성이 있다거나, 모든 창조물이 동질성이 있다고 하여 그들의 실재성을 확립하고자 논의한다고 하더라도, 무지에 원인이 있는 창조의 관념은 그들의 창조, 또는 실재성에 관해 설명을 하지 못한다. 왜냐하면 이들 모두는 무지에 원인이 있기 때문"이라고 말한다.[209] 따라서 현상세계의 모든 존재물도 아뜨만의 마야 때문에 생겨난 결과이다. 그 이유는 다음 게송에서 제시되고 있다.

> "참으로 '불생'의 존재는 마야에 의해 차별적 모습을 드러내 보인다. 결코 (그것과) 다른 (방법에 의한) 것은 아니다."(GK.3.19ab)[210]

이와 반대로 만약 참으로 존재(sat)가 생기한다면 옛 우빠니샤드[211]의 입장과 초기 베단따 학파의 주장[212]을 따르는 결과가 되어서, 불이일원론의 입장과 서로 어긋나게 된다. 그러므로 세계의 전

---

209 Swāmī Nikilānanda(1955), p.151.

210 GK.3.19ab; māyayā bhidyate hy etam nānyathā'jaṃ kathaṃcana.

211 Tait-Up.3.1.1: "…… 실로 그것으로부터 이들 존재는 생기하고 그것에 의해 생기한 것은 존속되고 떠날 때 그들은 그것으로 귀멸하는 그것을 알아라. 그것이 브라흐만이다."(… yato vā imāni bhūtāni jāyante yena jātāni jīvanti yat prayanty bhisaṃviśanti tad vijihñāsasva tad brahmeti).

212 BS.1.1.2: "[브라흐만이란] 이 [세계의] 생기 등[=생기, 존속, 귀멸]이 일어나는 것이다."(janmād asya yataḥ).

개는 하나의 거짓 나타남[假現, vivarta]에 지나지 않으며, 진실한 의미에서는 '불생'(aja)이어야 한다. T.M.P. 마하데반에 따르면, "여기서는 후세에 말하는 마야설, 또는 가현설이 분명하게 설명된다. 왜냐하면 이 사상은 불생의 아뜨만으로부터 모든 존재가 진실로 생기한다고 주장하는 옛 우빠니샤드와 전통적인 옛 베단따 학파가 말한 학설과 대립양상을 보이고 있기 때문이다."라고 말한다.[213] 다음 게송은 이것을 분명하게 보여준다.

> "참으로 마야에 의해 존재가 생기하는 것은 합리적이다. 그렇지만 진실로 [생기하는 것은] 아니다. ……"(GK.3.27ab)[214]

이것은 (순수한) 존재 '아뜨만'으로부터 마야에 의해 생기한 것이지만, 불이성에서는 '불생'으로서 현세의 허망성, 또는 가현성을 보여주는 것이다. 이것은 마야설을 불이일원론적으로 이해하게 하는 대목이다. 그런데 일원론의 브라흐만론자(brahma-vādin)는 아뜨만이 진실로 생기(jāti=upapatti)한다'는 것을 인정한다. 이에 대해 『만두꺄 까리까』(3.24)에서 "이 세상에는 차별적 모습은 존재하지 않는다. 또한 인드라는 마야에 의해 많은 모습으로 나타난다고 성전에서 전해 오기 때문에, 진실로는 생기하지 않는 것이 마야에 의해 생기하여 그 결과로서 현상세계는 다양하게 된다."고 하여 반박한다.[215] 샹까라도 『브라흐마 수뜨라 주석』(BSbh)에서는 "성전에서 브

---

213 T.M.P. Mahadevan(1975), p.634.

214 GK.3.27ab; sato hi māyayā janma yujyate na tu tattvataḥ.

215 cf. GK.3.18(불이는 궁극적 실재이지만, 이원은 그것의 차별적 모습이라고 말한

라흐만의 창조설이 있는 것은 진실한 것이 아니다. 그것은 무지의 산물로서 형태의 다양성을 설명일 뿐이다. 그 목적은 이러한 설명에 의해 '브라흐만이 아뜨만'임을 가르치는 데 있다."[216]고 말한다.

결국 가우다빠다의 마야설은 불이일원론적으로 이해하지 않고서는 설명할 수 없다. 그러한 근거로서 후기 베단따에서 구사된 'māyā'의 개념에 해당하는 것들을 말하고 있는 데서 알 수 있다. 후기 베단따 학파에서는 'māyā'의 개념을 시작이 없는 먼 과거[無始, anādi][217], 설명할 수 없는 것[不可說, anirvacanīya], 존재자의 본성(bhāvarūpa) 등으로 표현하였다. 가우다빠다는 이와 동일한 표현을 사용하지는 않았지만, 그러한 표현이 함축하는 의미를 인지하고 있었던 것 같다. 그래서 그는 '개아(jīva)는 무시의 마야 때문에 잠잔다.'고 말한다.(GK.116) 만약 마야에 시작이 있다고 한다면 그것에는 선행하는 무엇인가가 있어야 한다. 또한 이것은 무한한 소급의 오류를 가져오기 때문에 마야는 '무시'(無始, anādi)라고 말한 것이다. 그러나 마야, 또는 윤회는 그것 안에 자아, 또는 브라흐만이 내재해 있다는 의미에서는 시작이 없다는 '무시'가 아니다. 만약 그것이 진짜로 무시라면, 그것에는 끝이 없게 될 것이기 때문이다.(GK.4.30). 그래서 윤회의 무시는 영원한 흐름(pravāhato 'nādi)의 무시와 같은 것이다. 처음, 중간 그리고 끝의 구별을 갖는 시간 자체는 마야 안에 있다. 따라서 시간적으로 마야의 처음은 있을 수 없기 때문에 후대에는 마야를 수수께끼로서 설명할 수 없는 것

다. 그들 이원론자에게는 [절대와 현상의] 양쪽으로 이원적이다).

216 Śaṅkara ad BS.2.1.31, p.502.

217 cf. Śaṅkara ad BS.2.1.22.

(anirvacaniya)이라고 부른다.[218] 가우다빠다는 마야에 의해 구상된 현상세계의 사물들의 성격을 불가사의한 것(acintya)으로서 규정한다.(GK.4.41; 4.52).[219] 비존재는 거짓 나타남[假現], 또는 거짓되고 망령된 생각의 근거가 될 수 없기 때문에 후대에서는 마야는 존재자의 본성(bhāva-rūpa)이라고 한다.[220]

그러나 가우다빠다는 단지 세계의 허망성을 증명하려고 한 것이 『만두꺄 까리까』를 편저작한 목적이 아니다. 세계의 허망성의 인식은 단지 첫 단계일 뿐이다. 그의 목적은 실재의 실현, 곧 실재가 '불생'임을 깨닫는 것이다. 그는 '불생'이 실현될 때 허망을 실재로 잘못 인식해온 근본적 오류는 시정된다고 생각하였다.[221] 따라서 가우다빠다는 현상의 허망을 드러내 보이기보다는 궁극적 실재인 브라흐만의 '불생'을 밝히는데 더 역점을 두었다. 그런 까닭에 그의 사상에게는 완전한 마야설은 보이지 않는다. 그렇지만 그 이후 불이일원론 베단따 학파에서 가현설을 주장하는 계기를 마련해 주었다는 데서 불생설의 의의를 찾을 수 있다.

이상으로 불이일원론 베단따 학파에서 가우다빠다의 불생설의 의의를 정리하면 다음과 같다. 가우다빠다는 자아의 제3위에 다시 제4위를 설정하여 부정적인 표현으로 해석함으로써 샹까라가 '브라흐만' 자체는 아무런 한정도 받지 않는 무차별적으로 평등하고, 언제 어디서나 존재하는 실체로서 부정적으로만 표현될 수 있다는

---

218 cf. K. N. Islam(1988), pp.311ff.
219 cf. E. Deutsch(1969), p.29.
220 cf. T.M.P. Mahadevan(1975), p.158~59.
221 cf. Mackey, Linda Kay Barabas(1983), pp.9~10.

점과, '최고 브라흐만'과 '낮은 브라흐만'이라는 두 개념의 설정에 의해 진리의 두 차원을 형성하는 데에 영향을 주었다.

샹까라의 '낮은 브라흐만'은 '최고 브라흐만'에 무지가 더해져 성립한 것이다. 샹까라는 그것이 주재신이며, 그 자체는 진실한 것이 아니라고 한다. 반면에 가우다빠다는 신이 도저히 있을 수 없는 것을 가진 것이고, 그것이 마야에 의해 이 현상세계를 출현시킨 것이라고 본다. 샹까라는 현상세계와 브라흐만과의 관계는, '브라흐만'이 진실로 세계를 생기시키는 것이 아니고, 마야에 의해 이 현상세계를 출현시키는 것이며, '브라흐만' 자체는 변화하는 것이 아니라고 한다. 이에 반해, 가우다빠다는 이 현상세계가 마야에 의해 생기된 것일지라도 진실로 생기하는 것은 아니라고 하고 있다. 샹까라는 현상세계가 무지에 의해 나타난 것을 새끼줄과 뱀의 비유를 들어 설명하고 있다. 그런데 이것도 가우다빠다에 의해 설명된 것이다.(GK.2.17~9)

샹까라는 최고 자아와 개아의 관계는, 개아는 궁극적 진리에서는 실재하지 않고 허망한 것이고, 개아의 진실한 모습에서는 최고 자아와 동일하다는 것을 '병 속의 작은 허공'의 비유를 들어 설명하는데, 이것은 GK.3.5~8에 나온 것이다. 샹까라는 세계의 나타남은 마술사가 여러 가지 환상을 나타낸 것에 비유하는 것이나 현상세계를 꿈이나 마야에 비유하는데, 이것은 GK.4.44; 2.31 등에서 자주 언급된 비유라는 데서 의의를 찾을 수 있다.

3. 불생설의 한계

가우다빠다는 용수의 4구논법을 차용하여 네 가지 생기설의 논파를 통해 모든 존재는 생기하지 않는다고 모든 인과론을 부정하고, 유식학의 유식무경(唯識無境, 단지 마음/인식 주관만 있고 인식 대상은 없다는 설)을 차용하여 현실세계의 실재성을 부정함으로써 베단따의 물줄기를 불이일원론으로 돌리고자 하였다. 그러나 가우다빠다의 사상은 인과율과 현상세계의 실재성을 전면적으로 부정함으로써 현실적 노력을 부정하는 또 다른 문제점을 안게 되었다. 가우다빠다의 이러한 한계를 인식한 샹까라는 꿈속에서 경험 내용이 그 당시에는 실용성이 있음과 아울러 현실생활도 깨달음을 얻기 전까지는 그 의의는 상실되지 않는다고 해석하여 진리를 높은 차원의 진리와 낮은 차원의 진리라는 두 단계로 설정함으로써 이 문제를 해결하고자 하였다.

그러나 라마누자와 마드바는 한 걸음 더 나가서 실재와 현상 모두가 실재라고 해석함으로써 가우다빠다의 견해를 정면으로 반박한다. 이처럼 그의 불생설은 그 이후 상당한 수정을 요구받게 된다. 따라서 그 이후 베단따에서 불생설은 어떠한 수정을 요구받게 되고, 그 한계는 어떻게 극복되었는지 살펴 볼 필요가 있다.

1) 일상 경험의 실재성 부정을 통한 현실 부정

가우다빠다는 현상세계가 실재 '아뜨만'이 마야에 의해 스스로 분별함으로써 나타난 것일 뿐, 실재의 세계는 어떤 다양성이나 이원성도 용납되지 않는다고 한다. 또한 현실세계의 차별적 모습은 꿈이나 마야와 같다고 한다. 따라서 그는 꿈속에서 경험이나 깨어 있는 상태에서의 경험이 모두 마음의 작용/진동(citta-spandita)에 지나지 않고, 객관적인 타당성이 없으므로 모두 실재가 아니라고 말한다.

가우다빠다는 『만두꺄 까리까』 제2장과 제4장에서 '꿈꾸는 상태'의 유추를 통해 현실세계의 비실재성을 정교하게 설명하고 있다. 그는 꿈속에서 경험되는 모든 대상들이 거짓되고 망령된다는 전제로부터 출발한다.[222] 그는 '꿈꾸는 상태'와 현실세계 모두 거짓되고 망령된 것이라고 하여 다음과 같이 논증한다.

첫째, 그는 지각된 것은 거짓되고 망령된 것이라고 주장한다. 현실생활에서 대상들은 꿈속에서처럼 인식된다. 꿈속에서의 대상은 거짓되고 망령된 것이다.(GK.2.1) 그러므로 현실세계에서 대상들 역시 거짓되고 망령된 것이다.(GK.2.3). 우리는 새끼줄을 뱀으로 착각한다. 그런 착각이 존속될 때 뱀은 실재한다고 생각한다. 그러나 뱀은 실재하는 것이 아니라는 올바른 지혜가 획득될 때 거짓으로 나타난 뱀의 환성을 깨닫게 된다.(GK.2.17~18) 꿈속에서 대

---

222 마에다 센가쿠(前田專學), 「ヴェーダーンタと불교」, p.41; cf. K. N. Islam(1988), pp.168ff.

상들도 그와 같은 경우이다. 꿈을 꾸고 있을 때 그것의 실재성은 의심되지 않는다. 그러나 꿈에서 깨어나면 곧 그것이 실재하지 않는다는 것을 알게 된다.(GK.4.38)

둘째, 가우다빠다는 현실세계와 꿈의 세계는 모두 비존재라고 생각한다. 그는 과거와 미래에 존재하지 않는 것은 마찬가지로 현재에도 존재하지 않는 것이다.(GK.2.6; 4.31) 그는 '실재'는 시간에 의해 제약받지 않는 것이고, '비실재'는 시간의 제약을 받는 것이라고 주장한다.(GK.4.34) 꿈의 대상들은 다만 꿈속에 경험될 뿐, 그 이전이나 그 이후에는 결코 경험되는 것이 아니다. 마찬가지로 현실세계의 대상들도 그 상태에서만 경험될 뿐이라고 주장한다.

셋째, 현실생활의 경험은 늘 변한다. 가우다빠다는 '꿈꾸는 상태'와 현실세계의 상호 배제를 통해 서로를 부정한다. 꿈은 현실세계의 경험들을 부정하여 현실세계의 경험들이 거짓임을 증명한다. 마찬가지로 현실생활에서는 꿈을 부정하여 꿈이 허구임을 증명한다. 가우다빠다는 꿈을 현실세계의 근거로 삼고, 현실생활을 꿈의 근거로 삼는다. 그러나 현실생활의 경험은 늘 변하기 때문에 현실생활에서 경험은 꿈속에서 경험 내용의 원인이 될 수 없다.(GK.4.39)

넷째, '꿈꾸는 상태'에서 꿈꾸는 사람은 어떤 관념들을 자신 안에서 뒤바꿔서 생각하고, 밖에서 어떤 다른 사물을 본다. 그는 전자는 비실재이고, 후자는 실재라고 믿는다. 그러나 그가 꿈에서 깨어난 순간, 그는 꿈속에서 실재라고 보았던 사물들이 실재하지 않음을 깨닫는다.(GK.4.41) 그러나 이원성의 이치에서 어긋난 생각이 사라질 때 곧바로 외적 세계에 존재하는 사실들은 거짓되고 망령됨을 다음과 같이 깨닫게 된다.

> "그런데 꿈의 작용에서조차 '내적 마음에 의해 분별망상된 것은 허망이다. 외적 마음에 의해 인식된 것은 진실이다'라고 (생각할지라도), 양자 모두 허망이라고 경험된다.(GK.2.9) 현실세계의 작용에서도 또한 (그것은) '내적 마음에 의해 분별하고 이치에 어긋난 생각이다. 외적 마음을 통해 인식된 것은 진실이다'라고 [말할지라도], 양자 모두 거짓되고 망령된 것이다."(GK.2.10)[223]

현실세계의 경험과 꿈속에서 경험은 모두 허망한 것이기 때문에 현실세계의 사물에 근거하여 실재하지 않는다고 생각되는 것은 꿈속에서 사물의 생기는 결코 있을 수 없다. 다시 말해 현실세계의 경험과 '꿈꾸는 상태'의 경험 사이에는 어떠한 인과관계도 성립될 수 없다.[224] 따라서 가우다빠다는 어떠한 경우에도 생기는 성립할 수 없기 때문에 모든 존재는 '불생'이라고 말한다.

또한 가우다빠다는 모든 현상은 모두 마음의 나타남(cittābhāsa)을 통해 성립한다. 그러므로 마음/인식 주체[識]을 떠나 객관적으로 독립해서 실존하는 것은 없다. 그러나 외적 대상의 실재성을 받아들이는 외계실재론자(外界實在論者, bāhyārthavāda)들은 다음과 같이 말한다.

---

223 Svapnavṛttāv api tv antaś cetasā kalpitaṃ tv asad, bahiś cetogṛhītaṃ sad dṛṣṭaṃ vaitathyam etayoḥ(9) Jāgāḍvrttāv api tv antaścetasā kalpitaṃ tv asad, abaiścetogṛhītaṃ sad yuktaṃ vaitathyam etayoḥ(10)

224 나카무라 하지메(中村元, 1955), p.448 참조.

"(주관의) 표상작용은 (객관적인 원인으로서의) 대상(artha)을 가지고 있어야 한다. 왜냐하면 (만약 대상이 존재하지 않는다면), (주관과 객관 사이의) 이원적 대립은 소멸하게 되고, 또한 우리가 고통을 지각하기 때문에 서로 다른 것에 의존해서 성립하는 것이라고 생각된다."(GK.4.24)[225]

여기에서는 두 가지 논의를 하고 있다. 하나는 표상작용(prajña-pti)이 존재하기 때문에 그것의 원인 역시 인정되어야 한다는 것이다. 다른 하나는 고통들의 지각이 있는 것처럼 그들의 원인 역시 있어야 한다는 것이다. 그렇지만 가우다빠다는 이에 대해 다음과 같이 반박한다.

"[당신들의 입장에서는 표상작용은 대상에 근거해서 존재한다는] 이론에 바탕을 두고 보기 때문에 표상작용은 원인(대상)을 가진다고 주장하지만, [객관적 대상은 마음(citta) 이외에 독립적으로 실재하지 않는다.] 만약 궁극적

225 Prajñapteḥ sanimittatvam anyathā dvayanāśataḥ, saṃkleśasyopalabdeś ca paratantrāstitā matā.
여기에서 'prajñapti'는 보통 '시설施設', '가설假說' 등으로 번역되며, 불교경전에서는 언설(言說, abhilāpa), 명칭(名稱, nāmadheya), 세속언설(世俗言說, vyavahāra) 등과 동의어로 사용된다. V. Bhattacharya, *The Āgamaśāstra of Gauḍapāda*, p.129, fn.1, 'saṃkleśa'[=잡염雜染, 고통苦痛, 고뇌(苦惱=kleśa)]는 불교경전에서는 'vyavadāna'[=무구법無垢法, 청정淸淨]과 반대말로서 유명하다. 부정함을 통해 마음은 더러워지고 청정함에 의해 마음은 청정해진다. 이것은 세 가지 면이 있다. 첫째는 정견(正見, darśana)과 명상(冥想, bhāvanā)에 의해 피할 수 있는 번뇌(kleśa: rāga, dveṣa, moha), 둘째는 나쁜 행위(akuśala-karman)와 선한 번뇌 행위(kuśalāsrava-karman), 셋째는 출생(janman), 또는 존재를 투사시키는 과보(果報, phala) 등이다. V. Bhattacharya(1975), p.130; 샹까라는 'saṃkleśa'가 'saṃkleśana', 'duḥkha'와 동의어로 사용된다고 말한다.

인 진실한 모습을 철저하게 보게 된다면, [앞에서 말한 고통이나 지각의 원인이라고 생각하는 대상도 진실로는] 대상의 원인이 없다는 것을 인정하게 될 것이다."(GK.4.25)[226]

따라서 마음(citta)은 그대들이 대상(nimitta, artha)으로 간주하는 것과 관계하지 않으며, 대상의 나타남(arthābhāsa)[227]에도 관계하지 않는다. 왜냐하면 대상은 실제로 존재하는 것이 아니고, 대상의 나타남은 마음과 다른 것이 아니며(GK.4.26), 또한 과거, 현재, 미래의 3세에 걸쳐 마음은 항상 원인(nimitta, 대상)과 관계가 없기 때문이다. 하물며 '원인이 없는 뒤바뀐 생각'(animitto viprayāsa)이 어떻게 그 마음에 있을 수 있겠는가?(GK.4.27)라고 그들에게 반문한다. 이에 대해 실재론자들은 다시 다음과 같은 반론을 제기한다. 그렇다면 왜 대상들은 단지 마음의 나타남[假現]에 지나지 않으며, 또한 대상들의 실재성은 인정되지 않는가?

가우다빠다는, 대상들은 "마음에 의해 보인 것(citta-dṛśya)"(GK.4.28b; 4.77d)이다. 다시 말하면 대상의 나타남[假現]은 마음과 서로 다

226 prajñapteḥ sanimittatvam iṣyate yuktidarśanāt, nimittasyānimittatvam iṣyate bhūtadarśanāt.

227 'ābhāsa'는 '광명', '유사한 것', '잘못된 것', '나타남', '영상映像'의 의미이다. 그런데 '나타남'과 '영상'은 밀접하게 결합해서 나타난다. 그리고 이 둘의 의미는 대부분 결합해서 사용된다. 샹까라는 이러한 의미로서 'ābhāsa'를 사용한다. 그 경우는 심리현상, 특히 Ātman과 buddhi(지성적 마음)와의 특수한 관계나 교섭을 통해 일어나는 지각(upalabdhi)을 문제로 삼을 때 그렇다. 지각현상을 설명할 때 대상, 곧 5감각기관, 지성적 마음, 아뜨만의 넷을 인정한다. 외계 대상은 감각기관을 통해 지성적 마음을 규정하고, 지성적 마음은 대상의 형상(ākāra)을 갖는 개념(pratyaya, 표상)이 된다고 말한다. 마에다 센가쿠(前田專學, 1958, 01), pp.174 이하 참조.

른 것이 아니고, 또한 '대상들은 마음을 떠나서는 따로 존재하지 않기 때문이다.'(GK.4.64; 4.66)[228] 이것은 곧 마음과 대상이 독립적으로 존재하는 것이 아니고, 또한 이와 반대로 마음도 대상을 떠나서는 홀로 존재할 수 없다. 그렇기 때문에 "마음은 생기하지 않고, 마음에 의해 보인 대상도 생기하지 않는다."(GK.4.28ab; 4.67) 이와 같이 "마음이 '불생'이듯이, 그와 같이 또한 모든 사물도 '불생'이라고 전해온다. 이와 같이 인식하는 사람은 뒤바뀐 생각에 빠지지 않는다."(GK.4.46). 그렇지만 "주관(마음)과 객관(대상)이 생기한다고 인식하는 자는, 마치 하늘을 나는 새의 발자국을 보는 것과 같다."(GK.4.28cd)는 비유를 들어 그들의 의문을 해소시키고자 한다.[229]

---

228 여기에서 마음과 대상의 '별이성'이란 "온갖 사물은 꿈꾸는 사람의 마음을 통해 보인 것, 그 마음을 떠나 따로 존재하는 것이 아니다. 그와 같이 그 꿈꾸는 사람에 의해 보인 것은 꿈꾸는 사람의 마음에 지나지 않는다고 인식한다."(GK.4.64)와 "온갖 사물은 깨어있는 사람의 마음을 통해 보인 것으로써 그 마음을 떠나서 따로 존재하는 것이 아니다. 그와 같이 깨어있는 사람을 통해 보인 것은 깨어있는 사람의 마음에 지나지 않는다고 인식한다."(GK.4.66)에 근거를 두고 한 말이다.

229 샹까라와 아난다기리는 GK.4.28의 취지를 GK.4.24에서 외계대상실재론자外界對象實在論者의 설을 들어 GK.4.25~27에서 유식학설(vijñāna-vāda)로서 전자를 논파하여 외계 사물의 실재성을 부인한 뒤, 이 게송에서 다시 유식학설을 배격하여 대상과 식(=주관) 모두를 부정한 것이라고 말한다. V. 밧따차리야를 제외한 현대의 대부분의 학자들도 이에 따라 해석하고 있다. 그렇지만 나카무라 하지메(中村元)는 이에 반대한다. 그 이유를 다음과 같이 들고 있다. 만약 앞의 게송까지는 유식학파의 설이고, 이 게송에서 그 유식학설을 공격하는 것이라면, GK.4.28의 시작에서 '그렇기 때문에'(tasmāt)라고 하는 말을 사용한 이유를 설명할 수 없게 될 것이다. '그렇기 때문에'라고 하고 있기 때문에, 앞에서 기술한 사상과 여기에서 기술한 사상이 같은 입장에 선 것임을 나타낸 것이라고 생각해야 한다. 그런데 만약 절대적인 입장에서 보면 마음도 대상도 모두

지금까지는 모든 사물에는 '서로 다르다는 성질[別異性(anātva, an-0yathā-bhāvatva)]'이 없다고 하여 외적 대상에 실체성이 없음을 논증하였다. 그런데 이 주장에 따르면, 외적 대상이 단지 거짓 나타남[假現]에 지나지 않는다면, 실재성을 갖지 않는 마음의 나타남은 어떻게 그렇게 될 수 있는지를 설명할 수 있어야 한다.

가우다빠다는, 모든 현상은 '분별의식/마음의 운동'(vijñāna-spand-ita)이라는 원리에 의해 가짜로 나타난다고 말한다. "이 분별의식의 운동은 인식 대상[所取, grāhya], 모든 사물과 인식 주관[能取, grāhaka]의 마음의 나타남을 나타내며"(GK.4.47cd), "분별의식은 임시로 나타난 모습[似現相]으로써 '생기의 나타남', '운동의 나타남', '사물(vastu)의 나타남'을 갖지만 본래는 불생(ajā), 부동(acala), 사물이 아님(avastu)이고, 적정(śānti)이며, 불이(advaya)"(GK.4.45)로서 인식 주관 마음/분별의식도 인식 대상인 모든 사물도 모두 '불생'이라고 한다.(GK.4.46) 그리하여 『만두꺄 까리까』에서는 나타남의 과정을 횃불을 돌리는 것에 비유해 설명한다. "공중에서 횃불을 돌리면, 직선, 또는 원 등의 여러 가지 모양이 생긴다."(GK.4.47ab) 그런데

'불생'이라고 하는 것은 이미 유식철학, 특히 무착과 세친에서 시작되어 진제 삼장을 통해 중국에 전해진 인식 대상과 인식 주관이 함께 소멸된다는 것[境識俱泯]의 오관유식학설五觀唯識學說에서 강조하는 것이다. 『섭대승론』은 그것의 대표로서 간주될 수 있지만, 다른 여러 논서에서도 그 사실이 말해지고 있다. 그런 까닭에 GK.4.5 이하의 학설은 가우다빠다가 유식학설을 그대로 자기의 사상으로 받아들여 논술한 것이므로 결코 유식학설을 공격한 것이 아니다. 따라서 이전의 인도 학자들이 이 게송에 대한 샹까라의 주석에 의지해서 『만두꺄 까리까』는 유식학설을 배척한 것이라는 해석은 옳지 못한 것임을 알 수 있다. 따라서 이 게송은 마음에 의해 보인 대상이 공성(śūnyatā)이라면, 마음도 공성이어야 한다는 무상유식학파無相唯識學派의 경식구공성설境識俱空性說과 서로 통한 것으로 생각된다. 나카무라 하지메(中村元, 1955), pp.439~40; p.649 참조.

횃불을 돌릴 때 생기는 모습들은 원래부터 있는 것들이 아니라 거짓으로 임시로 그렇게 보일 뿐이기 때문에 실체성이 결여되어 있다. 마찬가지로 모든 대상이 나타나는 것도 다만 분별의식/마음의 운동을 통한 나타남(ābhāsa)일 뿐이므로, 이 또한 실체성이 결여되어 있다고 한다.(GK.4.50~52ab)

이와 같이 모든 사물은 실체성이 없기 때문에 마음/분별의식으로부터 생기하지 않고, 또한 마음/분별의식도 모든 사물로부터 생기하지 않는다. 그렇지만 그는 인과관계를 인정하는 논자에게는 모든 사물에는 실체성과 별이성(別異性, anyabhāva)도 성립되지 않기 때문에, 그들 사이에는 인과성도 성립하지 않는다(GK.4.53)고 한다.

그러나 사람은 현실세계의 경험영역에서 살아가지 않으면 안 된다. 만약 이 현실세계가 부정된다면, 현실적인 노력을 부정하는 결과를 가져와 현실생활의 포기로 나타난다. 가우다빠다는 인과율과 현상세계의 실재성을 전면적으로 부정함으로써 그에 따른 또 다른 문제점을 안게 되었다. 다시 말해, 인과율과 현상의 실재성의 부정은 현실세계 안에서 해탈에 대한 노력과, 그 결과로 얻어지는 깨달음이나 해탈도 실재할 수 없는 것이 되지 않는가? 하는 현실생활에 대한 회의적인 태도와 포기로 나타나는 문제점을 낳게 된다는 것이다. 용수는 이미 이러한 문제점을 잘 알고서 이제설로써 그것의 세속적인 성격을 극복하여 현실과 이상이, 곧 '세간이 곧 열반과 같다'[世間卽涅槃]는 중도의 진리를 구현할 수 있게 된 것과 달리, 가우다빠다는 그 당시의 논의의 쟁점만을 해결하는 데에 급급한 나머지, 인간의 현실적인 생활에서 직면하는 과제의 해결책을 내놓지 못하고 그 숙제를 후대 학자들에게 넘기고 만다.

이 문제에 대해서 용수와 마찬가지로, 샹까라는 '궁극적 진리의 입장'(paramārthāvasthā)과 '일상적인 경험의 입장'(vyavahārāvsthā)을 인정하면서 해결하려고 하였다. '궁극적 진리의 입장'이란 '브라흐만과 아뜨만과의 동일성'[梵我一如, Brahmātmaikya]만을 진리로 하는 입장이다. 이 입장에서는 인식 주관과 인식 대상의 대립에 기초해 성립한 일상 경험은 허위이고, 다양한 현상세계는 비실재로서 각각 부정된다. 한편 '일상 경험의 입장'이란 일상 경험을 '진실'로서, 그리고 현상세계를 '실재'로서 각각 긍정하는 입장이다.[230]

일상 경험의 경우, 일상 경험 자체는 허위일지라도, 그것에 근거해 얻어진 '브라흐만과 아뜨만의 동일성'의 깨달음은 진실이다. 그러므로 일상 경험에 기초해 깨달음이 얻어진다는 것은 결코 불합리한 것이 아니다. 따라서 샹까라는 일상 경험 자체도 깨달음에 도움이 된다면, 진실로서 긍정되며, 일상 경험의 현상세계도 같은 이유에서 '실재'로서 긍정된다고 말한다. 그리고 그는 일상 경험을 인정하는 근거로 '꿈의 실례'를 들어 다음과 같이 설명하고 있다.

> "마치 잠든 사람이 깨어나기 전까지는 그의 꿈속의 경험은 사실로 생각되는 것처럼, 모든 것의 자아인 '브라흐만'의 인식이 일어나지 않는다면, 현상적 존재의 모든 복합체는 실재로 간주된다. …… 따라서 참된 인식이 나타나지 않는다면, 세속적이고 종교적인 활동의 일상적 과정을 흔들림 없이 지탱하지 못할 이유가 없다."[231]

---

230 島岩(1979), p.73.

231 Śaṅkara ad BS.2.1.14. p.463. 여기에 매긴 페이지 번호는 金倉元照(1984)에 의

"꿈꾸고 있는 사람에 의해 (경험되는) 뱀에 물린다든지, 물속에서 목욕한다든지 하는 등의 사건 자체는 거짓일지라도, 그러한 (사건으로부터 얻어진) 의식(avagati)은 분명히 진실한 결과이다. 그 사람이 잠에서 깬 뒤에도 그 사건으로부터 생긴 의식은 부정되지 않기 때문이다."[232]

이와 같이 꿈속에서 경험된 뱀에 물리는 사건 자체는 잠에서 깨었을 때는 거짓으로서 부정되지만, 꿈속에서 뱀에 물렸을 때 느낀 아픔 등의 의식은 잠에서 깬 뒤에도 거짓으로서 부정되지 않는다. 마찬가지로 궁극적인 입장에서 다원성에 기초한 성전 자체는 거짓으로 부정된다.[233] 그러나 성전에 기초하여 달성된 '브라흐만'과 '아뜨만'의 동일성에 대한 깨달음은 궁극적인 입장에서는 부정되지 않으며, 해탈은 이러한 깨달음에 기초하여 실현된다. 따라서 성전은 깨달음에 도움이 될 때, 진실한 것으로 긍정된다. 또한 다원성에 기초한 모든 일상 경험도 또한 깨달음이나 해탈에 도움이 될 때, 진실한 것으로서 긍정되는 것이다. 다시 말해, 샹까라는 주어진 진리가 '낮은 차원의 진리'라고 함은 그것이 거짓이라는 뜻이 아니라 다만 제약을 받은 진리이다.

따라서 그는 '브라흐만'에 대한 절대적인 진리라고 주장될 수 없다는 뜻이라고 강조한다. 더욱이 현상계가 환영이라고 함은 그것이 없음[無]이고 비존재라는 뜻이 아니다. 더욱 중요한 것은 '궁극

거한 것임.

232 Śaṅkara ad BS.2.114, p.464.

233 샹까라는 성전이 일상경험에 있으며, 궁극적 진리의 입장에서는 허위에 지나지 않음을 인정하는 기술을 하고 있다. cf. Śaṅkara ad BS. 2.1.14, p.464.

적 진리'의 입장을 달성할지라도 경험적인 세계는 비실재가 되는 것이 아니다. 단지 하나의 환영(이것은 비존재가 아니다)이라고 깨닫게 될 뿐이다. 그러므로 샹까라는 경험세계의 비실재성이나 경험적 진리의 오류를 가르치지 않았다.[234] 그의 이러한 인식은 외계 대상의 실재성을 부정하는 자들의 비판으로 이어진다.

샹까라는 "'깨어있는 상태'에서 지각된 여러 관념은 '꿈꾸는 상태'에서 여러 관념과 같을 수 없다."(BS.2.2.29)라는 의의에 따라 그의 『브라흐마 수뜨라 주석』(BSbh)에서 두 상태는 성질을 달리한다는 것을 두 가지로 지적한다.

첫째, '꿈꾸는 상태'에서 경험되는 여러 관념은 꿈에서 깨어나면 그 실재성이 부정되지만, '깨어있는 상태'에서 경험된 기둥 등의 사물은 어떠한 상태에서도 부정되는 것이 아니다.

둘째, '꿈꾸는 상태'에서 인식은 상기작용(smṛti)으로 있는 것임에 반해, 깨어있을 때 인식은 지각작용(upalabdhi)이다. 전자는 외계 대상으로부터 떠나 있는 것이다. 이에 반해, 후자는 결합한 것으로서, 양자의 구별은 분명히 직관되고 있다.[235] 이러한 이유를 들어 외계대상을 부정한 자(bhyārthāpalāpin)들인 유식론자들의 견해를 다음과 같이 비판한다.

> "'깨어있는 상태'에서 지각되는 기둥 등의 관념도 또한 '꿈꾸는 상태'에서 관념과 마찬가지로, (실제로는 그것에 대한) 외계의 대상이 존재한다.

---

234 R. 뿔리간들라(이지수 역, 1991), pp.248~49 참조.

235 마에다 센가쿠(前田專學, 1980), p.42 참조.

왜냐하면 [두 상태 모두] 관념이라는 점에서 구별이 없기 때문이다."[236]

또한 샹까라는 외계대상의 부정론자들이 두 상태에서 경험된 관념은 모두 인식 대상과 인식 주체의 형태로 존재하고 있기 때문에[237], 양자가 공통된 속성(sādharmya)을 갖는다는 이유를 들어 '깨어있는 상태'에서 관념이 무소연성(無所緣性, nirālambanatā)이라는 주장을 부정한다. 그 이유는 A에 어떤 성질 X가 있을 때, 그것이 B에는 본래부터 존재할 수 없는 성질이라면, A에 있는 성질 X는 B가 A와 공통된 성질 Y를 갖는다는 이유를 들어 B에도 성질 X가 존재한다고 말할 수 없다는 점이다. 예를 들면, 불과 물의 공통된 성질이 있다고 하여, 불은 차가운 것이라고 말할 수 없는 것과 같다.[238]

샹까라의 직제자 수레슈바라(Sureśvara, 720~770년)의 제자로 알려진 사르바갸나뜨만(Sarvajñānātman, 750~800)도 그의 『상끄세빠샤리라까』*Saṃkṣepaśārīraka*(BSbh의 간단한 해설서)에서 샹까라와 마찬가지로, 외적 대상의 비실재성을 주장하는 자들을 비판하여 그들과 불이일원론 베단따 학파와 서로 다름을 다음과 같이 세 가지로 주장한다.

첫째, (불이일원론) 베단따 학파는 인식 주체, 인식 근거, 인식 대상, 인식의 네 가지가 다르다고 본다. 단지 이 넷은 무지를 통해 생

236 Śaṅkara ad BS.2.2.29, p.476, 2~3. cf. Śaṅkara ad BS.2.2.28, p.469, 5~7.
237 Śaṅkara ad BS.2.2.28, p.469, 6.
238 Śaṅkara ad BS.2.2.11, p.430, 2~5. 마에다 센가쿠(前田專學, 1980), p.42 참조.

긴 것이므로, 다르지 않다고 재인식된다면 늘 존재하는 것이다. 이에 반해 그들의 설은 모든 존재가 찰나이다.

둘째, (불이일원론) 베단따 학파에서는 최고 자아를 직관할 때까지 '깨어있는 상태(일상 경험)'은 진실이고, 꿈속에서 착란과는 본성을 달리한다. 이에 반해 그들은 양자 모두 잘못 상정된 것으로서 동일하게 취급한다.

셋째, 성전으로부터 얻은 지식만이 착란을 잘 소멸할 수 있다.[239]

이처럼 다원성에 기초한 일상 경험이 부정되지 않고 진실한 것으로 긍정된다면 '브라흐만과 현상세계'이라는 이원성에 기초한 관계에 대한 고찰도 깨달음이나 해탈에 도움이 될 때는 진실한 것으로 긍정된다는 의의를 갖는다.[240] 따라서 세속적인 진리에 의해 '낮은 브라흐만'인 '속성을 지닌 브라흐만'(saguṇa-Brahman, 자재신)을 믿고 수행함으로써 해탈할 수 있게 된다. 그렇지만 샹까라는 절대적인 지혜(paramārtha-jñāna)를 얻으려면, 또한 도덕적 종교적인 실천이 필요하다고 설한다.[241]

---

239 *Saṃkṣepaśārīraka*.2.27~38. 마에다 센가쿠(前田專學, 1980), pp.48~50 재인용.

240 이호근(1991), p.41, fn.2 참조.

241 샹까라는 BSbh에서 다음과 같은 네 가지 수행 조건을 제시한다. 첫째, 상주와 무상을 구별하여 무상한 현상세계에 만족하지 말고 상주불변의 실재 세계를 바라는 깨닫고자 하는 마음을 낼 것. 둘째, 얻는 것이 없이 집착하지 않는 마음을 가지고 진리만을 추구하여 세간적인 명예와 이익에 따르지 말 것. 셋째, 적정, 절제, 이욕, 인내, 삼매의 마음, 신념 등 여섯 가지를 받아 지닐 것. 넷째, 해탈을 바라며 모든 생각이나 수행이 마지막 해탈을 위한 것이라고 믿고 전념할 것 등을 설한다. 그는 이러한 서원을 세운 뒤 베단따 학파를 배우고, 제사의식을 행하고, 고행을 부지런히 수행하고, 인격신을 예배하는 예비수행을 거쳐 요가수행을 통해 최고 실재 '아뜨만'을 실현해야 한다고 설한다. Śaṅkara ad

2) 목표 실현의 효과 한계

이상에서 보았듯이, 가우다빠다가 외계 대상의 비실재성을 주장함으로써 하나의 한계를 드러냈다. 그러나 이것은 그 이후 베단따 학자들에 의해 수정과 보완이 이루어지게 된다. 곧 그것의 하나는 샹까라와 사르바갸나뜨만이 외계대상의 비실재성의 주장을 비판했던 것이다. 이것은 앞에서 언급한 현실세계의 긍정과 같은 맥락에서 이해될 수 있다. 가우다빠다가 외계대상의 비실재성을 논증해 보이고자 유식설을 채용하는 것도 간접적으로 비판하는 것이 된다. 샹까라에게 경험세계란 실재도 비실재도 아닌 현상이다. 이런 맥락에서 샹까라에게 실제 사물은 인과율의 적용을 받는 것으로 인정받게 된다. 따라서 가우다빠다가 네 가지 생기설을 부정함으로써 모든 인과율을 철저하게 비판한 것과 달리, 샹까라는 '인중유과론적인 인과론'인 '가현설'의 입장을 취한다.

(1) 샹까라의 인중유과론적인 가현설 천명

'인중유과론'이란 결과는 그 발생 이전에 원인 안에 잠재적으로 존재함을 말하는 동시에, 결과는 원인이 변하여 생기는 것으로서 양자는 본질적으로 다르지 않다는 '인과불이因果不異'의 입장에 선 인과론이다. 샹까라는 '결과는 본질적으로 원인과 동일하다'라는 인과불이因果不二의 근거로 '원인이 존재할 때만 결과가 지각된

BS.1.1.1, pp.23~4; 정태혁(1984), p.342 참조.

다.'[242]와 '결과가 원인과 동시에 지각되지 않는 경우에도 마찬가지이다.'[243]라는 사실을 제시한다. 또한 '브라흐만'과 '현상세계'의 경우에도 원인인 '브라흐만'이 존재할 때만 결과인 '현상세계'도 존재한다거나, 또는 '현상세계'는 '브라흐만'으로부터 독립해서는 존재할 수 없다고 하여, '현상세계'가 '브라흐만'을 본질로 하고 있다는 점을 강조하고 있다.[244]

그러므로 샹까라는 '현상세계'를 전개된 '이름과 형상'으로 규정하고[245], 그것이 '아직 전개되지 않은 이름과 형상'인 '브라흐만' 안에 잠재적으로 존재하고 있다는 견해를 굳게 지지하고 있다.[246] 그는 '일상 경험의 입장'에서는 '아직 전개되지 않은 이름과 형상'이 현상 전개의 '질료인'이며[247], '브라흐만'이 현상 전개의 '동력인'임을 인정한다.[248] 따라서 인과율에서는 '인중유과론'과 우주론에서는 '이원론적인 전변설'의 입장을 취하고 있다. 그러나 여기서 샹까라는 무명/무지 개념을 도입하여 '궁극적 입장'에서는 '미전개된 이름과 형상'을 무명에 의해 '브라흐만'에 잘못 덧붙여진 것이며[249], '전개된 이름과 형상'도 무명에 의해 잘못 덧붙여진 것이다. 그러므로 그것은 본래는 실재하지 않는다고 하여[250] '이원론적 전변설'을 부정해 버

242 Śaṅkara ad BS.2.1.15. p.383.
243 Śaṅkara ad BS.2.1.18, p.391.
244 Śaṅkara ad BS.2.1.18, p.391. cf. Śaṅkara ad BS.2.1.7, p.362.
245 Śaṅkara ad BS.1.1.2, p.47.
246 Śaṅkara ad BS.2.1.2, p.386.
247 Śaṅkara ad BS.2.1.14, p.382.
248 Śaṅkara ad BS.1,3.4, pp.286~87.
249 Śaṅkara ad BS.2,1,14, pp.380~82.
250 Śaṅkara ad BS.2.1.9, p.365.

린다.[251]

(2) 라마누자와 마드바의 현상세계의 실재 인정

라마누자는 샹까라보다 한 걸음 더 나아가서 물질세계를 브라흐만(=비슈누 신)의 신체라고 해석함으로써[252] 브라흐만의 한 양태라고 본다. 그리하여 물질세계를 신이라는 원인의 결과로서 파악한다. 라마누자는 원인도 진실이고, 결과도 진실이다. 왜냐하면 유일한 '브라흐만'이 세계이기 때문이다.[253] 다시 말해, 결과는 원인의 한 형태이다. 원인과 결과의 관계는 아들과 청년의 관계와 유사하다. 따라서 결과란 다른 상태에 도달한 원인인 실체에 지나지 않는다.[254] 결국 라마누자는 원인과 결과의 차이는 상태의 차이에 지나지 않는다고 보고, 전변설의 입장을 취하여 현상세계를 신의 본성을 가진 실재로서 긍정한다.

다음으로 마드바는 '속성이 없는 브라흐만'을 실재로서가 아니라 공허하고 불합리한 개념으로 간주하며, '속성을 지닌 브라흐만'을 궁극적 실재로 여긴다.[255] 마드바는 이러한 '브라흐만'은 세계의 창조자, 유지자, 파괴자인 신이며, 행위의 주체라고 말한다. 신은 그의 의지로 다양성과 다수성의 세계를 현재 존재하게 한다는 의미에서만 세계를 창조한다고 주장한다.[256] 근본물질원리(mūla-prakṛti)

251 湯田豊(1978), pp.44~5 참조.

252 *Srībhāṣya*.2.1.9; Sarvaṃ cetanācetanam asya śarīra.

253 *Srībhāṣya*.2.1.20.

254 *Srībhāṣya*.2.1.16.

255 S. Subba Rao(trans. 1936), 1.1.6.

256 S. Subba Rao(trans. 1936), 1.4.25,

는 신에 의해 형상을 가진 현상세계로 전개되며, 해체될 때에는 다시 근본물질원리로 돌아가기 때문에 실재이다. 그러나 그는 '신과 세계와 관계'는 '영혼과 몸의 관계'도 아니고, 세계를 신의 속성이나 양태로 보지 않았다. 세계는 비록 신에 의존하지만, 신과는 다른 실재로서 존재한다. 따라서 신은 세계의 '동력인'이기는 하지만, '질료인'은 아니다. 그러므로 마드바는 인중무과론의 입장을 취하여 현상세계를 실재로서 긍정하였다.

이와 같이 시대가 흐를수록 가우다빠다가 의도한 것과는 사뭇 다른 방향으로 나아가고 있음을 볼 수 있다. 샹까라를 비롯한 불이일원론 학파에서는 '일상 경험의 입장'에서 현실을 긍정하고, 라마누자나 마드바와 같은 샹까라의 입장을 적극적으로 반대한 학자들은 현실을 적극적으로 긍정하는 방향으로 다시 되돌아감으로써 가우다빠다의 '불생설'은 초기 베단따 학자들이 직면한 문제만을 해결하려고 한 시대적 요청에만 부응한 단면을 노출시키고 말았다. 따라서 가우다빠다의 '불생설'은 많은 의의를 지녔음에도 궁극적인 실재 '브라흐만'의 속성의 하나인 '불생'을 밝히는데 역점을 두었던 까닭에 우리의 현실적인 문제를 간과하는 아직 완성되지 않은 학설로서 평가될 수밖에 없을 것 같다.

제5장 / 나오면서

제5장 나오면서

어떤 하나의 사상은 스스로 해결할 수 없는 자신 안에 내재된 문제를 해결하는 데에 있어 다른 사상을 참고하거나 비교를 통해 도움을 받기도 한다. 하나의 사상을 참고하여 다른 사상을 비판하는 것은 양자 사이에 관련이 있는 사고를 전제한다. 그러나 이런 관련이 있는 사고가 극단적으로 특수화되면, 또 다른 문제점을 낳게 된다. 따라서 가우다빠다의 불생설은 '객관세계는 결국 주관세계에 의해 성립된다.'는 인도사상 전반의 공통적 사고성향이 특수화되면서 비판의 강도가 지나치게 강화된 하나의 유형임을 부인할 수 없다. 따라서 공통된 사고성향을 추적함으로써 본 책이 초기 불이일원론 베단따 사상에서 가우다빠다의 불생설이 갖는 의의를 이해하고, 특수화로 야기된 한계도 발견할 수 있었다.

우빠니샤드는 가우다빠다의 사상에서 그의 철학적 비상을 위한 조직적인 토대를 형성한다. 그는 자신의 사상을 형성 발전시키는 데서 우빠니샤드들을 제1차적인 원천으로 삼았다. 그가 가장 널리

애용한 우빠니샤드는 『만두꺄 까리까』의 제1차 원천인 『만두꺄 우빠니샤드』를 비롯한 『브리하다란야까 우빠니샤드』와 『찬도갸 우빠니샤드』 등이다. 『만드꺄 까리까』가 『만두꺄 우빠니샤드』의 주석이라는 사실에서 자명하며, 『브리하다란야까 우빠니샤드』와 『찬도갸 우빠니샤드』는 제1장의 자아의 4위설과 제2장 이하에서의 불생설를 천명하는 성전적인 근거로 긴요하게 사용되었다.

또한 『브라흐마 수뜨라』는 가우다빠다가 인과율의 부정을 선언하게 된 직접적인 원인을 제공한 중요한 문헌이다. 그것은 상캬 학설과 마찬가지로 인중유과론에 바탕을 둔 전개설의 입장에 있었다. 상캬 학파가 순수정신 뿌루샤를 동력인으로 하고 물질원리인 쁘라끄리띠/쁘라다나를 질료인으로 함으로써 이원론적 입장을 취한데 반해, 『브라흐마 수뜨라』는 순수정신 '브라흐만'이 '질료인'이면서 '동력인'이라고 하여 일원론 입장을 취하고 있다.

그런데 '브라흐만'이 본질을 달리하는 물질세계를 어떻게 전개할 수 있는가? 하는 이원론에 바탕을 둔 인중유과론과 일원론 사이의 모순에 부딪치게 되었다. 이것은 『브라흐마 수뜨라』가 제작될 당시 강력한 세력을 가진 상캬 학파의 위세에 눌려 그의 사상을 무비판적으로 수용한 결과였던 것으로 이해된다. 이러한 결과로 베단따 학파는 제 길을 잃고 방황하여 더 이상 발전을 보지 못하고 있었다.

이에 가우다빠다는 우빠니샤드의 근본정신을 회복하고자 제 길에서 이탈된 베단따 학파의 체계에 메스를 가할 필요를 느꼈다. 아울러 그는 그 당시 막강한 세력을 지닌 상캬 학파를 비롯한 다른 학파들을 제압할 필요가 있었다. 그 일환으로 가우다빠다는 그 당시 또 하나의 막강한 세력을 가졌던 대승불교에 눈을 돌렸다. 그때 그가 가장 주목한 인물이 중관 학파 용수이다. 그 이유는 용수가 붓다의 교설을 잘못 해석하고 있는 아비달마 논사들의 시각을 교정코자 했던 것에서 볼 수 있듯이, 가우다빠다가 맞이한 상황을 이미 이전에 비슷한 경험한 적이 있었던 인물이기 때문이다.

그러나 가우다빠다는 용수와 외형적 유사성을 가지고 있지만, 그 대상과 목적하는 것은 각기 달랐다. 용수가 1차적 논파의 대상으로 삼았던 것은 불교 내부의 아비달마 교학이고, 2차적인 대상이 그 시대에 세력이 강성해져 가는 상캬 학파와 니야야-바이쉐시까 학파였지만, 가우다빠다는 1차적인 논파의 대상이 상캬적인 경향이 강한 초기 베단따 학파와 상캬 학파이고, 그 다음이 니야야-바이쉐시까 학파와 미망사 학파였다. 따라서 두 사람 간의 논적이 서로 달랐기 때문에, 그에 따른 대응방법에서도 같을 수는 없었다.

용수는 '삼세실유 법체항유三世實有 法體恒有'를 기치로 내건 설일체유부와 '찰나상속刹那相續'을 내세운 경량부經量部 등을 논파하고자 8불연기八不緣起에 입각한 중도를 내세웠다. 그것에 부수적으로 상캬 학파와 니야야-바이쉐시까 학파도 같은 범주 안에 넣어 비판을 한 것으로 이해된다.

이 같은 의도가 가우다빠다에게도 그대로 나타난다. 그는 정통철학 내부의 갈등을 치유하고 우빠니샤드의 근본정신으로 돌아감을 위해 내부 학파들이 아닌, 불교라는 외부의 사상을 적극 참고하게 된다. 그 대표적인 것이 용수의 중도설과 세친의 유식학설의 채용이다. 이들을 채용하여 『브라흐마 수뜨라』가 봉착한 문제를 한꺼번에 해결하려고 하였다. 그리하여 단상斷常, 또는 유무有無의 양

극단을 대표하는 상캬 학파의 인중유과론과 니야야-바이쉐시까 학파의 인중무과론을 비판하고, 인과의 상호 논리적 관계의 오류를 지적함으로써 미망사 학파를 비롯한 행위에 의한 결과로써 경험의 주체 문제를 일으킨 도덕적인 인과의 오류를 지적하였다.

또한 불교의 중도설만이 아니라 유식학설도 도입하여 현상세계 안에서 원인과 결과, 주체와 대상 사이의 관계를 설명하였다. 그 대표적인 것이 '꿈꾸는 상태'와 '깨어있는 상태'에서 경험 내용의 거짓되고 망령됨을 지적하는 것이다. 그는 아울러 나타나는 대상은 마음의 나타남이라는 '선화적정의 비유'를 통해 현상세계가 실재하는 것이 아니라는 것을 설명해 보였다. 다시 말해, 현상은 본체가 마야에 생겨난 거짓된 것이며, 진실로는 현상과 본체는 다르지 않다고 하여 '불생'을 주장하였다.

가우다빠다는 그 이전의 베단따 전통에서 사용되어 온 성전의 권위(śruti)에 의존하는데 머물지 않고, 초기 베단따 학파에서는 사용되지 않았던 이론적 논증법을 용수로부터 도입하여 성전에 의한 '불생'의 정당성을 뒷받침하고 있다. 또한 용수가 자성 개념에 주목하여 '이 모든 존재는 공성이다'를 드러내 보인 것과 마찬가지로, 그도 용수의 자성, 또는 본성(prakṛti)의 개념에 주목하여 '모든 존재는 생기하지 않는다.'를 논증하는데 적극 활용하였다. 그는 '자성'에서 '불생'인 것은 그 본성이 변화되어서는 안 된다'는 관점에서 모든 존재가 생기하는 것처럼 보이는 것은 단지 마야에 의한 마음의 나타남/마음의 진동에 의할 따름이며, 궁극적으로는 궁극적 실재로서 자아를 인정하게 된다.

이와 같은 맥락에서 가우다빠다에게 이제설에서 세속(saṃvṛti),

또는 환영적인 세계(māyā)는 궁극적 실재에 의해 파기되는 단지 현상이므로 가치론적으로 저차원의 가치만 인정될 뿐이다. 따라서 가우다빠다의 이제설은 궁극적 실재가 본성에서 '불생'임을 보인 것이라는 점에 역점을 두고 있다. 이처럼 베단따 학파가 가우다빠다를 통해 샹까라에 의해 제 길로 들었던 것으로 이해된다. 따라서 필자는 가우다빠다의 이제설은 '불생설'을 천명하고자 함에 그 취지가 있다고 본다. 그는 이를 위해 우빠니샤드의 전통을 손상시키지 않으면서도 그 시대적 상황에 순응하여 다른 학파의 사상 체계뿐만 아니라 용법과 양식들을 적절히 수용과 변용을 거듭하면서 자신의 철학 체계를 확립하려고 하는 하나의 시도가 그의 이제설이라는 인식체계로 나타난 것으로 보인다.

따라서 가우다빠다의 불생설이 불교에서 영향을 받은 것인지, 아니면 우빠니샤드 안에서 그 근원을 찾아서 그의 사상 체계에 걸맞게 독자적으로 재구성하였는지 하는 논의는 불교가 붓다 시대부터 우빠니샤드 등의 여러 사상 체계를 어떠한 태도로써 그의 독자적인 사상체계를 구성을 한 것인지와 같은 맥락에서 이해될 수 있다.

이와 같이 가우다빠다가 『만두꺄 까리까』를 작성하면서 주로 이용한 것은 AD. 200~400년 사이에 활약한 몇몇 유명한 불교 논사들의 저술들이다. 사실상 그는 이들로부터 거의 완전히, 혹은 부분적으로 인용하였다. 그때 불교 논사들은 대체로 용수, 제바(Āryadeva), 미륵(Maitryanātha), 무착, 세친 그리고 아마 야쇼미뜨라 Yaśomitra로 추정된다. 가우다빠다는 이들(특히 용수, 무착, 세친)로부터 사고의 틀뿐만 아니라 『만두꺄 까리까』의 저술에 따른 전형구들을 공급받았다. 그렇지만 그는 불교경전보다는 논사들의 논서로부터 인용하고 있다는 점에 주목할 필요가 있다. 이것은 그가 결코 붓다의 교설을 그대로 받아들여 자신의 사상적 토대로 삼은 것이 아니라 자신과 같은 입장인 논사들의 저술을 통해 자기 자신을 비추어 보는 것이 주안점으로 보인다. 또한 자신이 불교도가 아니라 베단따 학자임을 넌지시 간접적으로 보여주는 것이라 생각된다. 이러한 의미에서 그는 시대적으로는 자신보다 앞서 용수가 『중론』 등을 저술하여 아비달마불교의 다원론(aneka-vāda)으로부터 불이론(advaya-vāda)으로 전환하려고 한 용수의 사상적 경향이 초기 베단따 학파의 이원론적인 일원론(=不一不異論)으로부터 불이일원론으로의 전환이라는 자신의 의도에 맞아 떨어졌기 때문에 용수의 『중론』에 많은 은혜를 입어 베단따 학파의 새 기틀을 확립하는 데 가교 역할을 하였던 것으로 평가된다.

그러나 가우다빠다는 용수 등의 불교논사들의 은혜를 입어 『브라흐마 수뜨라』가 봉착한 일원론과 인중유과론의 당면 문제를 해결하였지만, 이 문제를 해결하고자 모든 인과율과 현상세계의 실재성을 전면적으로 부정함으로써 현실생활에서 모든 노력조차도 부정하는 또 다른 문제에 봉착하게 된다. 이것은 용수나 세친 등으로부터 차용한 사고의 틀을 자신의 주의와 주장에 무리하게 적용해 빚어진 결과로 이해된다. 그들에게는 이러한 세간적인 성격을 해소할 방도(용수의 이제설이나 세친의 삼성설)가 이미 강구되어 있었다. 그러나 가우다빠다에게는 이제설이 교육적으로 방편시설된 것으로 보고 있을 뿐, 그러한 방도가 제시되지는 않고 있다. 이것은 그의 정신적 손제자인 샹까라에 의해 현상세계를 긍정하는 쪽으로

수정되어 '궁극적 진리의 입장'과 '일상 경험적 진리의 입장'이라는 이제설이 제시되고 있는 데서도 알 수 있다.

그러나 샹까라도 현실을 적극적으로 긍정하지 않고 한정을 받은 진리라는 점을 강조하고 있다. 이러한 불이일원론 베단따 학파의 현실에 대한 부정, 또는 제한된 긍정은 그 이후 라마누자, 마드바 등 다른 입장을 가진 학자들로부터 강력한 도전을 받게 된다. 그들은 현상세계를 실재로서 긍정하며, 신에 대한 헌신(bhakti-yoga)에 의해서도 해탈을 할 수 있음을 제시하여 가우다빠다나 샹까라가 해탈 방법으로 제시한 무촉요가(asparśa-yoga)[257]나 무종자 삼매(nirbīja-samādhi)라는 불이적이고 초월적 인식(jñāna-yoga)을 부당한 것으로 거부하고 있다.

이와 같이 가우다빠다의 '불생설'은 용수 등에 의해 많은 시사를 받고 그 당시의 문제를 해결할 수 있었지만, 그 이후 많은 수정을 요구받게 되는 아직 완성되지 못한 초기 학설로서 만족해야 했던 것 같다. 다시 말해 그것은 완전히 다듬어지지 않은 미완의 학설이기는 하지만, 그 이후의 베단따 학파에 활발한 논의를 일으키는 계기를 제공한 것으로서 의의가 있다고 이해된다.

---

257 이 요가에 대한 자세한 내용은 다음 연구를 참고. 문을식(2009), *Gauḍapādīya Māṇḍūkya-Kārikā*에서 Asparśa-yoga.

1. 약호

대정장:	大正新脩大藏經
Bṛhad-Up:	*Bṛhadāraṇyaka-Upaniṣad*
BS:	*Brahma-sūtra*
BSbh:	*Brahma-Sūtra-bhāṣya*
Chānd-Up:	*Chāndogya-Upaniṣad*
GK:	*Gauḍapāda's Māṇḍukya-Kārikā*
GKbh:	*Śaṅkara's Māṇḍukya-Kārikā-bhāṣya*
MK:	*Madhyamāka-Kārikā*(中論)
MSA:	*Mahāyānasūtrālaṃkāra*(大乘莊嚴經論)
MU:	*Māṇḍukya-Upaniṣad*
MV:	*Mādhyamika-vikalpa-śāstra*
Śaṅkara ad BS:	*Śaṅkara ad Brahma-sūtra*
SK:	*Sāṃkhya-Kārikā*

2. 1차 원전 자료

『中論』. 大正藏, 30.

김성철 역주

(1993). 『중론』, 서울: 경서원.

金倉圓照

(1984). 『シャンカラの哲學: ブラフマ-ス-トア釋論の全譯』, 東京: 春秋社.

나카무라 하지메(中村元)

(1955). 『ウェ-ダ-ンタ哲學の發展』, 東京: 岩波書店.

(1957). 『ブラフマ ストラの哲學』, 2nd, ed; 東京: 岩波書店.

혼다(本多惠)

(1988). 『チャンドラキ-ルテイ プラサンナパダ-』和譯 ②, Rp, 서울: 韓傳統佛教硏究院.

임근동
(2012). 『우파니샤드』, 서울: 을유문화사.
정승석
(1984). 『리그베다』, 서울: 김영사.
나카무라 료쇼(中村了昭)
(1973). 「梵文和譯 ガウダパーダバシュヤ: インドの二元論の原典的解明」, 『鹿兒島經大論叢』 14~2.

Athalye, Yashwant Vasudev
(1974). *Tarka-Saṃgraha of Annambhaṭṭa*(1974). Bombay sanskrit series, No. LV. Poona: Bhandarkar Oriental Research Institute.
Balasubramanian, R.
(ed. 1988). *The Naiṣkarmya-siddhi of Sureśvara*. Madras: University of Madras.
Bhattacharya, V
(1975). *The Āgamaśāstra of Gauḍapāda*. 2nd. ed.; Madras: University of Madras.
Deussen, Paul
(1906). *The Philosophy of the Upaniṣads*. New York: Dover Publication Inc.
Gabhirananda, Swāmī
(ed. 1987). *The Māṇḍūkya-kārikā*. Kerala: Sri Ramakrishna Math.
Hume, R. E
(1968). *The Thirteen Principal Upaniṣads*. 7ed,; Madras: Oxford University Press.
Levi, Sylvain
ed(1907). *Mahāyānasūtrālaṅkara*. Paris.
Louis de la Vallee Pousin.
ed. *Madhyamika-vṛtti of Chandrkīrti(also Prasannapadā)*. Leingrad: Bibliothica Buddhica IV.

Mahadevan, T.M.P

(1975). *Gauḍapāda: A Study in Early Advaita*. 4th ed.; Madras: University of Madras, 1975.

Mainkar, T. G

(1972). *Sāṃkhya-Kārikāof Īśvarakṛṣṇa with the commentary of Gauḍapāda*. 2nd.; Poona: Oriental Book Agency.

Majjhima-Nikāya. II. Pali Text Society.

Mayeda, Sengaku

ed(1973). *Śaṅkara's Upadeśasāhasrī*. Tokyo: The sankibo Pres.

Nikilānanda, Swāmī

(1949). *The Upaniṣads*. Vol.1. New York: Bonanza Books.

(ed. 1955). *The Māṇḍūkyopaniṣad with the Gauḍapāda and Śaṅkara's Commentary*. 6th. ed.; Mysore: Sri Ramakrishna Ashram.

Radhakrishanan, S

(1960). *The Brahma-Sūtra: The Philosophy of Spiritual Life*. London: George Allen & Unwin Ltd.

(1968). *The Principal Upaniṣads*. 2nd.; London: George Allen & Unwin Ltd.

Raghunath Damodar Karmakar

(ed. 1962). *Srībhāṣya of Rāmānuja*. Poona.

Rao, S. Subba

(trans. 1936). *Vedānta-Sūtra with Commentary of Madhvācārya*. Tirupati: Sri Vyasa Press.

Śaṅkara ad BS

(1910). *Ānandāśrama Sanskrit Series*. No.21, Poona.

Śaṅkara

(1934), *Brahma-Sūtra-bhāṣya*. Bombay: Nirṇaya-Sāgar Press.

Sarawati, Sri Swami Satchidananda

(1958). *Māṇḍūkya Rahasya Vivṛtti*. Holenarsipur: Adhyatma Prakasha Karyalaya.

Tattvasaṃgraha of Śāntarakṣita
(1926). Cokwad's Oriental Series, No. ｘｘｘ; ｘｘｘｉ.

3. 2차 자료(동양 문헌)

나카무라 하지메(中村元)
(1950). 『初期のウェ-ダ-ンタ哲學』, 東京: 岩波書店.
(1956). 『ことばの形而上學』, 東京: 岩波書店.
(1967). 『インド思想の諸問題』, 中村元選集 第10卷. 東京: 春秋社.
(이재호 역, 1993). 『용수의 삶과 사상』, 서울: 불교시대사.
마에다 센가쿠(前田專學)
(1980). 『ウェ-ダ-ンタの哲學: シャンカラを中心して』, 京都: 平樂寺書店.
문을식
(2013). 『요가상캬 철학의 이해』, 서울: 여래.
(2004). 『용수의 중도 사상』, 서울: 여래.
뿔리 간들라
(이지수 역, 1991). 『인도철학』, 서울: 민족사.
정태혁
(1984). 『인도철학』, 서울: 학연사.
早島鏡正, 高崎直道, 前田專學
(1985). 『インド哲學史』, 3刷; 東京大學出版會.
村上眞完
(1991). 『インド哲學槪論』, 京都: 平樂寺書店.
湯田豊
(1978). 『インド哲學の諸問題』, 東京: 大東出版社.

4. 2차 자료(서양 문헌)

Belvalkar, S. K
(1927). *Three Gospal Basu Mallik Lectures on Vedānta Philoso-*

phy, Poona, Part 1.

Bhartiya, Mahesh Chandra

(1973). *Causation in Indian Philosophy*. Vimal Prakashan.

Cheng, Hsueh-li

(1984). *Empty Logic: Mādhyamika Buddhism from Chinese Source*. New York: Philosophical Library Inc.

Dasgupta, S

(1922). *A History of Indian Philosophy*. Vol. I. London: Cambridge University Press.

Deutsch, E

(1969). *Advaita Vedānta: A Philosophical Reconstrution*. Honolulu: An East Center Books.

Fort, Andrew. O

(1990). *The self and Its States: A States of Consciousness doctrine in Advaita Vedānta*. Delhi: Motilal Banarsidass Publication Private Ltd.

Fox, Douglas A

(1993). *Dispelling Illusion: Gauḍapāda's Alātaśānti*. Suny Series Religious Studies. Albany: State University of New York Press, 1993.

Islam, Kazi. Nurul

(1988). *A Critique of Śaṅkara's Philosophy of Appearance*. Al-lahabad: Vohra Publishers & Distributes.

Kaviraj, Gobinath

(1963). *Introduction to the Brahmasūtras*. Benares: Acyuta-Press.

Mahadevan, T.M.P

(1975). *Gauḍapāda: A Study in Early Ādvaita*. Madras: University of Madras.

Mudgal, S. G

(1975). *Advaita of Śaṅkara: A Reappraisal*. Delhi: Motilal Banarsidass.

Murti, K. S

(1974). *Revelation and Reason in Advaita Vedānta*. 2nd. ed.; Varanasi: Motilal Banarsidass.

Murti, T.R. V

(1970). *The Central Philosophy of Buddhism*. 3rd ed.; London: George Allen and Unwin Ltd.

O'neil, L. Thomas

(1980). *Māyāin Śaṅkara*. Delhi: Motilal Banrsidass.

Radhakrishnan, S

(1977). *Indian Philosophy*. Vol. Ⅱ. 10th. ed.; London: GeorgeAllen & Unwin Ltd.

Sharma, Baldev Raj

(1972). *The Concept of Ātman in the Principal Upaniṣads*. Dehi: Dinesh Publication.

Sharma, Chandradhar

(1976). *A Critical Survey of Indian Philosophy*. Delhi: Motilal Banarsidass.

Walleser, M

(1910). *Der ältere Vedānta. Geschichte, Kritik und Lehre*. Heidelberg.

Wood, Thomas E

(1990). *The Māṇḍūkya-Upaniṣad and Āgama Śāstra: An Investigation in the Meaning of the Vedānta*. Monographs of the Society for Asian and Comparative Philosophy. No.8. Honolulu: University of Hawaii Press.

5. 논문(동양)

今西順吉

(1978). 「インド哲學と因果論: サーンキヤ哲學を中心して」, 『佛教思想』, 3. 京都: 平樂寺書店.

磯田熙文

(196). 「數論派とウェ-ダ-ンタ派の交涉の一斷面」, 『印度學佛教學研究』 14~2.

나카무라 하지메(中村 元)

(1947). 「ウェ-ダ-ンタ哲學の基本的立場」, 『東洋文化研究』, 4.

(1953). 「マ-ンヅ-キヤ頌 第四章にいて」, 『인불연』, 1~2.

島岩

(1979). 「ブラフマンと現象世界との關係--因果律をとして--」, 『佛教學』 8. 佛教研究會.

마에다 센가쿠(前田專學)

(1958) 「シャンカラにおけるābhāsaの意味: ウパデ-シャサ-ハスリ-を 中心して」, 『印度學佛教學研究』 6~1.

(1974). 「シャンカラの宇宙論について」, 『智山學報』, 23~24.

(1975). 「不二一元論派における 無明論の展開: Śaṅkara-Sarvajñātman」, 『印教研』 24~1.

(1977). 「ウェ-ダ-ンタのおける絶對者」, 『佛の研究』, 東京: 春秋社.

(1978). 「ニ-ヤヤ.ウヤイシェ-シカ哲學と因果論」, 『佛教思想』, 3. 京都: 平樂寺書店.

(1980), 「プェ-ダ-ンタと佛教: 不二一元論派と大乘佛教」, 『佛教思想史』, 2. 京都: 平樂寺書店.

문을식

(1992). 「Gauḍapādīya Māṇḍūkya-Kārikā에서 제4의식(Turīya)에 대한 고찰」, 『인도철학』 제2집, 인도철학회.

(1993). 「가우다빠다 사상에 있어서 대승불교의 영향 고찰」, 『불교연구』 제10호, 한국불교연구원.

(1993). 「가우다빠다의 불생설(ajāti-vāda)」, 『인도철학』 제3집, 인도철학회.

(1995). 「가우다빠다의 무논쟁 사상」, 『동국사상』 제26집, 동국대학교 불교대학학생회.

(2001). 「베단따 철학에서 마야설(Māyāvāda)의 불이일원론적 이해-

가우다빠다의 만듀끼-까리까를 중심으로 -」,『제13회 한국 철학자연합대회보(21세기를 향한 철학의 화두)』.
(2008). 「요가수뜨라에서 이슈바라의 성격과 역할」,『남아시아연구』 제13권 2호, 한국외국어대학교 남아시아연구소. pp.25~44.
(2009). 「Gauḍapādīya Māṇḍūkya-Kārikā에서 Asparśa-yoga」. 「남아시아연구」 제15권 2호, 남아시아연구소(현 인도연구소).
梶山宏一
(1981), 「中論における無我の論理-第十八章の研究」,『自我と無我』, 京都: 平樂寺書店.
이지수
(1987). 「'Tat-tvam-asi'에 대한 Advaita-Vedānta 학파의 의미론적 해석」,『현대와 종교』 제10집, 대구: 이문출판사.
이호근
(1991). 「샹카라의 가현설 연구」, 동국대학교 대학원 박사학위논문.
임근동
(2009). 「『요가쑤뜨라』(Yogasūtra)의 자재자(Īśvara)에 대한 고찰」,『인도연구』Vol.14No.2, 한국인도학회.
정승석
(1988), 「공 사상의 실천적 의의」,『월간 해인』, 통권75호, 해인사.
정호영
(1986), 「베다안타와 불교: T. R. V. Murti의 해석에 대한 비판적 검토」,『불교연구』 제2호, 한국불교연구원.
平川彰
(1972). 「阿含中道說」,『佛教研究』, 第2集, 國際佛教徒協會.

5. 논문(서양)

Bhattacharya, V

(1975). "The Māṇḍūkya Upaniṣad and the Gauḍapāda". *Indian Historical Quarterly*, Vol.1.

Jacobi, H

(1913). "On Māyāvāda", *Journal of the American Oriental Society*, Vol.33.

Mackey, Linda Kay Barabas

(1983). "Reflection on Advaita Vedānta: The Approach of Gauḍapāda's Kārikāwith Śaṅkara's Commentary". *The Requirememts for the Degree of Doctor of Philosophy*. Austin: The University of Texas.

Motilal, B. K

(1975). "Causality in the Nyāya-Vaiśeṣika School". *Philosophy East and West*, Vol. 25~1.

Poussin, Valle Louis

(1910). "Vedānta and Buddhism", *Journal of the Royal Asiatic Society*.

Ray, A

(1935~7). "Bhāgavata Purāṇa and Kārikās of Gauḍapāda", *Bulletin of the School of Oriental Studies*, Vol.Ⅲ, London: University of London.

6. 사전류

정승석 편

(1989). 『불전해설사전』, 서울: 민족사.

狹原雲來

(1973). 『梵和大辭典』, 講談社.

7. 간접 인용 문헌

Strauss, Otto

(1922). "Vom Kausalitäts Problem in der Indischen Philosopie." *Christiania, Acta Orientalia,* Ⅰ.

Belvalkar, S. K

(1925). *Three Gospal Basu Mallik Lectures on Vedānta Philosophy*. Part Ⅰ.

Kaviraj, Gobinath

(1963). *Introduction to the Brahmasūtras*. Benares: Acyuta Press.

Sastri, S. R. Krishnamurti and Iyer, T. V. Viswanatha

(1978). *Māṇḍūkya-Gauḍapādīya with Śaṅkara Bhāṣya and Anubhūtisvarūpācārya's Ṭippaṇam*. Edited with Introduction and Note. Madras, Mylapore: The Sanskrit Education Society.

Venkatasubhiah, A

(1935). "On Gauḍapāda's Āgamaśāstra". *Indian Historical Quarterly*. 11.

Walleser, Max

(1910). *Der ältere Vedānta, Geschichte, Kritik und Lehre*. Heidelberg.

Hacker, P

(1953). *Vivarta. Mainz: Verlag der akademie der Wissenschaften und der Literatur*.

ㄱ

가리는 능력(āvṛti-śakti) / 55, 108
가우다 지방 / 44, 46
가우다빠다Gauḍapāda / 17~19, 21~22, 24, 25~31, 34~36, 38~41, 43~45, 52, 54~55, 57~59, 62~63, 65~66, 69~70, 75, 77~79, 82, 84~86, 88, 93~94, 100~101, 103~109, 111~112, 114, 120~122, 124~126, 134~137, 140~145, 147~152, 160, 161, 164, 176, 178~180, 183, 185~187, 189~197, 199, 200, 206, 209, 213~219
가탁(假託, adhyāsa, viparyāsa) / 50, 51, 54
가탁법(假託法, adhyāropa) / 50, 51,
가현설(假現說, vivarta-vāda) / 75, 80~82, 126~127, 153, 158, 161~162, 173, 178, 188, 190, 206
갈애(渴愛, tṛṣṇa) / 26
감각적 마음(manas) / 32, 46, 53, 129, 154
감시자 (adhyakṣa) ⇔ 개아(jīva) / 149
개아(jīva) / 44, 47~48, 52, 54, 60, 103, 114, 147, 150, 156~ 160, 168, 179, 181~ 184, 186, 189, 191
개아의 영적 능력을 은폐하는 무명(jīvācchādika) / 159
개인적 자아 / 149
거짓 나타남[生命我, jīva] ⇔ 개아(jīva) / 44, 55, 152~153, 157, 188, 190, 199
거짓 덧붙임[假託, adhyāsa, adhyāropṇā] / 154~155
거짓 창조[分別, vikalpa] / 135
거짓 현상적인 관념(vikalpa) ⇔ 분별(分別) / 170
거친 원소(mahābhūtas) / 101
결과가 먼저 있고 원인이 나중에 따라 일어나는 경우(apara-krama) / 122
결과가 먼저 있는 다음에 원인이 따라 일어나는 것(apara-krama) / 104
결론명제[結, nigamana] / 81
경량부(經量部, sautrntika) / 215
경식구공성설境識俱空性說 / 199
고락苦樂 중도 / 22
공견(空見, śūnya-dṛṣṭi) / 23
공사상(空思想, śūnya-vāda) / 23
공성(空性, śūnyatā) / 23
관념(prapañca) / 79
광명위(光明位, taijasa-avastha) / 163
구제자(救濟者, tāyin) / 43
궁극적 실재(Ātman, Brahman) ⇔ 최고의 진리(paramārtha-satya) / 71
궁극적 진리(tattva) / 25, 61, 67, 85, 89,

131, 134~138, 140~141, 151, 177, 191, 201~203, 219
궁극적 진리[勝義諦, paramārtha] ⇔ 최고의 진리(paramārtha-satya) / 135
궁극적인 진리를 주장하는 자 (paramārtha-cintakas) / 85
궁극적인 진리의 입장 (paramārtha-avasthā) / 177
귀류논증법(歸謬論證法, prasaṅga) / 26, 61
규정하기 어려운 어떤 것(anirvcanīya) / 154
그릇된 진리(mithyā-satya) / 136
그림자를 본체로 하는 자아 (chāyā[rūpa]-puruṣa, chāyātman) ⇔ viśva / 36
근본 물질원리의 전변설 (prakṛti-pariṇāma-vāda) / 185
깨달은 자(saṃbuddha) / 42
깨어있는 상태(jāgrat-sthāna) / 36, 59, 61, 80~81, 151, 164, 168, 175~176, 193, 203~205, 216
깨어있는 상태의 자아 (viśva, 또는 vai-śvārana) / 36
꿈 없이 숙면하는 상태(suṣupta-sthāna) ⇔ prājña / 36
꿈꾸며 잠자는 자아(svapnātman) ⇔ taijasa / 36
꿈(svapna) / 85, 162, 165
꿈꾸는 상태(svapna-sthāna) / 61, 81, 81, 151, 164, 167~168, 193~195, 203, 216
꿈이나 환영과 같은 것 (svapna-māyā-sarūpa) / 85
끝없는 반복을 거듭(anavasthā) ⇔ 무한반복의 오류 / 91

ㄴ

나는 브라흐만이다(Aham Brahmāsi) / 34, 106
나라야나Nārāyaṇa / 44
낮은 브라흐만(apara-brahman) ⇔ 속성이 있는 브라흐만(saguṇa-Brahman) / 158
낮은 지식(apara-vidyā) ⇔ 개아(jīva) / 155
내속인(內屬因, samavāyi-kāraṇa) / 119
내재자(內在者, antaryāmyin) / 157
네 가지 생기설[四生說] / 192
네 영역(catur-pāda) / 162
논점선취(論点先取, 所立相似, sādhyasama)의 오류 / 105
논증(upapatti) ⇔ 실증 / 54
논증(yukti) / 21, 59, 135
높은 지식(para-vidyā)

⇔ 브라흐만Brahman / 155
눈에 비친 뿌루샤(akṣi-puruṣa)
⇔ viśva / 36
늘어남[增益, adhyāropa] / 79
늙음(jarā) / 93
니야야Nyāyā 학파 / 17

ㄷ

다른 것에 의존하는 세속적인 진리
[依他性 隱蔽, paratantra abhisaṃvṛti]
⇔ 그릇된 진리(mithyā-satya) / 136
다른 것으로부터 생기하지 않는 경우 / 128
다른 원인에 의해 생성되지 않는 것
(akṛtā prakṛti) / 76, 77
다수개아론(多數個我論, anekajīva-vāda) / 183
다양성(nānatva, andekatva) / 152
다원론(多元論, aneka-vāda) / 15, 25, 107, 218
단멸론(斷滅論, ucheda-vāda) / 23
단상斷常 중도 / 22
단일개아론(單一個我論, ekajīva-vāda) / 183
단일자아론(單一自我論, ekātma-vāda) / 183, 186
당신이 그것이다(Tat Tvam asi) / 101
대성구(mahā-vākya) / 32, 101
대승불교(Mahāyāna-buddhism) / 19, 20, 21, 23, 24, 31, 32, 41, 47, 48, 68, 137, 215
동력인(nimitta) / 38, 40, 82, 110, 119~120, 127, 150, 155~156, 161, 179, 185, 186, 207, 209, 214
동력인(動力因, nimitta-kāraṇa) / 119
동적인 라자스rajas 속성 / 185
두 차원의 진리[二諦說, dvi-āryasatya-vāda] / 131, 161
뛰어난 이해력을 가진 자 / 88

ㅁ

마야māyā ⇔ 환영 / 37, 75~76, 78~82, 98, 108, 131, 139, 147, 168, 178
마야설(māyā-vāda) ⇔ 환영설 / 60, 155
마음의 나타남(cittābhāsa) / 94, 195, 197, 199, 216
마음의 운동(citta-spanda) ⇔ 마음의 진동(citta-spandita) / 82, 199~200
마음의 움직임(citta-spandita) ⇔ 마음의 운동 / 152
말로 표현할 수 없는 것
(tattvānyatvābhyām anirvacanīya) / 153
명칭(nāma) / 102, 196
모든 존재는 공성임(諸法空性) / 106

몸을 가진 자아[有身我, śārīra] ⇔ 개아 (jīva) / 149
무(無, asat) / 23
무논쟁(無論爭, avivāda) / 61
무명론(無明論, avidyā-vāda) / 158
무상유식설(無相唯識說, nirākaravādi-yogācāra) / 43
무상유식학파無相唯識學派 / 199
무속성 브라흐만(nirguṇa-Brahman) / 79, 155
무아론(無我論, anātma-vāda) / 19
무유아가(無有雅歌, nāsadāsītya-sūkta) / 99
무의식적인 물질(acetana) / 158
무인생無因生 / 129
무자성(無自性, niḥsvābhāva) / 117
무종자 삼매(nirbīja-samādhi) / 219
무지(avidyā) ⇔ 마야māyā / 37, 153
무지한 따마스tamas 속성 / 185
무촉요가(asparśa-yoga) / 219
무한소급(anavastha)의 오류 / 78
무한자 브라흐만(nirguṇa-brahman) ⇔ 무속성 브라흐만 / 82, 155
물질(acit) / 157
물질(ajīva) / 80
물질원리(prakṛti) ⇔ 쁘라끄리띠prakṛti / 38, 90~91, 106, 110, 117, 153, 185, 214
미전개(avyakta) ⇔ 물질원리(prakṛti) / 90

ㅂ

바이쉐시까Vaiśeṣika 학파 / 17, 47, 158, 215~216
반야(prajñā) / 24
반야중관(prajñā-madhyamika) 학파 / 18
방편(upāya) / 24
배제법(排除法, apavāda) / 78~79
범주(pādārtha) ⇔ 실체(padārtha) / 158
베다Veda / 159
베단따Vedānta 학파 / 18~21, 25~26, 31~32, 38, 41~42, 46, 48~49, 51, 63, 147~149, 155, 160~161, 178, 180, 185, 187~190, 204, 205, 214~219
변이(vikṛti) / 111
변화시키는 힘(māyā) ⇔ 마야māyā / 75
별이론別異論 / 159
별이성(別異性, anyabhāva) / 200
병속의 작은 허공(ghaṭākāśa) / 151~152, 181, 184, 191
병의 속성(甁性, ghaṭatva) / 117, 181
보이는 능력(dṛśyatva) / 54
보편위(普遍位, viśva-avastha) / 163

본래적인 것(sahajā prakṛti) / 117
본성(prakṛti) ⇔ 물질원리(prakṛti) / 116~117, 216
본질을 잃지 않는 것 (na jahāti svabhāva prakṛti) / 117
부분(aṃśa) / 150
부정적인 논리(prasaṅga) / 176
분별된 세간적인 진리 / 139
분별된 세속적인 진리[分別性 隱蔽, kalpita-saṃvṛti] / 138
분별의식의 운동(vijñāna-spandita) / 94
분별적인 세속(vikalpita-saṃvṛti) / 139
분석주의자(vibhajya-vādin) / 22
불가사의(不可思議, acintya) / 43, 96, 151, 190
불멸(不滅, amṛta) / 87
불사부동(不死不動, amṛta-acala) / 77
불사의 존재(amṛtṛ) / 77, 116
불상부단不常不斷 / 134
불생(不生, ajāti) ⇔ 궁극적 진리(paramārtha) / 71~72, 75
불생설(不生說, ajāti-vāda) / 73
불생의 논리(ajāti-yukti) / 83
불생의 존재(ajātṛ) / 76~77, 80, 89, 93, 116
불생하는 것(ajāta) / 86
불이(不二, advaya) / 94, 132, 199
불이론(不二論, advaya-vāda) / 18~19
불이성(不二性, advayatā) / 74
불이일원(不二一元, advaita) / 71
불이일원론 베단따(Advaita-Vedānta) / 4, 31,
불이일원론(不二一元論, 非二元論, advaita-vāda) / 18~19, 25~26, 31~32, 37, 41~44, 46, 49, 51, 57, 59, 63, 86, 89~90, 92, 103, 107, 109, 131, 155~156, 159~162, 178~180, 183, 186~190, 192, 204~205, 209, 213, 218~219
불이일원론자(advaitavādin) / 89
불이일원장 (不二一元章, Advaita-prakaraṇa) / 52
불일불이(不一不異, bhedābheda) / 150
불일불이론 (不一不異論, bhedābheda=-vāda) / 103, 151
불임여성[石女] ⇔ 석녀石女 / 90
브라흐만 전변설(brahma-pariṇāma-vāda) / 153
브라흐만Brahman / 18, 19, 26, 32, 34, 36~42, 49, 63, 68, 71~72, 74, 77~79, 82~83, 91, 97~98, 102, 106~107, 110, 112, 115, 123, 143, 147, 149~150, 152~163, 170~171, 173~178, 180, 183~185, 187~191,

201~202, 205, 207~209, 214
브라흐만과 아뜨만은 하나[梵我一如, Brahmātmaikya] / 201
브라흐만론자(brahma-vādin) / 188
브라흐만의 가현설(Brahma-vivarta-vāda) / 153
브라흐만의 불생 / 97
브라흐만의 실재론 / 26, 41
브라흐만의 전변설(Brahma-pariṇāma-vāda) / 153
브라흐만의 창조의 목적 / 40
비내속인(非內屬因, asamavāyi-kāraṇa) / 119~120
비슈누 신(Viṣṇu) ⇔ 최고의 브라흐만(para-brahman) / 48, 155, 158, 208
비슈누교도(Vaiṣṇava) / 156
비실재성 / 42, 54, 60, 67, 82, 84, 87, 94, 193, 203, 204, 206
비유론자(非有論者, asad-vādin) / 80
비유명제[喩, dṛṣṭānta] / 81
비존재(asat) / 99, 154
비존재에서 생기하지 않는 경우 / 129
비판적인 분석(vibhajya-vāda) / 22

ㅅ

사견(邪見, mithyā-dṛṣṭi) / 24
사구부정四句否定 / 129
사구분별(catuṣ-koṭi) / 61
사색(manas) ⇔ 감각적 마음(manas) / 99
사세속(邪世俗, mithyā-satya) / 139
4위설(catur-pāda) / 162
삼세(三世, tri-adhvan) / 43
삼세실유 법체항유三世實有 法體恒有 / 215
37조도품助道品 / 22
상기작용(smṛti) / 203
상서로운 것(śiva) / 133
상좌부(上座部, Thera-vāda) / 22
상주(常住, śāśvata) / 134
상캬Sāṁkhya 학파 / 17
상호의존관계 / 105, 121, 125~ 127
상호의존관계 부정 / 121
생기(生起, jāti) ⇔ 발생, 창조 / 75
생기설(生氣說, prāṇa-vāda) / 60, 129, 192, 206
생기하지 않음[不生起, asambhūti] / 77
생명에너지(prāṇa) / 60
생사하는 존재(martyatā) / 77
서로 거짓 덧붙임[相互假託] / 154
서로 다름[別異性] / 154
서로 다름의 없음[無別異性] / 71, 75
석녀의 자식(vandhyā-putra) ⇔ 석녀石女 / 80, 121, 129

선교방편(kuśala-upāya) / 24
선인계보전승(仙人系譜傳承, vaṃśa-ṛṣi-paramparā) / 45
선한 행위(dharma/kuśala-karma) / 121
선화론(旋火論, alāta-vāda) / 43
선화적정장
(旋火寂靜章, Alātaśānti-prakaraṇa) / 52
설일체유부(說一切有部, Sarvāsti-vāda, Vaibhāṣika) / 22, 215
성구(聖句, vākya) / 19
성전(āgama, śruti) ⇔ 성전의 권위 / 21, 24, 65, 73, 135
성전(śruti) ⇔ 성전적인 권위(śruti) / 19, 21, 26, 39, 65, 51, 53~54, 65, 73, 216
성전론(聖典論, Āgama-śāstra) / 53
성전장(聖典章, Āgama-prakaraṇa) / 52
성질(guṇa) / 152
세간(世間, laukika) / 43
세간적인 지식(laukika-jñāna) / 139
세계 원인(=創造主, prajāpati) / 38~40, 101, 103~104, 115, 121, 149, 150~151, 161
세계 원인(loka-karaṇa)
⇔ 창조주(prajāpati) / 150
세계의 허망성(vaitathya) / 59
세계 전개 / 38, 60~61, 107, 184
세속(saṃvṛti/saṃvṛtti) / 134, 216
세속에서 인정하는 원리(tathya-satya) / 136
세속의 진리[世俗諦, 俗諦, samvṛti-satya] / 61, 68, 82
속성을 갖지 않는 브라흐만(nirguṇa-Brahman) ⇔ 실재(tattva) 무속성 브라흐만 / 143
수단(upāya) ⇔ 방편 / 24
순수정신(caitanya) / 38, 110, 153, 161, 183, 185, 186, 214
순수정신(puruṣa) / 38
순수존재(sat) / ⇔ 브라흐만Brahman / 153
순수한 삿뜨바sattva 속성 ⇔ 삿뜨바 / 185
순차적으로 발생[順次的 繼起] / 104
스승(ācārya, guru) / 46
스승의 스승(paramaguru) ⇔ 최고의 스승 / 45, 47, 66
시간론자(kāla-vādin) / 84
시작도 없는 존재(anādi-bhāva) / 125, 127
식전변(識轉變, vijñāna-pariṇāma) / 43
신기루(gandharva-nagara) / 85
신을 영혼으로부터 은폐하는 무명(paramācchādika) / 159
신의 단순한 욕망(icchāmātra-prabhoḥ) / 84

신의 본성(devasya svabhāva) / 60, 77, 85, 91, 151, 173, 208
신의 불가사의한 힘(māyā) ⇔ 마야māyā, 환영 / 54, 151
실세속(實世俗, tathya-staya) / 139
실천 중심의 중도 / 23
실체관(實體觀, dravyārthika-naya) /17
실체의 본성(svabhāvasya prakṛti) / 86

ㅇ

아뜨만Ātman / 18, 149
아뜨만론(Ātma-vāda) / 23
아비달마 철학(Abhidharmika-darśana) / 18
아비달마교학 (阿毘達磨教學, Abhidharmika) / 22, 25, 215
아직 성립되지 않는 것과 이미 성립된 것에 의존하는 경우 / 124
아직 전개되지 않은 이름과 형상 (avyakṛta-nāma-rūpa) / 153, 207
아직 증명되지 않은 원인 (sādhyasama-hetu) / 127
아직 증명되지 않은 전제에 바탕을 해서 그것을 입증하는 경우 / 125
악한 행위(adharma/akuśala-karma) / 121
양상관(樣相觀, paryāyārthika-naya) / 17
양적으로 분할할 수 있는 일부분 (avayava) / 150
어그러진 생각[妄想, moha] / 182
없음(asat, 無) / 68
연기관(緣起觀, pratītyasamutpāda) / 20
연기설(緣起說, pratītyasamutpāda) / 22~23, 109
열등한 이해력을 가진 자 / 88
염상(念想, upāsanā) / 35
영혼(cit) / 157
오관유식학설五觀唯識學說 / 199
옴OṀ / 35
OṀ자장(Oṃkāra-prakaraṇa) / 59
외계실재론자 (外界實在論者, bāhyārthavāda) / 195
외적 대상의 비실재성 / 41, 87, 94, 204
요소들(bhūtas) / 20
우빠니샤드Upaniṣads 철학 / 18
우연론(yadṛcchā-vāda) / 109
원인(nimitta, 대상) / 197
원인과 결과가 동시에 존재하는 것 (saha-krama) / 122
원인과 결과는 같기도 하고 다르기도 하는 경우 / 98
원인과 결과는 같지도 않고 다르지도 않는 경우 / 98

원인과 결과는 서로 발생시킨다는 경우(paraspara-krama) / 122
원인과 조건에 의존 (hetu-pratyaya-sāmagrī) / 138
원인은 결과와 같은 경우 / 98
원인은 결과와 다른 경우 / 98
원인이 먼저 있고 결과가 나중에 일어나는 경우(pūrva-krama) / 122
원인이 먼저 있고, 다음으로 결과가 일어나는 것(pūrva-krama) / 104
원인이 없는 뒤바뀐 생각(animitto viprayāsa) / 197
유무有無 중도 / 22
유물론(Carvaka) / 19
유생기론자(有生起論者, sajjātivādin) / 91, 111
유식(Yogācāra) 학파 / 41~42, 67, 139
유심적 이원론唯心的 二元論 / 106
유아론(有我論, ātma-vāda) / 17
유인론(有因論, satkāraṇa-vāda) / 103
유한자 자재신(saguṇa-brahman) ⇔ 유속성 브라흐만 / 155
유희(遊戱, līlā) / 40, 85, 156, 173, 175
유희를 위한 것(krīḍārtha) / 183
유희설遊戱說 / 156
윤회(saṁsāra) / 37, 82, 93, 96, 106, 140~142, 154, 182~183, 189
은폐(隱蔽, saṃvṛti) ⇔ 세속(saṃvṛti, saṃvṛtti) / 43
의식(manas) ⇔ 감각적 마음(manas) / 74, 81, 99, 154
의식적인 영혼들(cetana) ⇔ 개아 / 158
의타依他된 세간적인 진리 / 139
의타적인 세속(paratantra-saṃvṛti) / 139
의타적인 실체(paratantra) / 158
이것이 아니다. 이것이 아니다 (neti, neti) / 33, 78
이론적 논증(yukti) / 59, 87, 216
이원론(dvaita-vāda) / 19, 26, 38, 40~41, 54, 59, 82, 86, 89, 92, 106~107, 112, 115~116, 122, 154~156, 158~159, 161~162, 186, 189, 207, 214, 218
이원론자들(dvaitins) / 54, 82, 89, 92
이원론적 사고 / 112
이원성(saṃvṛti) ⇔ 은폐 / 54, 79, 80, 86, 89, 140, 151, 167, 170~171, 193~194, 205
이유명제[因; hetu] / 81
이제설(二諦說, satyadvaya-vāda) / 23~24, 139, 155, 158, 161, 177, 200, 216~219
이차적인 의미(gauṇa) / 87~88
인과론 비판 / 99
인과별이설 (因果別異說, kāryakāraṇabheda-vāda)

/ 109
인과불이因果不異 / 109, 206
인과불이설
(因果不異說, kāryakāraṇābheda-vāda)
/ 109
인과율 / 26, 31, 38, 68, 79, 87, 90, 92, 97~98, 101, 103, 106, 108~110, 112, 120, 148, 167, 192, 200, 206~207, 214, 218
인과율의 부정 / 31, 97, 106, 214
인과의 앞뒤가 결정되지 않을 경우
/ 124
인과의 집착 / 96
인식대상[所取, grāhya] / 94, 199
인식론적인 진리 / 138
인식주관[能取, grāhaka] / 94, 199
인식할 수 없는 본성
[不可認識性, agarhāhyabhāva] / 87
인식할 수 없는 성품
[不可認識性, agrāhya] / 79
인중무과론因中無果論 / 90, 92, 102, 104, 106~107, 109, 118, 120~121
인중무과론자(asatkāryavādin) / 92, 120
인중유과론(因中有果論, satkārya-vāda)
/ 20, 26, 31, 38~39, 41, 90, 92, 101, 103, 106~107, 109~110, 120~121, 161, 185, 206~207, 214, 216, 218
인중유과론자(satkāryavādin) / 92, 103
일상 경험 차원의 진리(saṃvṛti-satya)
/ 133
일상적인 경험의 입장
(vyavahāra-avasthā) / 177, 201
일원론(一元論, eka-vāda) / 18~19, 25 ~ 26, 31, 32, 37~39, 41~44, 46, 49, 51, 57, 59, 63, 86, 89~90, 92, 100~101, 103, 106~107, 109, 112, 131, 155~156, 159, 160~162, 178~180, 183, 186~190, 192, 204~205, 209, 213~214, 218~219
일원론 베단따(ekavāda-Vedānta) / 25~26, 31~32, 42, 46, 51, 63, 101, 103, 109, 131, 155, 160~161, 178, 180, 190, 204, 213, 219
일원론적 사고 / 112
있거나 없음이 아님(na sat, na asat, 非有非無) / 68
있고 없음(sat-asat, 有無) / 68, 140
있음(sat, 有) / 68

ㅈ

자기본성(svabhāva) / 175
자기창조(ātma-kṛti) / 38, 161, 185
자립적인 실체(svatantra) / 158
자생自生 / 129
자성(自性, svabhāva) / 23, 117, 175

자아(Ātman) / 36, 181
자아의 세 상태((viśva, taijasa, prājña) / 36
자아의식(ahaṃkāra) / 36, 91
자연론(svabhāva-vāda) / 109
자재신(Īśvara=saguṇa-Brahman) / 37, 73, 82, 155, 157, 178, 179, 205
자체로부터 생기하지 않는 경우 / 128
자체의 고유한 것(svābhāvī prakṛti) / 117
자타생自他生 / 129
잘못된 단정[增益, adhyāropa] / 118
잠(nidrā) / 162, 165
잠 없이 잠자는 숙면상태 (suṣupti-sthāna) / 168
적용명제[合, upanaya] / 81
적정(寂靜, śānti) / 94, 199
적취설/적집설 (積聚說/積集說, ārambha-vāda) / 20, 22, 102, 107, 109, 119, 185
전변론자(pariṇāma-vādin) / 77, 111, 114
전변설(轉變說, pariṇāma-vāda) ⇔ 전개설 / 20, 22, 38, 101, 103, 106, 109, 114, 153, 180, 185, 207~208
전지자(全知者, sarva jñātṛ) / 172
절대아(Ātman) / 37
절대적 권위(śruti) / 19
제4위(turīya) / 32, 36, 58, 161~169, 171~176, 190
제법공상諸法空相 / 24
제법무아諸法無我 / 23
제자전승(弟子傳承, śiṣya-paraṃparā) / 45
제한불이일원론 / 59
존재로부터 생기하지 않는 경우 / 129
존재론적인 진리/ 138
존재성(dharmatā) / 117
존재이면서 비존재로부터 생기하지 않는 경우 / 129
주장명제[宗, pratijñā] / 81
주재신의 위력 발현(vibhūti) / 84
주재자의 경험을 위한 것(bhogārtha) / 84
죽어야할 것[可死者] / 93, 108
죽어야할 존재[可死性] ⇔ 죽어야 할 것[可死者] / 93, 108
죽음(maraṇa) / 93
죽지 않는 것[不死者] / 34, 108
죽지 않는 본성을 가진 존재 (Brahman) ⇔ 브라흐만Brahman / 76
죽지 않아야 할 존재[不死性者] / 77
줄어 듦[減損, apavāda] / 79

중간의 이해력을 가진 자 / 88
중관(madhyamika) 사상 / 22
중도설(中道說, madhyamāpratipad-vāda) / 23
중도의 관념적 해명 / 23
중도의 실천적 해명 / 23
지각(知覺, upalambha) / 133
지각작용(upalabdhi) / 203
지성적 마음(buddhi) / 37, 111, 154, 197
지혜 중심의 중도 / 23
지혜(vidyā) ⇔ 무명(avidyā) / 154
지혜위(知慧位, prājña-avastha) / 161, 163~165, 167~168
진리를 있는 그대로 파악하지 못하는 것(tattva-anyathāgrahaṇa) ⇔ 오해誤解 / 165
진리를 파악하지 못한 것 (tattva-agraha) ⇔ 무지無知 / 몰이해沒理解 / 165
진실한 모습(sadbhāva) / 94, 97, 130, 132, 134, 136, 191, 197
진여(眞如, tathatā) / 117
진여의 상태(tathatā-bhāva) / 117
질료인(prakṛti, upādāna) / 38, 40, 100~101, 110, 112~113, 120, 150, 156, 159, 161~162, 184~186, 207, 209, 214

ㅊ

차별성(viśeṣa) / 152
찰나상속刹那相續 / 215
참된 자아 / 36, 167
참된 성품[眞實性] / 72
창조 원리(śakti) / 83, 179
창조 작용 / 151
창조(sṛṣṭi) / 73, 84, 99, 101
창조가 실재한다고 믿고 창조를 이론화한 자(sṛṣṭi-cintakas) / 85
창조주(prajāpati) / 176
창조하는 능력(vikṣepa-śakti) / 83, 137
천명(闡明, paridīpaka) / 128
천의 속성(布性, paṭatva) / 117
청정한 세간적인 지식(śuddha-laukika-jñāna) / 139
초기 베단따 학파 / 18, 46, 49, 101, 103, 107, 109~110, 112, 147, 149, 185, 187, 215~216, 218
초기 불이일원론 베단따 사상 / 26, 51, 213
초세간적 지식(lokotara-jñāna) / 139
최고의 브라흐만(para-brahman) ⇔ 속성이 없는 브라흐만(nirguṇa-Brahman) / 158, 161, 176
최고의 뿌루샤(uttama-puruṣa)

⇔ 참 자아 / 36
최고의 진리(paramārtha-satya) ⇔ 최고의 진리(uttamaṃ satya) / 54, 60, 72, 131~133, 135, 138, 156, 170
최고의 진리(uttamaṃ satya) ⇔ 최고의 진리(paramārtha-satya) / 131
최상승(最上乘, agrayāna) / 42
출세간(lokottara) / 43

ㅋ

큰 허공(mahākāśa) / 181
큰 허공[大空] / 181

ㅌ

타생他生 / 129

파

8정도八正道 / 22
평등한 경지 / 86, 93
표상작용(prajñapti) / 43

ㅎ

한정(upādhi) / 37, 107, 118, 152, 181~182
한정불이일원론(viśiṣṭa-advaita) ⇔ 제한불이일원론 / 19, 59, 156
해탈(nirmukta) / 43
해탈의 지복 / 140
행동(行動, samācāra) / 133
허깨비(māyā, 幻影) ⇔ 마야(māyā) / 72, 75, 82, 134
허망(māyā) / 74, 83
허망(vaitathya) / 54
허망설(虛妄說, māyā-vāda) ⇔ 마야설 / 61
허망장(虛妄章, Vaitathya-prakaraṇa) / 52
허망한 성품[虛妄性] ⇔ 허망 / 73
허망한 집착(abhūtābhiniveśa) / 82
허무주의자(vaināśikas) / 54
현상세계(prapañca) / 18, 135, 170~171
현상세계의 적멸(prapañca-upaśama) / 185
현상의 허망설(māyā-vāda) ⇔ 마야설(māyā-vāda) / 84
현상허망설(現象虛妄說, māyā-vāda) ⇔ 마야설(māyā-vāda) / 180
형상(形相, nirkāra) / 152
형태(rūpa) / 153
환영(māyā) ⇔ 마야(māyā) / 85, 138, 162, 175
횃불을 돌리는 것 / 94, 199
희론(prapañca) ⇔ 현상세계prapañca)

/ 124

인명 찾기

가우다빠다Gauḍapāda / 18~19, 178
고빈다Govinda / 46
나라야나쉬라민Nārāyaṇāśramin / 53, 63
나이슈까름야 싯디 Naiṣkarmya-siddhi / 57
나카무라 하지메(中村元) / 48~49, 51, 55, 65~67, 84, 88, 91~92, 107~108, 138, 142, 150, 164, 170, 173, 178, 181, 183~184, 195, 198~199
니낄란다Nikilānanda / 54
다스굽따Dasgupta / 25, 67
덕혜(德慧, Guṇamati) / 49, 50, 64
도이센Deussen / 54
드립따 발라끼Dṛpta-Bālāki / 74
라다끄리슈난Radhakrishnan / 67
라마누자Rāmānuja / 59
마드바Madhva / 59
마명(馬鳴, Aśvaghoṣa) / 24, 67
마에다 센가쿠(前田專學) / 108, 120, 147, 150, 154~155, 193, 197, 203~205
마이뜨리Maitrī / 33
마하데반Mahadevan / 33, 45~47, 50, 56, 73, 78, 188
만다나미슈라Maṇḍanamiśra / 57
무르티Murti / 17
미륵(Maitreya nātha) / 49
바다라야나Bādarāyana / 39
밧따차리야Bhattharya / 31, 35, 45~ 47, 50, 55, 64, 66, 92, 198
법칭(法稱, Dharmakīrti) / 22
벤까따숩비아흐Venkatasubbiah / 54
벨발까르Belvalkar / 45
붓다buddha / 22~25, 42, 67, 142, 215, 217~218
뿌생Poussin / 21
쁘라갸까라마띠Prajñākaramati / 138
사르바갸나뜨만Sarvajñānātman / 204, 206
상끄세빠샤리라까Saṃkṣepaśārīraka / 204
샤르마Sharma / 24
샹까라Śaṅkara / 20, 27, 36, 42, 45~51, 53~55, 57, 62~64, 66, 78, 81~82, 88, 91~92, 107~109, 111, 123, 128, 152~163, 165, 171, 174, 176~178, 181~182, 187~188, 190~192, 196~199, 201~209, 217~219
샹까라난다Śaṅkarānanda / 63
성천(聖天, Āryadeva) / 49

세친(世親, Vasubandhu) / 20, 22, 25, 49, 60~61, 65, 67, 199, 215, 217~218
수레슈바라Sureśvara / 46, 57, 204
슈까Śuka / 45
슈리 우빠니샤드 브라흐만 요긴 Sri Upaniṣad-brahman-yogin / 63
슈베따께뚜Śvetaketu ⇔ 슈베따께뚜 아루니 / 36, 74, 100, 101
슈베따께뚜 아루니Śvetaketu Āruṇi ⇔ 슈베따께뚜Śvetaketu / 74
스바얌쁘라까샤난다사라스바띠 Svayaṃprakāśanandasarasvatī / 63
아난다기리(Ānandagiri, Ānandajñāna) / 59, 63, 198
아자따샤뚜루Ajātaśtru / 74
안남 밧따Annam-Bhaṭṭa / 118
야갸발꺄Yājñāvalkya / 33
야쇼미뜨라Yaśomitra / 49, 217
연화계(蓮華戒, Kamalaśīla) / 48, 64, 84
용수(龍樹, Nāgārjuna) / 20, 22~27, 41, 43, 48~49, 65, 67~68, 83, 98, 106, 114, 131, 134, 139, 176, 192, 200~201, 215~219
우드(Thomas E. Wood) / 53, 56~57
웃다라까Uddālaka / 36, 74, 100
자나까Janaka / 33~34
자재흑(自在墨, Īśvara Kṛṣṇa) ⇔ Sāṁkhya- Kārikā / 112
적호(寂護, Śāntirakṣita) / 48, 64
제바(提婆, Aryadeva) / 22, 217
진나(陳那, Dignāga) / 22
청변(淸弁, Bhāvaviveka, Bhavya) / 21, 47, 48, 50, 64~65

문헌 찾기

까타 우빠니샤드Kātha-Upaniṣad / 31, 37, 180
니까야Nikāya / 22
나이슈까름야 싯디 Naiṣkarmya-siddhi / 57
난어석(難語釋, Pañjika) / 48
논리요집(Tarka-Saṁgraha) / 118~119
능가경(Laṅkāvatāra-sūtra) / 67
니까야Nikāya / 22
대승장엄경론(Mahāyānasūtrālaṃkāra) / 49, 65
따르까즈발라Tarkajvala ⇔ 중관심론사택염 / 48
따잇띠리야 우빠니샤드 Taittrīy-Upaniṣad / 37
마하바라따Mahābhārata / 84
만두꺄 까리까Māṇḍūkya-Kārikā / 19~21, 25, 31, 33~37, 41~42, 44~58, 62~68, 74~77, 80~82,

84, 94~95, 97~98, 107, 116, 121, 150~152, 161, 163~166, 168, 172~174, 177~178, 180, 184, 188, 190, 193, 199, 214, 217
만두꺄 까리까 해설서 (Māṇḍūkya-Kārikā-Bhāṣya) / 47, 50, 62
만두꺄 우빠니샤드 Māṇḍūkya-Upaniṣad / 20~21, 31~32, 34, 36~37, 52~59, 62~63, 68, 162~164, 172~176, 180, 214
문다까 우빠니샤드 Muṇḍaka-Upaniṣad / 20~21, 31~32, 34, 36~37, 52~59, 62~63, 68, 162~164, 172~176, 180, 214
만두꺄 주석(Māṇḍūkya-vyākhyāna) / 59
바가바드 기따Bhagavad-gītā / 156
바이쉐시까 수뜨라Vaiśeṣika-sūtra / 118
반야등론(Prajñādīpa-Śāstra) / 48
Bodhicaryāvatāra-pañjikā / 138
브라흐마 수뜨라Brahma-Sūtra / 18, 25, 31, 38~41, 46, 49, 51, 62, 101~102, 106~107, 149~154, 156, 160~161, 184~185, 188, 203, 214~215, 218
브라흐마 수뜨라 주석(Brahma-sūtra-bhāṣya) / 57, 62
브라흐마 싯디Brahma-siddhi / 57
사백론(Catuḥśaraka) / 49
상캬 까리까 주석서(Sāṁkhya-kārikā-bhāṣya) / 45
샤따빠타 브라흐마나 Śatapatha-brāhmaṇa / 100
슈베따슈바따라 우빠니샤드 Śvetasvara-Upaniṣad / 48, 84, 91, 111, 112, 180
아비달마구사론 (Abhidharmakośa-Śāstra) / 49
아비달마구사론석 (Abhidharmakośa-vyākhyāṣ) / 49
아타르바 베다Atharva-veda / 100, 180
우빠데샤하스리Upadeśasāhasrī / 182
웃따라기따 주석서(Uttaragītā-vṛtti) / 44
이샤 우빠니샤드Īśa-Upaniṣad / 31, 37, 77, 180
중관심론사택염((Madhyamakahṛdaya-vṛtti Tarkajvala) / 47
중관심론송(中觀心論頌, Madhyamakahṛdaya-kārikā) / 47
중관장엄론(中觀莊嚴論, Madhyamakālaṅkāra-kārikā) / 48
중관장엄론소 (Madhyamakālaṅkāra-vṛtti) / 48
중론(Mādhyamika-kārikā) / 23, 43,

48~49, 65, 67, 106, 134, 170, 218
중론소(Madhyamaka-vṛtti) / 49
중변분별론
(mādhyamaka-vikalpa-śāstra) / 43, 65,
중변분별론복주(Madhyāntavibhāga-Ṭīkā) / 139
진리강요(Tattva-saṁgraha) / 48, 49

저자의 저서, 번역서, 학위 논문 및 연구논문

1. 저서(연도별 순)

1995년:공저 『全羅南道誌』 제16권(종교편). 전라남도도지간행위원회.

1997년: 공저 『불교경전의 이해』. 우리출판사.

1999년: 공저 『공과 연기의 현대적 조명』. 고려대장경연구소.

2001년: 『인도의 사상과 문화』. 여래.

2004년: 『용수의 중도 사상』. 여래.

2007년: 공저 『언어와 사유1 : 언어의 토대 구조』. 동과 서.

2007년: 『언어와 사유2 : 언어의 상부 구조(supra-structure)에 관한 연구: 한국어, 중국어, 희랍어, 범어를 중심으로』. 동과 서.

2012년: 『바가바드 기따: 비움과 채움의 미학』(2013년 대한민국학술원 우수 학술도서 선정). 서강대학교출판부

2013년: 『요가 상캬 철학의 이해』. 여래,

2013년: 공저 『치유와 도야, 마음의 실천적 이해』. 공동체.

2015년: 『요가경전의 이해: 하타[요가]쁘라디삐까 번역 및 해설』 여래.

2016년: 공저 『행복을 디자인하는 요가』. 여래.

2018년: 공저 『요가의 스승』 안과 밖.

2020년: 공저 『인도철학과 요가』 여래.

2020년: 『초기 불이일원론 베단따 사상 연구』 여래.

2020년: 공저 『새로운 학문으로서의 수양학』 모시는 사람들.

2. 번역서

1993년: 스가누마 아키라 저. 『힌두교입문』. 여래.

1994년: 카나쿠라 엔쇼 저. 『인도철학의 자아사상』. 여래.

1995년: 시즈타니 마사오 · 스구로 신죠 공저. 『대승불교』. 여래.

2003년: 스가누마 아키라 저. 『힌두교』(힌두교입문 증보개정판). 여래.

2013년: 시즈타니 마사오 · 스구로 신죠 공저. 『대승불교』(1996년판 수정개정판). 여래.

2015년: 조 안 스터가드 존즈(공역). 『(자세 교정을 위한) 허리근육강화운동법』. 영문 출판사.

3. 학위 논문

1988년: *Bhagavad-Gītā*에 있어서의 Niṣkāma-Karma(離欲行)에 관한 연구 –Svadharma를 중심으로–, 동국대학교 대학원 석사학위 논문.

1995년: 가우다빠다의 不生說과 龍樹의 中道說 –中道說에 비추어 본 不生說–, 동국대학교 대학원 박사학위 논문.

4. 연구논문

1986년: *Śvetāśvatara-Upaniṣad*에 나타난 요가 사상. 『동국사상』 제19집, 동국대학교 불교대학학생회.

1989년: 간디의 교육 사상 –근본교육 사상을 중심으로–. 『동국대학교 대학원 인도철학과 세미나 발표집』, 동국대학교 대학원 인도철학과 학생회.

1990년: *Veda*에서 Prāṇa(生氣)의 의미 고찰. 『동국사상』 제22집, 동국대학교 불교대학학생회.

1991년: 『寶性論』에 있는 『승만경』 引用文의 思想的 考察. 『研究論集』 제21집, 동국대학교 대학원.

1992년: 『승만경』에 나타난 대승불교의 윤리관. 『省潭 金羽泰教授 回甲記念論文集』, 省潭 金羽泰教授 回甲記念論文集刊行委員會.

1992년: Gauḍapādīya *Māṇḍūkya-Kārikā*에서 第 4의식(Turīya)에 對한 考察. 『인도철학』 제2집, 인도철학회.

1993년: 가우다빠다의 不生說(Ajāti-Vāda). 『인도철학』 제3집, 인도철학회.

1993년: 가우다빠다 사상에 있어서의 대승불교의 영향 고찰. 『불교연구』 제10집, 한국불교연구원.

1995년: 가우다빠다의 무논쟁 사상. 『동국사상』 제26집, 동국대학교 불교대학 학생회.

1997년: 용수의 업 이론에서 도덕적 책임의 주체 문제. 『미천 목정배교수 회갑기념논총』, 미천 목정배교수은법인회.

1997년: 여래장 사상에서 여래의 자비문제. 『가산학보』 제7집, 가산불교문화연구원 가산학회.

1999년: 여래장 사상에서 공성의 이해. 장경학술총서1 『공(空)과 연기(緣起)의 현대적 조명』, 고려대장경연구소.

2000년: 베단따 철학에서 마야설(Māyāvāda)의 불이일원론적 이해-가우다빠다의 만듀꺄-까리까를 중심으로-. 『제13회 한국철학자연합대회보(21세기를 향한 철학의 화두)』.

2001년: 대품반야경에서 선남자 · 선여인의 성격. 『불교학연구』 제3집, 불교학연구회.

2001년: 이슬람교과 불교 그 악연의 역사. 『불교평론』 제9호, 만해사상실천선양회.

2002년: 밀린다 왕과 나가세나 비구와의 대론-밀린다팡하에서 윤회설을 둘러싼 무아설과 그리스의 영혼관을 중심으로-. 『불교평론』 제12호, 만해사상실천선양회.

2004년: 불살생에 관한 불교의 이상과 현실. 『불교평론』 제18호, 만해사상실천선양회.

2004년: 불교의 폭력관. 『한국불교학결집대회논집』 제2집 하권, 제2회 한국불교학결집대회.

2004년: 불교에서 죽음을 어떻게 보고 있는가. 『보조사상』 제22집, 보조사상연구원(2004. 5. 13일 중앙대 중앙철학연구소 춘계학술대회).

2004년: 중론에 나타난 용수의 열반관에 대한 고찰. 『인도철학』 제17집, 인도철학회.

2005년: 업설과 회향사상의 비교연구-반야공관에 기초한 업보설의 한계 극복을 중심으로-. 『회당학보』 제10집, 대한불교 진각종 회당학회(제6회 진각논문대상 당선작).

2005년: 용수와 니야야학파의 논법논쟁-無因相似의 논법을 중심으로-. 『불교평론』 제23호, 만해사상실천선양회.

2006년: 『미망사 수뜨라』에서 유의미한 문장성립의 요소들-샤바라의 주석서를 중심으로-. 『인도철학』 제20집, 인도철학회.

2006년: 현장의 오종불번의 음역 이론 고찰. 『한국불교학결집대회논집』 제3집(2006년 5월에 제3회 한국불교학결집대회).

2006년: 대품반야경에 나타난 보살의 성격. 『진각학보』 제1집, 대한불교 진각종 진각대학.

2007년: 현장의 오종불번의 음역 이론의 연구,. 『불교연구』 제26집, 한국불교연구원.

2008년: 요가수뜨라에서 이슈바라의 성격과 역할. 『남아시아연구』 제13권 2호, 한국외국어대학교 남아시아연구소.

2008년: 대승불교에서 재가보살과 출가보살. 『회당학보』 제13권(제8회 진각논문대상 당선작), 대한불교 진각종 회당학회.

2008년: 『십주비바사론』에 나타난 재가보살과 출가보살의 계 연구. 『인도철학』 제25집, 인도철학회.

2009년: 불연 이기영 선생의 불교학방법론에 대하여. 『불교연구』 제31집, 한국불교연구원.

2009년: Gauḍapādīya *Māṇḍūkya-Kārikā*에서 Asparśa-yoga. 『남아시아연구』 제15권 2호, 한국외국어대학교 남아시아연구소.

2009년: 인도재가불교운동의 기원과 암베르까르의 신불교운동. 『동아시아불교문화』 제4권, 동아시아불교문화학회.

2010년: 요가철학에서 법운삼매(dharmamegha-samādhi)의 획득 과정. 『요가학연구』 제4호, 한국요가학회.

2011년: *Bhagavadgītā*에서 초월적 행위의 실현(Naiṣkarmya-siddhi)에 대한 고찰, 『불교연구』 제34집, 한국불교연구원.

2011년: 요가명상을 통한 마음 치유 가능성: 『바가바드기따』 제 6장을 중심으로. 『남아시아연구』 제17권 2호, 한국외국어대학교 남아시아연구소.

2012년: 요가 수행의 원리와 방법. 『불교수행과 요가의 만남』(2012년 동계 불교학 공동 workshop 자료집, 한국불교학회/불교학연구회 자료집).

2012년: 대승불전에서 자비 개념의 전개 양상. 『한국교수불자연합학회지』 제18권 제1호, 한국교수불자연합학회.

2012년: 불전에서 자비 개념의 전개 양상(1) : 초기불교와 부파불교의 불전에 나타난 개념을 중심으로. 『불교연구』 제37호, 한국불교연구원.

2012년: 요가명상에서 심층의식의 기능과 역할. 『불교와 심리』 제5호, 서울불교대학원대학교 불교와 심리연구원.

2013년: 불교의례의 발생과 동아시아적 전개. 『불교평론』 제15권 제2호(54), 만해사상실천찬양회.

2014년: 상캬-요가 심리학에서 본 유식학의 심식설과의 비교 연구 ; 무의식설을 중심으로. 『불교학보』 제67호, 동국대학교 불교문화연구원.

2014년: 유식학이 융의 분석심리학의 마음 형성에 미친 영향. 『한국교수불자연합학회지』 제20권 제1호, 한국교수불자연합학회.

2014년: 상캬-요가 철학과 융의 분석심리학에서의 의식과 무의식의 개념 비교 연구. 『남아시아연구』 제20권 제1호, 한국외국어대학교 남아시아연구소.

2014년: 원의범 교수의 연구 업적과 불교인식 논리학. 『한국 인도철학 50년의 회고와 전망』(2014년 추계인도철학회 자료집). 인도철학회.

2014년: 한국사회와 이슬람 : 불교와 이슬람의 공존을 위한 모색. 『이슬람, 다가 서다 V』, 한국종교인평화회의.

2015년: 빤짜 꼬샤(Pañca kośa)의 요가 철학적 이해. 『남아시아연구』 제20권 3호, 한국외국어대학교 인도연구소.

2015년: *Vivekacūḍāmaṇi*에 나타난 빤짜꼬샤(pañca kośa)의 이해. 『불교연구』 제43집, 한국불교연구원.

2015년: Nāthamuni의 『요가의 비밀(Yoga Rahasya)』에 나타난 호흡법. 『남아시아연구』 제21권 2호, 한국외국어대학교 인도연구소.

2015년: 요가심리학에서 본 유식심리학의 5위설: 수습위를 중심으로. 『명상심리상담』 제14호, 한국명상심리상담학회.

2016년: 아유르베다와 요가에서 행복론. 『행복을 디자인하는 요가』(제4회 원광대학교 요가학술연구소 학술대회발표).

2016년: 『요가의 비밀(Yoga Rahasya)』에 나타난 비니요가(viniyoga) 이해. 『요가학연구』 제15호, 한국요가학회.

2016년: 행복한 마음을 디자인하는 요가. 『요가학저널』, 원광대학교 요가학연구소.

2016년: 상캬-요가 수행론에서 본 유식심리학과 융의 분석심리학의 수행론 비교연구. 『불교연구』 no. 45, 한국불교연구원.

2017년: 수식관에서 산수수습법의 수습과정과 자연치유적 의미. 『자연치유연구』 2권 1호, 동방문화대학원대학교 자연치유연구소.

2017년: Wonhyo's thought of Two-features and One-mind(一心二門) in Dualism of Sāṁkhya system. ICRP(Indian Council & Philosophical Research) & 동명대학교 인도문화연구소 국제학술대회, 2017. 06. 29-30. Delhi(India).

2017년: 『바가바따 뿌라나(*Bhāgavata Purāṇa*)』에 나타난 상캬 사상 이해: Īśvarakṛṣṇa의 *Sāṃkhya Kārikā*의 상캬 사상과 관련하여. 『요가학연구』 제17호(등재후보), 한국요가학회.

2017년: 요가경전에 나타난 스승관: 우빠니샤드의 스승관과 관련하여. 『요가학연구』 제18호(등재후보), 한국요가학회.

2018년: 『요가경』과 『유가사지론』에 나타난 신통력 수행체계 연구, 『요가학연구』 제20호(등재후보), 한국요가학회.

2018년: 원의범, 불교인식논리학의 선구적 개척자. 불교평론 제73호, 만해사상실천선양회.

2018년: 비로자나불 사상과 부모은중경의 관계 연구. 『밀교학보』, 위덕대학교밀교사상연구원.

2019년: 요가철학에서 일반의식 변형과정. 『요가학연구』 제22호, 한국요가학회.

2019년: 조직(dhātus)의 손상(utkleśa)과 질병(rogas)의 관계 : 『짜라까 상히따』의 내용을 중심으로. 『아유르베다융합연구』 통권 7호, 한국아유르베다학회.

2019년: 도샤의 변형과 완화 과정의 이해: 『짜라까 상히따』를 중심으로. 『아유르베다융합연구』 통권 8호, 한국아유르베다학회.

2020년: 요가철학에서 의식전환 고찰. 『자연치유연구』 4권 2호, 동방문화대학원대학교 자연치유연구소.

2020년: 붓다의 삶에 기반한 한국불교의 역할과 원융종지. 대한불교 원융종 2020년 학술대회.

초기 불이일원론 베단따 사상 연구

2020년 7월 10일 초판 1쇄 인쇄
2021년 10월 30일 초판 2쇄 발행

지은이 문을식
펴낸이 정창진
펴낸곳 도서출판 여래
출판등록 제2011-81호(1988.4.8)
주소 서울시 관악구 행운2길 52 칠성빌딩 5층
전화번호 (02)871-0213
전송 (02)885-6803

ISBN 979-11-90825-01-6 95270
Email yoerai@hanmail.net
blog naver.com/yoerai
값은 뒤표지에 있습니다.

※ 저자와의 협의에 따라 인지를 생략합니다.
※ 잘못된 책은 구입하신 서점에서 바꿔드립니다.
※ 이 책의 저작권은 저자에게 있습니다. 서면에 의한 저자의 허락 없이 내용의 일부를 인용하거나 발췌하는 것을 금합니다.
※ 이 도서의 국립중앙도서관 출판예정도서목록(CIP)은 서지정보유통지원시스템 홈페이지(http://seoji.nl.go.kr)와 국가자료공동목록시스템(http://www.nl.go.kr/kolisnet)에서 이용하실 수 있습니다.(CIP제어번호 : CIP2020021355)